KB154348

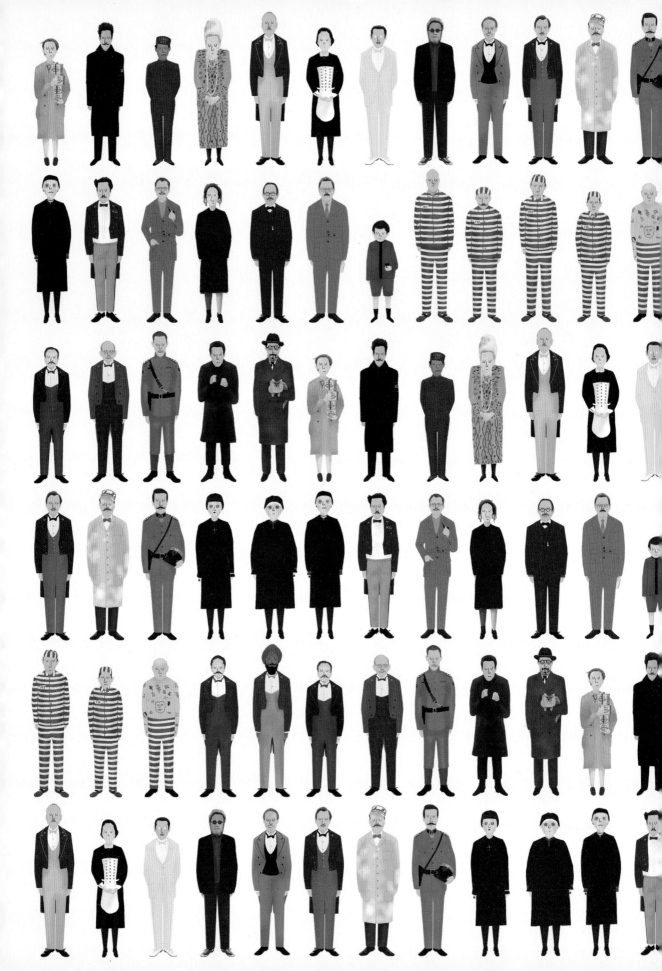

THE WES ANDERSON COLLECTION

THE GRAND BUDAPEST HOTEL

# THE WES ANDERSON COLLECTION

# THE GRAND BUDAPEST HOTEL

지은이 **매트 졸러 세이츠**
옮긴이 **조동섭**
서문 **앤 워시번**

인터뷰

작가이자 감독 **웨스 앤더슨**
배우 **랄프 파인스**
의상 디자이너 **밀레나 카노네로**
음악 작곡가 **알렉상드르 데스플라**
프로덕션 디자이너 **아담 슈토크하우젠**
촬영 감독 **로버트 예먼**

에세이

십자 펜 협회 멤버
**알리 아리칸**
**스티븐 분**
**데이비드 보드웰**
**올리비아 콜레트**
**크리스토퍼 라버티**

윌북

아버지이자 친구이자 영감을 주는 인물,
데이비드 피어스 졸러에게 바칩니다

# The
# CONTENTS

PAGE 23

THE GRAND BUDAPEST HOTEL

The Idea of Europe

10  10

PAGE 93

THE GRAND BUDAPEST HOTEL

The Snow-globe Version

20  20

PAGE 167

THE GRAND BUDAPEST HOTEL

At the Algonquin Hotel

30  30

# INTRODUCTION

우리는 문명이 견고하고 튼튼하다고 생각하곤 한다. 그러나 문명은 부드러운 빵이기 마련이다. 버터, 크림, 밀가루뿐 아니라 색과 공기, 솜사탕으로 만들어진다. 반은 강제적인 힘, 반은 자연스러운 전통으로 이루어진 문명은 자신감이 자랄수록 점점 더 영예로워지고 점점 더 불안정해진다. 웨스 앤더슨이 만든 허구의 중유럽 주브로브카 네벨스바드에 있는 유명한 멘들 빵집의 코르티잔 오 쇼콜라와 크게 다르지 않다.

크림으로 장식된 파스텔 색의, 위태롭고 조금 불안해 보이는 멘들의 탑은 걸작 음식보다 서류에 가깝다. 그 분홍색 상자들은 여행 서류보다 더 믿을 만한 여권이 된다. 웨스 앤더슨은 〈그랜드 부다페스트 호텔〉로 신기한 깊이와 밀도를 갖춘 과자—격변에 관한 더없이 가볍고 투명한 영화, 그리고 더 감동적인 영화—를 만들었다.

앤더슨의 영화들은 어린 시절에 세계를 만들어내던 즐거움을, 어린아이 같은 확신과 집중력을 떠올리게 한다. 프레임으로 들어와 인물들을 옮겨놓는 손들을 보게 되지는 않는다. 중얼거리는 대사와 특수 효과로 넣은 폭발음을 듣게 되지는 않는다. 그러나 앤더슨이 창조한 연기 법칙에서, 앤더슨만의 물질적 감정적 세계에서 모든 프레임을 정성스레 다룬, 그런 손들, 그런 입술들을 느낄 수 있다.

앤더슨의 영화는 이야기에 대한 애정의 영화일 뿐더러, 항상, 이야기를 이야기하는 것의 영화다. 그의 등장인물들은 종종 스토리를 만드는 행위에 참여한다. 예술가가 아니더라도, 모험과 탈출과 탈선을 통해 자기 삶의 스토리를 만드는 데 깊이 그리고 의식적으로 참여한다. 앤더슨 영화들의 생명체—미니어처, 그림 배경막, 주석, 스톱 모션 애니메이션—는 이야기를 말하는 것만큼이나 이야기의 일부를 담당하며, 이런 세부적인 것, 정밀한 것, 시각적으로 단언하는 것 들은 잘 계산된 무심한 톤을 벌충하는 중요한 요소다.

by Anne Washburn

앤더슨은 지금까지와 달리 전성기의 그랜드 부다페스트 호텔이라는 커다란 분홍색 빵 상자로 우리를 유혹하려 하지 않는다. 설득력 있고, 감명 깊고, 좋은 뜻에서 허무맹랑하지만, 그의 영화들 대부분이 자리를 잡고 있던, 완벽하게 연결된 놀이터는 아니다. 그랜드 부다페스트 호텔은, 로비 보이 제로가 경건하게 강조하듯 '학교'다. 그 학교의 문을 쉬지 않고 여는 사람은 구스타브이며, 구스타브는 과자 한가운데에 들어 있는 날카로운 도구이기도 하고 크림 소이기도 하다.

앤더슨의 몽상가들 대부분은 자신들이 갈망하는 동시에 격하게 경멸하는 안정된 질서에 대비되어 창조된다. 그리고 그 몽상가들은 적극적으로 창조적인 인물로 그려진다. 그의 등장인물들은 기꺼이 따를 만큼 존중할 수 있는 현실을 바라며 현실에 대항하는 악동들이다. 그러나 구스타브의 호텔을 향한 열정은 보답을 받는다. 구스타브는 단순히 '학교'를 위해 일하는 사람이 아니다. 그 학교가 그에 의해 정의된다. 제로의 구스타브에 대한, 로비 보이로서 자기 역할에 대한, 그랜드 부다페스트 호텔에 대한 열렬한 충성은 분명 코믹하다. 능력이 부족하거나 미성숙하여 우리가 비웃을 수 있는 주인공을 내비치는 것은 상업 영화의 전통적 약속에 위배되지 않나? 영화가 진행되면서 우리는 제로가 그동안 누리지 못했던 것이 무엇인지 깨닫게 된다. 그것은 학교다.

〈그랜드 부다페스트 호텔〉에서 허구의 호텔은, 밝지만 희한한 호텔 컨시어지의 비밀 협회, 가상의 걸작 '사과를 든 소년', 변형된 유럽 역사, 이상한 향수 등이 있는 상상의 국가라는 그림 배경막 앞에 세운 미니어처로 재현된다. '이 영화는 코미디다'라고 계속 신호를 보내지만 마침내 코미디가 아님을 드러내며 우리를 당황하게 한다. 악한은 만화처럼 우스꽝스럽지만(검정 가죽 옷을 입고 뾰족한 치아를 드러낸 윌렘 데포는 완벽하다. 그가 앞으로 다른 변장을 하지 않기를) 마침내 그렇지 않음을 드러낸다. 앤더슨의 영화들은 늘 겉으로 드러난 것보다 어둡고 음울하다. 그러나 이 영화만큼 그 간극이 큰 영화는 없었다. 요즘 미학적 흐름에서 가공의 세계는 코미디에 쓰이거나, 인과율의 법칙을 그리 추구하지 않아도 되는 판타지에 쓰인다.

구스타브의 면면은 예술에서 타당하게 받아들여지는 성격들과 상반된 것(그리고 정말로 코미디에서만 받아들여지는 것)들이다. 최고의 예술은 예술의 원칙을 따르지 않을 때 나온다는 말의 예가 될 수도 있다. 불법과 위협과 플롯의 장식들로 가득한 영화에서 가장 큰—그리고 영화의 맨 끝에 가서야 풀리는— 서스펜스 포인트는 구스타브의 진실성이 가진 능력과 한계다. 그가 누구인지 알게 해주는 그의 마지막 행동은 이미 사라지고 없는 전제들의 존재를 여전히 믿고 있는 용감한 판단 착오다. 한 문화가 끝났다. 완전히 다른 생활 양식이 시작되었다.

1968년 그랜드 부다페스트 호텔의 모습은 황폐하다. 소련 위성 국가의 초라한 리조트는 당혹스러울 만큼 아름답고 선명하게 그려진다. 그 추함이 기막히게 빈틈없이 묘사된다. 여기서 역사는, 옛날의 가십이 전설이 되는 황혼의 세계다.

잊혔다가 요즘 되살아난, 저명한 오스트리아 수필가이자 소설가인 슈테판 츠바이크의 뛰어나고 주요한 작품에서 영화의 영감을 떠올린 앤더슨은 배경과 액자식 스토리 전달 방식만 이용한 것이 아니라 세계의 상실도 물려받았다. 앤더슨의 영화는 늘 세계의 상실을 이야기했다. 그 세계는 어린 시절일 때가 많고, 때로 가족, 때로 우리가 자기 정체성을 재료로 지어낸 세계이기도 했다. 하지만 문명의 파괴, 한 시대의 종말, 우리 삶—우리 자신의 개인적이고 아주 재미있는 드라마—이 우리가 속한 더 큰 역사에 의해 변형되는 끔찍한 방식들에 앤더슨이 집중한 것은 이 영화가 처음이다.

웨스 앤더슨 영화에서 리얼리티는 천박함, 잔인함, 결핍이다. 그의 영화 속 인물들은 환상이라는 아늑하고 더 뛰어난 집을 만들어서 살고자 최선을 다하고, 앤더슨은 이런 노력을 사랑하고 찬양한다. 하지만 그는 늘, 엄격하게도, 그의 아름다운 세계가 깨어지게 만든다. 파도가 모래성을 휩쓸고 지나간 해변의 아이들처럼 앤더슨의 주인공들에게는 성을 다시 지을 의지만 남겨진다. 우리는 그 인물들이 어쩌면 덜 야심차게, 그러나 더 성공적으로 성을 다시 지을 것이라고 굳게 믿는다. 그러나 〈그랜드 부다페스트 호텔〉에서는 환영이 사라진 뒤 죽음만 남는다. 제로 무스타파라는 인물에게서 우리는 자신의 상실에 적응했지만 자기 삶을 다시 지을 수 없었던 남자, 대신 과거만 소중하게 간직하고 있는 남자를 본다. 그는 진짜 살아남은 사람이기보다 증거일 뿐이다.

무스타파의 진짜 유산은 그의 스토리다. 그리고 최초이자 최종의 액자 장치—무스타파의 인생을 추앙받는 소설로 만든 작가에게 경배하는 소녀—는, 한 개인에게는 너무 끔찍해서 지나갈 수도 빠져나갈 수도 없는 스토리가 다른 사람들에게는 더없이 큰 의미를 지닌 스토리일 수 있음을 암시한다.

1942년, 브라질에서 츠바이크와 그 아내가 세상을 떠나기 이틀 전, 츠바이크가 담당 편집자에게 우편으로 보낸 완성작 『어제의 세계』에는 뛰어난 문장이 있다.

'우리 부모와 조부모 세대는 훨씬 좋았다. 그들은 한쪽 끝에서 다른 끝까지 깔끔한 일직선으로 조용한 삶을 살았다. 그래서 나는 그들이 부러운가? 잘 모르겠다. 그들은 진짜 고통에서, 악의와 운명의 힘에서 멀리 떨어져 꾸벅꾸벅 조는 듯 삶을 살았지만…… 우리…… 편안함이 낡은 신화가 되고, 안전은 유치한 꿈이 된 우리는 우리 존재의 하나부터 열까지 긴장을 느끼고 있고, 무엇에 대한 공포를 늘 새롭게 신경마다 느껴야 한다. 우리 삶의 매 시간은 세계의 운명과 연결되어 있다. 비탄으로 또 즐거움으로, 우리는 우리 자신의 작은 삶 저 너머의 역사와 시간을 살아가지만, 그들은 자기 자신 너머의 것은 아무것도 몰랐다. …… 그러므로 오늘날 우리 모두는, 가장 어린 인류라도, 우리 선조의 가장 현명한 사람보다 현실에 대해 천 배는 많이 알고 있다. 그러나 우리에게 거저 주어지는 것은 아무것도 없다. 우리는 그 대가를 완전히 치렀다.'

앤더슨은 슈테판 츠바이크의 어두운 비탄을 이어받았고 그것을 자신의 장난스러운 우울과 합쳐, 우리를 상처내기 전에 우리를 무장해제시켜서 결국 우리를 감동시키는 영화를 만들었다. 상상의 세계가 환상의 종말을 말하게 만들면서, 앤더슨은 이중 처벌의 판결을 내렸다. 최고의 우화들이 그렇듯, 앤더슨의 비현실은 진실보다 훨씬 감정적으로 생생하다.

# PREFACE

**영**화 〈그랜드 부다페스트 호텔〉은, 웨스 앤더슨이 지금껏 해온 다른 것들의 문학성과 시각적 메아리를 담은 이야기에 여태껏 배운 것들을 모두 모아서 적용한, 웨스 앤더슨 영화 경력의 정점이다. 열두 겹으로 된 결혼 케이크다. 신나게 먹으면서 그 안에 어떤 노력이 들어갔는지 생각할 필요 없이 오로지 맛있다는 사실만 알면 된다.

이 영화에 드러난 복잡함과 관점에는 논의의 여지가 있다고 판단했고, 따라서 감독의 미학에 대한 초상화―웨스 앤더슨의 스타일을 지나치게 모방하지 않으면서 어느 정도 웨스 앤더슨 영화 '같은' 느낌과 모습을 담은 책―를 만들려 한 『웨스 앤더슨 컬렉션』과 비슷한 태도로 이 책에 접근했다. 다만, 이번에는 조금 더 깊이 들어가려 했다.

'예술가 스타일의 초상' 개념은 총 3부에 걸친 앤더슨 인터뷰에 반영됐다. 이 세 '막' 사이에 영화 제작의 각기 다른 측면을 다룬 글들이 배치돼 있다. 연기에 대한 랄프 파인스 인터뷰가 있고, 크리스토퍼 라버티가 쓴 의상 분석, 의상 디자이너 밀레나 카노네로 인터뷰가 있다. 프로덕션 디자인 부분에는 영화 평론가 스티븐 분의 에세이, 프로덕션 디자이너 아담 슈토크하우젠의 긴 인터뷰가 있고, 음악 부분에는 평론가 올리비아 콜레트의 에세이와 알렉상드르 데스플라 인터뷰가 짝을 이룬다. 앤더슨이 시나리오를 시작할 때 가장 큰 영감을 받았다고 밝힌 슈테판 츠바이크의 작품 세계를 영화 평론가 알리 아리칸이 해설한 글에 이어 츠바이크의 소설과 자전적 에세이에서 발췌한 글이 있다. 촬영 부분이 책의 마지막을 장식한다. 앤더슨과 늘 함께하는 촬영 감독 로버트 예먼 인터뷰, 탁월한 영화 이론가이자 영화 사학자인 데이비드 보드웰의 에세이가 있다. 보드웰이 쓴 영화 스토리 전달의 진화에 관한 책들(단독 집필하거나 저작과 인생의 파트너인 크리스틴 톰슨과 공동 집필했다)은 여러 세대의 영화광과 영화감독에게 시금석이 되어왔다. 나는 이 뛰어난 작가들 모두가 '십자 펜 협회The Society of the Crossed Pens'라는 용감한 조직의 일원이라 생각하고 싶다.

최종 목표는 이 책의 원천이 된 뛰어난 영화와 다르지 않게 건축물―층들이 있고 방들이 있는―느낌을 주는 책을 만드는 것이었다. 책 『그랜드 부다페스트 호텔』에 들어온 독자를 환영한다. 이곳에 즐겁게 머무시길.

*by Matt Zoller Seitz*

# CRITICAL ESSAY

웨스 앤더슨 영화는 모두 코미디이면서 코미디가 아니다. 뛰어난 예술적 솜씨와 장치 아래 깊은 곳에 묻혀서 금방 알아챌 수 없는 우울이 늘 깔려 있다.

앤더슨의 여덟 번째 영화이자 구조적으로 가장 야심찬 영화 〈그랜드 부다페스트 호텔〉도 마찬가지다. 한 번 본 뒤에는 이 이야기 안의 이야기 안의 이야기 안의 이야기에서 위트와 움직임, 움직이는 위트를 떠올리게 된다. 미망인 귀족 부인이 죽임을 당하고, 구스타브라는 멋쟁이 호텔리어가 살인의 누명과 상속받은 것을 훔쳤다는 누명까지 쓴다. 국가는 파시즘의 유령이 나타나면서 전쟁에 빠진다. 그러나 이 심각한 사건들은 선명한 색과 풍부한 질감, 정신없는 추격전으로 완화된다.

영화를 되돌아보면 인용할 만한 대사가 떠오른다. "어쨌든 침대에서는 다이너마이트 같은 여자였어." "호텔을 대신해서 사과합니다." "감방 동료 분께 제가 옥수수죽을 드려도 될까요?" 뻔뻔하게 우스꽝스러운 상황들도 기억난다. 경관들이 체포하러 오자 평소에 침착한 구스타브가 꼬리를 빼고 달아나는 모습. 빵 속에 숨긴 도구와 끝없이 내려가는 것 같은 밧줄 사다리, 그리고 바에 망치를 리드미컬하게 두드리는 소리로 완성되는 루브 골드버그 만화 같은 탈옥. 나무를 기문 삼아 경기를 하듯 스키를 타는 암살자 조플링을 뒤쫓으며 봅슬레이를 타는 구스타브와 로비 보이 제로.

의상과 특수 효과, 세트 디자인, 촬영의 세세한 부분도 음미하게 된다. 분홍색 호텔. 케이블카. 엘자 란체스터를 거친 마리 앙투아네트 같은 마담 D의 헤어스타일. 구스타브 특유의 향수 '레르 드 파나쉬(L'Air de Panache, 허영의 공기)'가 진열된 서랍장. 조플링이 손가락에 낀 해골 모양의 무기. 특이한 상자에 담긴 특이한 빵. 스토리 가운데 어디 있는가에 따라서 바뀌는 화면 비율. 영화의 후반부 절반에는 초기 코엔 형제 영화의 속도와 밝은 에너지가 있다(특히 중간 부

## by Matt Zoller Seitz

분에서는 〈아리조나 유괴 사건〉 도입부의 코믹한 속도가 느껴진다).

영화 전체의 바탕에는 그저 '지어낸 것'이 아니라 '다시 지어낸 것'의 분위기가 깔려 있다. 주인공들은 자신을 다시 만들어낸 사람이거나 그러려고 애쓰는 사람이다. 규범과 집안의 책임과 활기찼던 젊음의 추억에 짓눌린 마담 D는 구스타브와 환상으로 탈출한다. 자신에게 자상했던 유일한 사람인 구스타브에게 마담 D는 '사과를 든 소년'이라는 그림을 상속한다. 그 그림은 나중에 구스타브의 인생, 그리고 제로의 인생을 바꾼다. 구스타브와 함께 감옥에서 탈출한 세 명의 죄수는 버스를 타고 더 넓은 세상으로 사라진다. 빵집 도제인 아가사는 액션 영웅이 되어, 애인이 '사과를 든 소년'을 되찾는 일에 큰 위험을 감수하면서 돕는다.

구스타브의 개인사에 대해서는 전혀 알 수 없다. 그러나 군이 알아야 할 이유도 없다. 간지러운 '달링'이라는 말을 후렴처럼 여기저기 끼워 말할 때마다, 신사의 모습을 순간적으로(때로 전략적으로) 잊어버릴 때마다 우리는 구스타브의 세련된 외모 너머를 볼 수 있다. '레르 드 파나쉬'는 구스타브가 스스로 만들어낸 인물을 상징한다. 자기 인생을 향수로 장식해온 남자. 그러나 〈그랜드 부다페스트 호텔〉을 한 번 더 볼 때마다 우스운, 실제로는 그리 우습지 않은 일이 일어난다. 즉, 자신을 다시 만들고 스스로를 정하려는 이 모든 행위에도 불구하고 그 노력은 권력을 지닌 탐욕스러운 자들에게 짓밟히고 역사라는 탱크 바퀴에 가루가 된다는 점을 깨닫게 된다.

영화가 쓰고 있는 가벼움의 베일이 들춰지면 달랠 수 없이 슬픈 현실이 드러난다. 관객은 영화의 어두운 순간을 더 예민하게 두려워하게 된다. 금속 미닫이문에 코박스의 손가락을 잘라버리는 조플링. 기차 경적이 새된 소리를 내는 동안 경찰에게 끌려가는 구스타브. 산꼭대기에서 올리는 아가사와 제로의 결혼식 모습과 함께 들리는, 2년 뒤 아가사와 어린 아들이 프로이센 독감으로 모두 죽는다는 늙은 제로의 목소리. 영화의 타이틀이 지닌 상징적인 이미지는 늙은 제로의 얼굴이 된다. 가장 친한 친구와 일생의 연인을 죽음으로 잃고 산산조각 나서 그들의 죽음을 상세히 설명하기조차 견디지 못하는 늙은 제로.

많은 웨스 앤더슨 영화들처럼 이 영화는 상실을, 우리가 상실에 어떻게 적응하는가를, 혹은 어떻게 절대로 적응 못하는가를 다룬다. 어떤 스토리든, 말하는 사람이 생략하는 것이 그 스토리에서 가장 중요한 부분이다. 말하는 사람이 피하는 심연. 제로는 호텔이 아가사를 추억하게 하기 때문에 호텔을 지킨다. '사과를 든 소년'—영화의 주된 줄거리가 흘러가는 시발점이 되는 그림 도난은 유치한 순진함을 상징한다—은 이제 프런트 뒤에 걸려 있고 손님의 식사에 동행한 사람 모두가 최소한 얼핏하게나마 볼 수 있게 호텔 메뉴판 뒤에도 나와 있다. 어떤 의미에서 제로는 과거에 살고 있다. 그는 '작가'를 과거로 초대한다. 그러나 너무 깊게 초대하지는 않는다. 제로가 자신의 개인사를 다시 방문하려 준비할 때마다 실내의 조명은 바뀐다. 연극적인 그림자가 제로의 얼굴에 드리운다. 제로는 작가에게 구스타브, 아가사, 다채로운 조연들, 호텔, 국가, 전쟁, 호텔리어의 기술 등을 상세히 전달한다. 그렇게 젊은 작가는 제로로부터 유산을 물려받고, 그 유산으로 작가는 국가로부터 '사랑하는 아들'이라 불릴 만큼 사랑받는 출중한 작가로 변모하게 된다.

그러나 제로는 드러나지 않은 영혼으로 남는다. 제로는 자기 스토리를 열심히 나누려 하지만 (제로는 에두르지 않고 곧장 작가에게 접근했다) 그의 잔은 결코 넘치지 않는다. 구스타브의 죽음에는 '파시스트 곰보 개자식'이라는 말만 하며, 흑백으로 사실만 보이는 순간에도 '결국 총살됐죠'라는 말만 한다. 아가사의 죽음에도 문장 세 개만 할애된다. 아가사의 생명을 앗은 병은 '어이없는 가벼운 병'이라 묘사된다. "괜찮아요, 아무것도 아닙니다. 이제 다른 얘기로 넘어가죠." 아가사 생각에 빠질 듯하면 언제나 제로는 자신을 추스르고 화제를 바꾼다. 아가사는 멀리서 비칠 때가 많다. 음악이 퍼지며 자전거를 타는 그녀. 회전목마 불빛이 얼굴을 밝힐 때 사랑스러운 눈으로 제로를 바라보는 그녀. 아가사는 거의 존재하지 않는 존재다. 그것은 제로의 선택이다. '들어가지 마시오'라고 표시된 문처럼. 나중에 돌아보면 제로의 쾌활한 내레이션도 완충제 역할을 하는 장치로 보인다. '작가'를, 또 우리를 이야기의 어두운 면에서 떼어놓는 수단이다.

클로징 타이틀 카드가 알리듯 〈그랜드 부다페스트 호텔〉은 슈테판 츠바이크의 작품에서 영감을 얻었다. 오스트리아 작가 츠바이크는 제1차대전이 발발하고 대륙이 불타자 사랑하는 빈(아마도 그에게 빈이 곧 '그랜드 부다페스트 호텔'일 것이다)을 떠났다. 그는 제2차대전 동안 유럽이 광기에 더 크게 휘말리는 것을 지켜본 뒤 결국 브라질 페트로폴리스에 정착하고, 그곳에서 두 번째 아내 로테 알트만과 함께 자살했다. 그의 회고록 『어제의 세계』는 반지성주의와 흉포한 민족주의에 오염되는 것을 참을 수 없어서 떠난, 사랑했던 도시 빈에 보내는 프루스트 작품 같은 연애편지다. 영화의 스토리, 배경, 이미지(젊은 작가, 늙은 작가, 구스타브 등은 여러 면에서 모두 츠바이크와 외면적으로 닮은 인물들이다) 등에서 우리는 츠바이크를 볼 수 있다. 하지만 웨스 앤더슨 영화에서 종종 그렇듯 〈그랜드 부다페스트 호텔〉도 역사적 현실과 개인적 현실에 모호하고 환상적으로 접근한다. 이 유럽은 브리태니커 백과사전의 의미로 '실제'가 아니라, Y스트리트 375번지 러시모어 아카데미나 페세스파다 섬 같은 실제다. 그렇지만 인물의 감정은 실제다. 인물들의 죽음은 리치 테넌바움의 잘린 손목에서 흐르는 피, 지소의 난파된 헬리콥터 근처의 물에 번지는 피만큼 실감나게 느껴진다. 앤더슨 영화들은 개인의 심연으로 가득 차 있다. 시나리오가 인물들을 가볍게 다루더라도, 그것은 인물들이 이미 그 심연 속에서 살고 있고 오랫동안 혹은 평생 그 속에서 살아왔기 때문이다. 어떤 차원에서 우리는 그것을 알 수 있고, 그것을 느낄 수 있다.

이런 방식으로—간접적으로, 신중하게—영화는 츠바이크의 상실, 국적의 상실, 젊은 이상주의의 상실, 삶 자체의 상실에 경의를 표한다. 상실에 대한 두려움과 상실을 잘 알고 있는 고통은 영화 속 인물들의 원동력이다. 어머니가 없는 맥스 피셔의 끝없는 활동력, 미스터 폭스의 무모한 모험심, 휘트먼 형제의 인도 여행의 원동력도 그것이다. 상실은 제로에게도 원동력이 된다. 작가는 제로를 호텔에서 '깊이 또 진짜' 외로운 유일한 사람으로 느꼈으며 그 느낌을 열 배로 확인한다.

제로는 목욕탕에서 만난 젊은 작가에게 왜 말을 걸었을까? 스티브 지소가 영화를 만드는 이유, 맥스 피셔가 연극을 쓰고 연출하는 이유, 디그난이 스프링 노트에 '75년 계획'을 쓰는 이유와 같지 않을까. 표출되지 않은 불안에 물꼬를 트는 것, 그 불안에 형태를 주고, 더 궁극의 이상으로는, 그 불안에 지배되기보다 그 불안을 지배하는 것. 자기 자신의 일부가 계속 살아남을 수 있도록 확인하는 것. 육신의 노화는 막을 수 없다. 죽음은 피할 수 없다. 그 뒤에는 무엇이 남는가? 스토리들. 그러나 스토리를 들려주는 사람이 기억하는 그대로 그것을 회상하며 다른 사람들에게 들려준 스토리가 아닌, 다른 사람의 스토리를 사람들이 각색한, 다시 말해지고 다시 만들어져 전해지는, 그래서 그 정수만 남은 스토리들. 〈그랜드 부다페스트 호텔〉은 스토리 전달 자체를 다룬다. 기꺼이 스토리를 듣고 느끼고 기억하고 나중에, 말하는 사람 자신에게 뜻있게 만드는 데에, 스토리에 개성을 부여하는 데에 필요한 장식이라면 무엇이라도 덧붙여서 전달할 사람에게 전해지는 유산. 그래서 영화는 소녀의 모습으로 시작한다. 소녀는 '작가'의 동상을 찾아가고 (허구의) 소설책을 내려다본다. 우리는 그 소설책 속 스토리를 보게 된다. 전쟁으로 재편되는 (허구의) 국가를 배경으로 한 스토리. 처음에는 야만적인 권력에, 다음에는 야만적인 이데올로기에 재편되는 (허구의) 호텔에서 전해지는 스토리. 자신의 스승, 자신의 아버지 같은 인물, 자신의 형제인 구스타브를 일컬으며, 또한 자기 자신을 일컬으며, 또한 자신의 실로 황금 피륙 같은 작품을 짤 작가를 일컬으며, '그의 세계는 그가 들어가기 훨씬 전에 이미 사라졌던 것 같습니다'라는 기도 같은 말로 끝맺은 외로운 노인에게서 들은 것을 작가가 회상한 스토리. "그래도 저는 감히 말합니다. 분명 그는 환상을 멋지고 우아하게 유지했습니다!" 그리고 곧, 엘리베이터 문은 책의 표지가 덮이듯 닫힌다.

마지막 숏들은 '유산으로서 스토리'라는 개념을 납득하게 만든다. 늙은 작가가 소파에 손자와 함께 조용히 앉아 있다. 그는 제로와 대화하던 밤에 입었던 것과 비슷한 노퍽 슈트를 입고 있으며—이제 우리는 그 밤이 그의 인생에서 가장 중요한 때임을 알 수 있다—1968년의 호텔과 비슷한 장식의 서재(방 뒤의 벽에 페인트칠이 반쯤 되어 있는 것으로 미루어 아직 완성되지 않은)에 있다. 젊은 작가의 목소리는 늙은 작가의 음성으로 바뀐다. "매혹적인 낡은 폐허였지만, 다시 가보지 못했다." 그리고 다시 묘지에 있는 소녀로 돌아가, 소녀는 책을 덮는다.

삶은 스러진다. 예술은 남겨진다.

·UNICUS·FILIUS· ·ANNO·D·
DUCATI·UNDECIMI· MDCXXVII

# 유럽이라는 아이디어

옆 〈그랜드 부다페스트 호텔〉의 주된 줄거리에 불을 붙이는 것은 이 그림 '사과를 든 소년'의 행방이다. 영화 속 허구의 세계에서는 요하네스 반 호이틀 2세라는 허구의 화가가 그린 르네상스 초상화지만, 실제로는 영국 화가 마이클 타일러가 이 영화를 위해 그린 그림이다. 화풍은 브론치노(1503~1572), 한스 홀바인(1497~1543), 루카스 크라나흐 2세(1515~1586)에 바탕을 두었다. 모델은 런던에 사는 무용수 에드 먼로이며, 영국 도셋에 있는 학교에서 포즈를 취했다.

**위** 〈그랜드 부다페스트 호텔〉 프로덕션 디자이너와 디자인팀은 미국 의회 도서관에 소장된 많은 포토크롬 사진들을 연구했고, 이 사진도 그중 하나다. 스위스 라우터브루넨 계곡에서 내려다본 호텔 슈타우바흐의 모습으로, 연도는 1890~1910년 추정.

**뒤** 젊은 '작가' 의상을 입은 주드 로와 대화를 나누는 웨스 앤더슨. 이 사진을 비롯하여 이 책에 실린 〈그랜드 부다페스트 호텔〉 촬영장 사진들은 대부분 영화에서 사진을 담당한 마틴 스칼리가 찍은 것이다.

웨스 앤더슨과 〈그랜드 부다페스트 호텔〉에 대해 처음 대화를 나눈 때는 2013년 11월 초였다. 영화를 본 것은 그 며칠 전으로, 맨해튼 미드타운에 있는 폭스 시사실에서 거의 완성된 편집본을 보았다.

웨스 앤더슨은 미리 나에게 주의를 주었다. 음향과 음악이 아직 완성되지 않았고, 몇몇 장면의 타이밍이 바뀔 것이며, 특수 효과 장면이 완성되지 않아서 이상하게 보이는 곳들도 있다고 하면서 '초안 같다고 할 수 있죠' 하고 말했다.

물론 웨스 앤더슨에게 '초안 같은 것'은 다른 감독에게는 완성품이다. 그날 본 편집본과 극장에서 개봉된 영화를 비교하면, 눈에 띄게 다른 점이 전혀 없었다. 완성작 같았다. 여러 겹으로 중첩된 스토리 전개 장치부터 시계태엽처럼 딱 맞물려 돌아가는 등장인물과 사건까지, 영화가 전작들에 비해 어찌나 복잡해 보이는지 딱 한 번만 보고 웨스와 인터뷰할 생각을 하니 두려울 지경이었다.

대화는 전화로 이루어졌다. 나는 로어 맨해튼의 쌀쌀한 금요일 아침, 아브람스북스 출판사의 내 사무실에서, 웨스 앤더슨 감독은 영화 후반 작업 때문에 런던에 있었기에 그곳의 호텔에서 통화했다.

DINING ROOM →

ELEVATOR →

CONCIERGE →

THERMAL BATH ←

# The
# FIRST
## Interview

옆 영화의 1985년 장면을 촬영하는 동안 '작가'의 서재에 있는 웨스 앤더슨과 톰 윌킨슨. 벽지와 커튼의 무늬가 스탠리 큐브릭의 〈샤이닝〉(1980)에 나오는 오버룩 호텔 복도 카펫과 구스타프 클림트의 그림을 희미하게 연상시킨다. 빙하기에 고통받는 매머드 그림은 영화의 주제인 삶이 스러져가는 과정과 사라진 시대와 연관된다.

아래 웨스 앤더슨의 시나리오에 영감을 준 오스트리아 작가 슈테판 츠바이크. 구스타브(랄프 파인스)와 젊은 작가(주드 로)가 츠바이크와 닮은 것에 주목할 것. 주드 로의 모습은 이 책에 나오는 영화 스틸에서 확인할 수 있다.

---

\* 조지프 콘래드의 『어둠의 심연』은 액자 서술 구조를 쓴 소설로 많이 알려진 작품이다.

**매트 졸러 세이츠** 시나리오 인용구로 시작하죠. "사람들은 작가가 늘 상상력을 발휘하고, 사건과 에피소드를 끝없이 지어내고, 무(無)에서 스토리를 상상해낸다고 생각하는데, 이는 아주 흔한 오해다. 사실은 그 반대다. 대중에게 작가로 알려지면 그때부터는 대중이 작가에게 인물과 사건을 가져다준다. 잘 지켜보고 귀담아듣는 능력을 유지하는 한 이야기들은 계속 찾아온다." 그럼, 이 스토리도 찾아왔나요?

**웨스 앤더슨** 사실 그건 다 츠바이크가 쓴 거예요. 제 생각이 아니고, 츠바이크 생각이죠.

〈그랜드 부다페스트 호텔〉에 영감을 주었다는 소설가이자 에세이 작가 슈테판 츠바이크요? 이 영화를 츠바이크에게 바친다고 밝히기도 했죠?

네. 츠바이크는 사람들이 소설가를 찾아와서 자기 얘기를 들려준다고 했지만, 저한테는 그런 일이 없어요. 친구와 함께 스토리를 만드는 일은 있지요. 친구인 휴고 기네스와 제가 공통의 친구를 모델로 삼아서 인물을 만들었는데 그에 대한 파편적인 스토리만 있었어요. 모델이 된 친구 얘기는 나중에 기회가 되면 더 들려드리죠. 아이디어는 몇 년 전부터 있었어요. 그 인물한테 무슨 일이 일어날지 떠올리기까지 오래 걸렸죠.

츠바이크와 연관해서 뭘 하고 싶다는 생각을 쭉 해왔어요. 지난 몇 년 사이에 츠바이크의 작품을 조금 더 잘 알게 됐어요. 6년인가 8년 전만 해도 전혀 몰랐던 작가인데, 관심을 많이 갖게 됐죠. 그의 소설들을 정말 좋아합니다. 자전적 이야기인 『어제의 세계』도요.

『웨스 앤더슨 컬렉션』의 〈문라이즈 킹덤〉 챕터에서 한 인터뷰에서도 츠바이크를 언급했죠? 아까 이야기하던 주제로 돌아가죠. 스토리텔링에 관한 이야기들, 혹은 누구에게 들은 이야기처럼 독자나 관객에게 전달하는 형식의 이야기들을 말씀하셨죠?

맞습니다. 콘래드 소설에서도 비슷한 걸 볼 수 있죠.\* 그게 츠바이크의 독자적인 영역은 분명 아닙니다. 츠바이크의 작품들은 자서전과 자전적 소설을 빼고, 거의 모두 그런 형식을 띠고 있어요. 그래서 우리도 그렇게 했죠. 영화 속에서 작가로 상정된 인물, 그리고 그 작가의 스토리 속에서 작가로 상정된 더 젊은 인물. 기본적으로는 그 두 사람 모두 어느 정도는 츠바이크입니다.

이 영화는 스토리 속의 스토리로 구성되어 있습니다. 그동안 만든 영화들보다 훨씬 더 스토리와 스토리텔링에 관한 영화입니다. 인간과 스토리의 관계, 인간에게는 왜 스토리가 필요한가 하는 문제를 다루고 있어요. 그러면서도 관객이 인물을 동일시하지 않게 하는 '소격 효과'도 갖고 있습니다.

가장 주된 사건으로 가기까지 서너 단계를 더 거치게

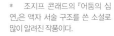

만들었어요. 제 말은, 랄프 파인스가 맡은 인물을 만나기 전까지 한참 가야 한다는 뜻입니다. 그런데 거기 다다르기까지 이어지는 다른 부분들이 분위기를 조성하도록 만들었죠. 그리고 그사이에 등장하는 인물들도 그 자체로 재미있게 볼 수 있도록 만들었습니다. 저희 의도가 관객에게도 통했다면 다행이고요.

네, 저는 내레이터가 마음에 들었어요. 아, 첫 내레이터라고 말하는 게 더 정확하겠군요. 책의 작가요. 내레이터인 작가의 아들—저는 그 사람이 아들이라고 생각했어요—이 들어와서 공기총으로 작가를 쏴서 그 거만함에 구멍을 냈죠? 그 부분도 좋았습니다.

작가의 손자일 수도 있죠.

이제 작품 목록이 점점 더 길어지고 있는 중이니 이 작품은 감독님께도 더 큰 의미가 있을 것 같습니다. 감독님은 늘 여행에 매료되어 있는데, 이 스토리에도 여행에서 영향을 받은 곳이 있나요?

지난 10년, 12년 동안 유럽에서 지낸 시간이 많다는 사실이 연관은 있을 것 같아요. 밖으로 나가서 세상을 볼 수 있는 것은 흥미로운 일이죠.
그렇지만 제가 읽은 책들과 연관되어 있기도 합니다. 영화는 개인적인 것입니다. 저를 움직이게 하는 어떤 세계의 스토리를 전달하는 거죠. 그 세계는 제가 오랫동안 크게 관심을 쏟았던 곳, 더 배우고 싶은 곳, 그러면서 제가 모으고 수집한 것들, 여행뿐 아니라 책에서 얻은 것들을 모두 써먹을 수 있게 하는 곳이죠.
또 다른 요소도 있어요. 중앙 유럽에 대한 미국적 해석, 혹은 할리우드적 해석이라고 할 만한 것인데, 이런 해석을 주도하는 것은 유럽 사람들, 특히 할리우드에서 일하는 유럽 사람들이기 마련입니다. 이 영화는 그런 영화의 영향을 받았어요. 1930년대에 만들어진 영화들에서 더 많은 것을 끌어왔다고 느낍니다.

에른스트 루비치. 〈모퉁이 가게〉.

네. 루비치와 1930년대 할리우드 버전의 유럽 전부요.

마이클 파웰과 에머릭 프레스버거도 염두에 뒀나요?

물론이죠. 파웰과 프레스버거는 항상 제 마음에 있죠. 당장 예를 들 수도 있습니다. 애드리언 브로디가 그림을 도둑맞은 것을 알아채는 장면을 기억하세요? 그때 브로디의 옷차림이 〈분홍신〉에서 안톤 월브룩이 맡은 러몬토프와 비슷합니다. 그러니까 브로디는 러몬토프가 입었던 가운 같은 것을 입었고, 신발은 정말로 붉은 신을 신었어요! 지금 생각하니, 사실, 우리 영화의 구조는 〈블림프 대령의 삶과 죽음〉에서 왔네요. 그 영화에는 목욕탕도 나와요. 목욕탕에서 스토리가 과거로 돌아가요. 그걸 우리는 우리 식으로 했다고 말할 수 있죠.

환상의 공간을 확실히 만드신 거죠. 저한테 이 영화의 톤을 설명하라고 한다면, 저는 밝은 톤의 영화라고 말하겠습니다. 하지만 덜 미국적이고 더 유럽적이라 말할 수 있는 시선으로 세상을 보는 것이 편한 사람에게만 밝은 영화죠.
제 말뜻은, 이 영화에 폭력도 있고 전쟁도 있지만, 순수의 느낌은 없다는 겁니다. 적어도 미국인이 쓰는 '순수'라는 단어의 느낌은 없어요. 미국인들은 '우리 역사에서 시대를 지날수록 계속 잃어버리는 것'이라며 '순수'를 일컫곤 하죠. 이 영화에 그런 '순수'는 없어요. 다정함과 친절은 있지만, 그런 것이 순수와 똑같지는 않죠. 이 사람들은 강인합니다. 전쟁이 눈앞에 닥쳤다는 말이 들릴 때 영화 속 인물들은 심한 충격을 받지는 않습니다. "아, 그래, 대비할 수밖에 없지." 이런 식이죠. 이와 비슷한 일이 처음 벌어진 것도 아니라는 분위기입니다. 이 사람들은 전쟁을 삶의 일부로 인식합니다. 이 영화는 코미디지만, 역사와 고통의 분위기도 담고 있어요.

맞는 말씀인지도 모르지만, 말씀하신 그 장면은 코미디이기도 합니다. 제로가 구스타브에게 신문을 가져올 때, 신문에는 전쟁이 눈앞에 닥쳤고 종말이 올지도 모른다고 적혀 있죠. 그렇지만 큰 뉴스는 '부자 노파, 추락사'죠.

왼쪽 루비치의 〈모퉁이 가게〉(1940) 장면. 두 점원(사진에 보이는 마가렛 설리반과 제임스 스튜어트)이 처음에 아웅다웅하다가 마침내 사랑에 빠지는 스토리의 경쾌하고 가벼운 코미디다. 1920년대에 할리우드로 간 유럽 영화감독이 많은데, 독일 출신의 루비치도 그런 감독이다. 루비치의 활기찬 감성은 주도면밀하면서도 결코 지나치게 넘치는 법이 없다. 영화사 경영진과 평론가들은 그런 감성을 '루비치 터치'라고 불렀다.

오른쪽 〈그랜드 부다페스트 호텔〉에서 젊은 제로로 분한 토니 레볼로리.

옆 늙은 '작가'로 분한 톰 윌킨슨의 두 신 중 하나의 스틸. 장난감 총을 쏘는 손자(마르셀 마주르) 때문에 방해를 받는다. 이 장면은 웨스 앤더슨 미학의 정수를 담고 있다. 정교한 장식과 의상, 조명. 하지만 어린 아이의 즐거운 무질서로 방해받는다. 심각하지만 결코 젠체하지 않으면서 심각한 순간을 포착하는 복잡하게 고안된 카메라 워크.

맞습니다! 어쨌든 저는 '이 영화에 사실적인 현실감이 있다'는 이야기를 하려고 합니다. 실재성의 바탕이 되는 것은 역사와 역사에 대한 이해죠.

그러면서도 이 영화는 기발하게 환상적입니다. 특히 외양에서 그렇습니다. 호텔은 팝업북을 펼친 것 같고, 호텔을 둘러싼 산들도 그렇죠. 그리고 산등성이까지 올라가는 케이블카 엘리베이터도 있죠. 그 엘리베이터도 현실에 있는 것을 바탕으로 했지만, 다른 것들과 마찬가지로 양식화되어 있습니다. 이런 터치들로 인해서 저는 '여행을 많이 다니고 독서를 많이 했으며 호기심 많은 미국인이 자신만의 방식으로 상상하려 한 '과거'를 지금 우리가 보고 있구나' 하는 느낌을 받았습니다.

네, 이 영화의 경우에는 국가도 실제가 아니라는 점을 강조하고 싶습니다. 젊은 제로와 구스타브의 이야기 일부는 1932년이죠. 그렇지만 진짜 1932년은 아닙니다. 1932년에 무솔리니가 권력을 잡은 것은 사실입니다. 그렇지만 히틀러는 일 년 뒤에야 등극하죠. 우리 영화는 현실의 시간대에 있지 않습니다. 실제로 존재하는 곳이 아닌 장소를 배경으로 하고 있으니 역사적으로도 완전히 정확할 수는 없죠. 이런 면은 굳이 말하지 않아도 모두 이해하시리라 생각합니다.

우리는 제1차 세계대전과 제2차 세계대전을 섞어서 세 시기를 만들었다고 할 수 있죠. 첫 번째 시기는 츠바이크가 '어제의 세계'라고 부른 대로, 제1차 세계대전 이전입니다. 두 번째가 여기 나오는 전쟁과 파시즘의 시기죠. 마지막으로 중앙 유럽과 동유럽의 공산주의 시기가 있습니다. 두 번째 시기 뒤에 오는 하지만, 이미 시작되고 있던 것이죠. 글쎄요, 뭐라고 부

르실지 모르겠지만, 저는 재즈의 리프 연주 같다고 생각합니다.

이전 영화들에서도 계속 써온 전략이죠? 모호한 배경이나 허구의 장소에서 벌어지는 스토리가 많잖아요? 거기에 또 허구의 무엇을 더할 때도 있었고요. 이 영화에서는 뒤섞는 것들 위에 역사라는 요소가 하나 더 들어갔습니다.

이 영화에서는 클루벡이라는 화폐 단위를 지어냈습니다. 영화에 나오는 국가들은 모두 허구죠. 왠지 모르게 말타의 리비에라로 보이는 것만 빼면요. 그리고 프랑스 사람도 몇몇 나오죠. 그런 것까지 너무 세심하게 다 없애고 싶지는 않았어요. 그러면 너무 정신없어질 수 있거든요.

**이곳은 유럽이 아니고, 유럽이라는 '관념'의 세계죠.**

글쎄요, 어느 면으로 보나, 영화 속에 있는 대부분의 것들이 저희의 '창작물'이라고 주장하지는 못하겠습니다. 저희가 만든 이 작은 지역은 저희가 여행하고 본 것들에서 나왔죠. 철로 옆이나 빵집이나, 전원이든 도시든 풍경을 보고, 그것들을 조금 변형해서 영화에 넣게 되죠.

이 영화에서 다루려고 했던 것은 무엇보다 다른 시대의 여러 것들을 바라보고 그것들을 모두 모아서 중앙 유럽의 〈리더스 다이제스트〉 기사처럼 만드는 일이었습니다. 중앙 유럽의 히트곡 모음 같은 거죠. 스페셜 칵테일 같은 거요.

VISITORS ARE REQUESTED TO REFRAIN FROM CIGAR SMOKING IN THE LOBBY

옆 위 파월과 프레스버거의 〈분홍신〉(1948). 안톤 월브룩이 입은 의상의 무늬가 〈그랜드 부다페스트 호텔〉에 반영되었다. 애드리언 브로디가 분한 드미트리는 '사과를 든 소년'을 도둑맞은 것을 깨닫는 장면에서 그 무늬가 반영된 가운을 입고 빨간 신발을 신고 있다.

옆 아래 왼쪽 파월과 프레스버거를 참고한 장면 하나 더. 제1차대전과 제2차대전에 걸친 시대를 배경으로 한 〈블림프 대령의 삶과 죽음〉(1943)에서는 '현재'의 목욕탕에서 과거를 회상하며 타이틀 인물의 젊은 시절 모험을 이야기가 전개된다.

옆 아래 오른쪽 〈그랜드 부다페스트 호텔〉의 1968년 시퀀스에서 무스타파로 분한 F. 머레이 아브라함.

위 세트에서 낮잠을 자는 아브라함.

저는 〈그랜드 부다페스트 호텔〉을 '장치주의' 영화라고 부르고 싶습니다. 이 영화가 차용하고 있는 소극이나 미스터리에서 볼 수 있듯이, 복잡한 플롯 주위에 갖가지 연결 장치들이 배치된 큰 내러티브 기계죠. 이 영화는 그림을 되찾는 목적을 향해 계속 관객을 앞으로 이끕니다. 그렇게 하기 위해서, 인물들은 그와 연관된 갖가지 임무를 완수해야 합니다. 구스타브를 감옥에서 빼내는 것도 그 예죠.

하지만 다른 면에서 보자면, 플롯의 세부 사항들보다 이 영화에서 중요한 것은 어떤 일이 벌어졌을 때 느끼는 사람들의 감정이 아닐까요.

다행히 훌륭한 배우들의 도움을 받았습니다. 정말 운이 좋았죠. 랄프 파인스, 토니 레볼로리, 시얼샤 로넌. 세 사람 그리고 특히 구스타브와 제로의 관계, 그게 영화의 진짜 중심이죠. 두 사람의 우정, 그걸 궁극적으로 말하고자 했던 것 같아요.

장인과 도제 관계를 다루는 영화이기도 하죠.

네, 맞습니다.

어떤 기회에, 어떤 이유로, 어떤 절차를 거쳐, 어떤 방식으로, 또 뭐가 있을까요, 어떤 재료로 등등 어떤 조건이든 일이 이루어지는 게 중요하다는 분위기가 영화 전반에서 느껴집니다. 의례가 중요하고, 이런 의례들이 감독님의 영화에서 장인으로부터 도제에게 이어집니다.

그리고 스토리가 액자 안의 액자, 그 액자 안에서 또 액자를 이루는 장치를 이용했죠. F. 머레이 아브라함이 연기한 제로, 아주 현명한 제로가 자기 이야기를 젊은 작가에게 들려주는데, 회상으로 돌아간 1932년의 장면들에서는 그 젊은 작가만큼 순진한 젊은 제로가 등장하죠.

늙은 제로는 권력을 쥔 수수께끼의 인물이죠. 하지만 노인인 제로를 처음 볼 때 관객은 아직 제로의 스토리를 모르죠. 분명히 알 수 있는 것은, 세월이 흐르면서 제로가 거장이 됐다는 사실이죠.

저는 노인 제로가 슬픈 사람이라고도 생각합니다. 머레이 아브라함은 정말 대단해요. 대사를 어떻게 읊어야 할지 잘 알고 있는 사람입니다.

네, 〈인사이드 르윈〉에서는 음반 회사 사장으로 출연해서 주인공한테 이러죠. "돈은 안 되겠군."

에단 코엔이 쓴 연극 두세 편에도 출연했어요.

목소리가 돋보이죠.

정말 그렇습니다.

30년 전 영화 〈아마데우스〉에서 모차르트와 대조되는 살리에리 역을 맡아서 영화의 내레이터 역할을 한 것으로 사람들에게 널리 알려졌죠. 지금 드는 생각인데, 〈아마데우스〉도 나이 든 내레이터가 자기 젊은 시절의 삶을 회상하는 영화군요. 〈아마데우스〉를 떠올릴 때면 F. 머레이 아브라함의 목소리를 떠올리게 됩니다.

〈아마데우스〉에서 연기한 노인의 영화 속 나이와 지금 아브라함의 실제 나이가 거의 비슷할 겁니다. 그래도 그 인물보다는 20년쯤 젊어 보여요. 그리고 더 젊을 때와 다름없이 뛰어납니다. 지금이 더 뛰어날지도 모르고요.

젊은 제로를 연기한 토니 레볼로리 얘기를 좀 들려주세요.

아버지 마리오 레볼로리는 단편 영화들을 감독했어요.

AUTHOR
Don't do it. Don't!

The boy hesitates, then fires. A yellow, plastic pellet
ricochets off the author's chest and rings against a
whiskey glass as the author makes a violent lunge for
the boy -- who evades him and dashes off. The author
looks at a note-card and rambles a bit, searching for
his place:

AUTHOR
Over your lifetime. I can't tell you how
many times. Somebody comes up to me.
(back on track)
To him who has often told the tales of
others, many tales will be told.

The boy returns, the gun now tucked under his belt, and
sits, immediately comfortable, on the author's lap with
the old man's arms wrapped around his shoulders. The
conflict seems never to have existed. They both look
into the camera as the author concludes:

AUTHOR
The incidents that follow were described
to me exactly as I present them here, and
in a wholly unexpected way.

EXT. MOUNTAIN RANGE. DAY

The late sixties. A stunning view from a rusty, iron-
lattice terrace suspended over a deep crevasse, green
and lush, alongside a high cascade. The author continues
in voice-over as the camera glides along a cracked path
through a plot of untamed edelweiss and buttercups:

AUTHOR (V.O.)
A number of years ago, while suffering
from a mild case of "Scribe's Fever" (a
form of neurasthenia common among the
intelligentsia of that time) I had
decided to spend the month of August in
the spa town of Nebelsbad below the
Alpine Sudetenwaltz -- and had taken up
rooms in the Grand Budapest --

The camera comes to a stop as it reveals a sprawling
nineteenth-century hotel and baths situated on a wide
plateau. There is a deep, formidable staircase up to a
regal entrance. There is a promenade above and a glass-
panelled conservatory below. A rickety funicular groans
as it slowly climbs its hillside tracks. The grass needs
cutting, the roof needs patching, and more or less every
surface of the building needs a coat of paint.

〈그랜드 부다페스트 호텔〉
시나리오. 1968년의 호텔을
묘사하는 보이스오버 내레이
션이 깔리는 곳은 강조되어
있다. 다음 장에는 웨스 앤더
슨이 이 장면을 시각화한 스
토리보드가 있다.

> AUTHOR (V.O.)
> -- a picturesque, elaborate, and once
> widely-celebrated establishment. I expect
> some of you will know it. It was off-
> season and, by that time, decidedly out-
> of-fashion; and it had already begun its
> descent into shabbiness and eventual
> demolition.

MONTAGE:

The nine other guests of the hotel each observed from a
respectful distance: a frail student; a fat businessman;
a burly hiker with a St. Bernard; a schoolteacher with
her hair in a bun; a doctor; a lawyer; an actor; and so
on.

> AUTHOR (V.O.)
> What few guests we were had quickly come
> to recognize one another by sight as the
> only living souls residing in the vast
> establishment -- although I do not
> believe any acquaintance among our number
> had proceeded beyond the polite nods we
> exchanged as we passed in the Palm Court
> and the Arabian Baths and onboard the
> Colonnade Funicular. We were a very
> reserved group, it seemed -- and, without
> exception, solitary.

CUT TO:

An enormous, half-abandoned dining room. There are two
hundred tables and fifty chandeliers. The ten guests
sit, each on his or her own, at their separate tables,
widely-spaced across the giant restaurant. A waiter
carries a tray a great distance to the schoolteacher and
serves her a plate of peas.

INT. LOBBY. EVENING

There are faded couches, fraying armchairs, and coffee
tables with new, plastic tops. The carpets are
threadbare, and the lighting in each area is either too
dim or too bright. A concierge with a crooked nose
smokes a cigarette as he lingers behind his desk. He is
M. Jean.

(NOTE: the staff of the hotel in both the relevant time-
periods wear similar versions of the same purple uniform
-- while the public spaces reflect a cycle of "regime
changes".)

On the wall behind M. Jean, there is a beautiful,
Flemish painting of a pale, young boy holding a piece of
golden fruit. This is "Boy with Apple". A patch of water-

THE VILLAS AT

# MONTEVERDI

TUSCANY

1 A.

STAG'S LEAP w/ BRIDGE
& ELEVATOR. (MAN ENTERS & DESCENDS.)

DOLLY TO:

PINK
HOTEL w/ FUNICULAR ASCENDING
& NEBELSBAD PASTEL
FACADES BELOW.

2 B.

2.

TIGHTER -- FUNICULAR
ARRIVES.

3 A.

COURTYARD FACADE,
w/ GLASS AWNING.

TILT DOWN TO:

3 B.

ENTRANCE w/ EMPTY
CAFÉ TABLES, ONLY ONE
GUEST. (HIKER w/ SAINT
                 BERNARD.)

4.

ONLY ONE GUEST AMONG
EMPTY BALCONIES.

THE VILLAS AT

# M O N T E V E R D I

TUSCANY

newspapers table

5. NEWSPAPER ROOM w/ VIEW & ONLY ONE GUEST. (FAT BUSINESSMAN)

6. EMPTY WICKER CHAIRS, OLD WOMAN PLAYS SOLITAIRE.

7. PALM COURT, ONE GUEST, (LIKE A ROUSSEAU) KNITTING. WOMAN.

8. ARABIAN BATHS, ONE SWIMMER. (w/TEA.)

9. DOLLI w/ FUNICULAR, ONE GUEST.

10. COLONNADE, ONE GUEST. (TEACHER PAINTING.)

'작가'가 1968년의 호텔을 묘사하는
시퀀스에 대한 애니메이션 스토리보
드 몇 장면.

형 마리오는 영화 한두 편에 출연했고요. 마리오와 토니 형제가 로스앤젤레스로 오디션을 보러 왔습니다. 우리는 그 역할을 맡길 배우로 중동 출신을 주로 보고 있었죠. 아랍인과 유대인의 피가 반씩 섞인 인물이라고 할까요. 역시 가상의 국가 출신이죠. 이 인물의 역사와 인종도 뒤죽박죽으로 지어냈다고 할 수 있죠. 다른 방식으로 다른 종족에 연결시켰어요. 그렇지만 기본적으로는 아랍인을 찾고 있었어요. 레바논과 이스라엘을 찾아보고, 북아프리카에서도 찾아봤죠. 프랑스, 영국, 미국에서도 찾아봤습니다.

**영화 속에서 유럽과 중동의 문화 충돌을 느낍니까?**

그렇다고 할 수 있겠죠?

유럽 최고의 부자가 된 늙은 제로로 분한 F. 머레이 아브라함이 영국 백인 젊은이에게 자기 이야기를 들려주는 장면을 생각하면, 1960년대에 이르러서 힘의 균형이 이동했다는 느낌이 있습니다. 그런 생각이 영화의 전면이나 중앙에 나와 있지는 않지만, 기저에 깔려 있습니다.

제로를 처음 보는 순간부터 그런 의미를 읽을 수 있죠. 또 한 가지, 츠바이크가 유대인입니다. 그게 어떻게든 작용했을 겁니다. 이 영화에는 홀로코스트가 전혀 안 나옵니다. 홀로코스트가 벌어지기 전의 이야기이기 때문만은 아닙니다. 그냥, 우리 스토리에 홀로코스트가 없는 겁니다. 그래도 어떻게든 홀로코스트가 존재한다는 느낌은 주고 싶었어요.

**끔찍한 폭력이 임박했다는 느낌이죠.**

츠바이크의 책들은 금서가 되고 불태워졌습니다. 당시 츠바이크는 세계적으로 인기 있는 작가였고, 독일에서는 가장 인기 있는 작가였습니다. 그런데 츠바이크의 존재 자체가 지워졌습니다.

그걸 뭐라고 부르는지 모르겠지만, 제가 스토리와 연관해서 생각한 것, 염두에 둔 것은 바로 그런 면입니다. 물론 영화에서 어떤 식으로든 직접적으로 다뤄지지는 않았습니다. 『예루살렘의 아이히만』 읽어 보셨나요?

**네. 한나 아렌트. '악의 평범성'.**

그럼, 이미 아시겠네요. 그 책은 아돌프 아이히만 체포와 공판을 전적으로, 아니 중요하게도 다루지 않았잖아요. 그 책에서 중요한 부분은, 나치의 요구, 그러니까, 유대인을 넘기고, 추방하고, 죽이고, 이런 요구에 유럽 각 나라들이 어떻게 반응했나 하는 것이죠. 그리고 그런 것들이 다른 정부, 다른 국민, 다른 사람들한테 각기 어떻게 다르게 영향을 미쳤나 하는 것이고요. 이제 사라진 정부거나 아니거나, 모두 각각의 반응을 보였죠. 당시 유럽에 대한 한나 아렌트의 연구와 분석의 어떤 면 때문에 저는 이 스토리를 만들고 싶어졌어요. 저는 계속 『예루살렘의 아이히만』을 다시 읽었습니다. 어쨌든, 지금까지 한 이야기의 결론은 이겁니다. 저희는 결국 캘리포니아 주 애너하임에서 온 아이를 골랐다는 거요.

[매트, 웃음]

그리고 그 부모는 과테말라 출신입니다. 토니의 형

양쪽 위 왼쪽에서 오른쪽으로 천천히 화면이 이동하며 관객에게 스태그스 리프부터 호텔까지 보여주는 장면의 스틸들. 모두 미니어처나 디지털 그림으로, 후반 작업에서 합성했다. 프로덕션 디자이너 아담 슈토크하우젠 팀은 이 장면을 비롯하여 많은 야외 파노라마 장면에서 현실적인 느낌보다 1930년대와 1940년대 영화의 조형적인 느낌을 주려 했다.

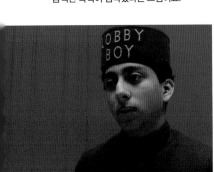

옆 아래 토니 레볼로리가 연기한 젊은 제로, 피터 쉐퍼의 희곡을 각색한 밀로스 포만의 오스카 수상작 〈아마데우스〉(1984)에 나온 젊은 살리에리.

아래 왼쪽 〈아마데우스〉에서 F. 머레이 아브라함이 연기한 늙은 살리에리. 2014년에 작고한 분장의 마법사 딕 스미스의 솜씨. 스미스는 2012년에 아카데미 공로상을 받았으며, 〈작은 거인〉에서 더스틴 호프먼, 〈엑소시스트〉에서 막스 폰 시도우, 〈헝거〉에서 데이빗 보위의 노인 분장을 맡았다. 또한 〈택시 드라이버〉의 잔인한 장면을 비롯하여 분장 효과의 고전을 많이 남겼다.

아래 오른쪽 〈그랜드 부다페스트 호텔〉의 늙은 제로를 연기한 아브라함.

---

\* 감독의 애인이며, 작가이자 일러스트레이터인 유만 말루프를 말한다. 감독은 〈문라이즈 킹덤〉을 그녀에게 헌정하기도 했다.

마리오도 오디션에서 아주 뛰어났습니다. 그다음에 토니가 들어왔죠. 토니도 오디션에서 아주 뛰어났고, 자기 형과 외모도 많이 닮았어요. 그런데 더 어렸죠. 저는 '바로 이 친구야' 생각했습니다. 영화 속의 인물들은 모두 주브로브카라는 곳 출신으로 가정됩니다. 헝가리, 폴란드, 체코슬로바키아, 이런 곳들을 섞은 나라라고 할 수 있죠. 그렇지만 말투는 제프 골드블럼이나 에드워드 노튼 같죠. 그런 게 할리우드 전통이라고 생각합니다. 인물이 어떤 언어를 쓰든, 배우는 영어로 말하죠. 토니가 맡은 역할의 배우를 찾으려고 세계를 돌아다니면서 수많은 사람을 봤는데, 대사를 재미있게 할 수 있는 배우가 필요하다고 깨닫게 됐어요. 그러려면 영어에 아주 익숙한 사람이어야죠. 서지 역은 마티유 아말릭이 맡았는데, 프랑스 사람입니다. 그래서 진짜 유럽 대륙 억양을 가진 사람이 최소한 한 명은 영화에 나오게 됐습니다.

저는 마티유를 정말 출연시키고 싶었어요. 레아 세이두도 출연시킬 수 있었어요. 정말 대단한 배우죠. 이 영화에서는 그다지 비중이 높은 역할은 아니었지만, 레아 세이두는 항상 아주 훌륭한 연기를 하고, 뛰어난 결과를 만듭니다.

이 영화에서는 주요한 인물 모두에게 역사의 분위기가 있습니다. 감독님의 이전 영화들에서는 반드시 그랬던 것은 아니었죠. 그 영화들의 인물들에게는 늘 짊어지고 다니는 개인사와 가족사가 있었어요. 그런데 〈그랜드 부다페스트 호텔〉의 인물은 세계 역사를 짊어진 느낌이 진합니다. 개인을 둘러싼 역사뿐 아니라, '역사'로서의 역사, 세상이라는 영원한 수레바퀴, 이런 느낌이 진해요. 유럽의 판타지 판인 이 영화에서도 그렇고,

진짜 유럽에서도 그렇고, 앞으로 전쟁이 일어난다면, 유럽에서 처음 벌어지는 일이 아니라는 사실을, 또 어떤 사람에게는 살면서 처음 겪는 전쟁이 아니라는 사실을 감독님이 잘 알고 있는 것 같습니다.

유럽은 기차로 여행할 수 있는 세계인데, 갑자기 기차가 멈추고 군인들이 증명서를 내놓으라고 요구하게 될 수도 있죠. 구스타브는 몹시 화를 내지만 놀라지는 않습니다. 구스타브의 반응을 보면, 그런 일이 삶의 일부임을 짐작할 수 있죠. 저는 그래서 '구스타브가 어렸을 때라도 다른 형식으로 그와 비슷한 일을 겪었을지 모르겠다'는 느낌을 받았습니다.

맞습니다.

제로도 비슷한 비극적인 경험을 갖고 있는 것 같죠. 제로는 구스타브보다 훨씬 나이가 적습니다. 제로는 구스타브의 질문 공세에 시달릴 때 갑자기 자기 가족이 고문과 죽임을 당했다는 말을 합니다.

저희는 그 장면에 별 생각이 없었어요. 그 장면을 쓴 것은 그냥 그러고 싶었기 때문입니다. 제 애인인 유만\*이 레바논 출신인데, 제로가 말한 것은 유만 가족의 사연에서 나온 것 같아요. 제로가 그런 세계 출신이었으면 좋겠다고 생각한 이유는, 제가 유만과 함께 살고 있기 때문입니다. 유만의 세계가 제 세계가 됐어요. 어쨌든 구스타브가 흥분해서 폭발하는 순간을 위해서 스토리에 이런 중대한 정보를 넣어도 괜찮겠다고 생각했습니다.

제로가 구스타브를 한방 먹이죠. 구스타브의 반응이 재미있어요.

"호텔을 대표하여 사과합니다."

제로라는 이름은 어떻게 붙이게 됐죠?

제로 모스텔을 생각했던 것 같습니다.

헌정의 의미도 있군요. 그렇지만 제로라는 이름은 상징적으로 아주 많은 것을 내포하고 있어요. 그 인물이 '0'에서 시작했다, 백지다, 혹은 스스로를 백지로 만들었다는 의미요. 제로는 자신을 만들어가는 과정에 있는 젊은이죠. 그런 효과를 염두에 둔 대사들도 있죠?

토니한테서 그동안 했던 일들을 들었습니다. 프라이 팬을 닦는 일도 하고 청소부 일도 했더군요. 구스타브와 제로가 그런 공통점을 갖고 있을지도 모르죠.* 우리는 구스타브의 배경에 대해서 전혀 몰라요. 제로가 이런 말도 하죠. "구스타브는 자신이 어디 출신인지 나에게 말한 적 없다. 나는 구스타브에게 가족에 대해 물어본 적 없다."

감독님은 지금껏 소극을 시도했는데, 아마도 이 영화가 '확실한 소극'에 가장 가까워요. 그러면서도 전반적으로 우울한 감성이 있어요. 내레이션이 제로로 넘어갈 때 특히 그렇습니다. 사방이 온통 잔인합니다. 그리고 그 모두를 하나로 결합시키는 것은

자신의 젊은 시절을 그리는 노인들의 스토리입니다.

저는 이 영화가 그 정도로 우스꽝스럽다고 생각하지는 않습니다. 슬픈 코미디가 되기를 더 바랐죠. 스키 추격이 있는 슬픈 코미디요.

'지나치게 우스꽝스럽지는 않은' 이 영화에서 윌렘 데포가 사람들 얼굴에 펀치를 날립니다. 윌렘 데포는 펀치에 아주 능숙해 보여요. 오래전부터 윌렘 데포의 팬이었는데, 특히 마음에 드는 데포의 연기로 이제는 그 장면도 꼽게 됐습니다. 거의 전적으로 몸으로만 하는 놀라운 연기입니다.

저는 윌렘을 정말 좋아합니다. 윌렘이 미하일 바리시니코프와 함께 출연한 로버트 윌슨의 연극을 봤어요.** 데포는 정말 독창적입니다. 어떤 면에서도 단순한 영화배우로 그치는 사람이 아니죠. 온갖 전위 극단에서 자신의 역량을 쏟아냅니다. 우스터 그룹, 리처드 포먼 등등 어디서나요. 윌렘은 춤, 판토마임 같은 연습의 산물을, 가령, 조각 같은 것과 섞을 줄 압니다. 그 온갖 것들을 모두 로버트 윌슨 작품에서 이용하죠. 거기서 바리시니코프만큼 춤을 잘 춥니다. 무용만 놓고 보아도 윌렘은 훌륭한 무용가입니다. 바리시니코프한테서야 당연히 환상적인 무용을 기대하죠. 그런 공연을 보는 것은 흥분되는 일이죠. 어쨌든 우리 영화에서는 윌렘이 말을 많이 하지 않습니다. 몸을 쓰는 것뿐이죠. 그리고 윌렘은 모든 것을 보여주었다고 생각합니다. 윌렘이 걷는 모습을 보는 것만으로도 대단했어요. 저희에게 뛰어난 걸 주셨죠.

저는 윌렘 데포를 그런 느낌으로는 생각해보지 않았는데, 이제 이해가 되네요. 윌렘 데포한테서 몸짓이나 무용 같은 게 많이 느껴져요. 윌렘 데포가 기억에 남는 배우가 된 데에는 그런 요소도 있고요. 생김새도 눈길을 끌고, 몸도 많이 쓰죠. 〈플래툰〉 포스터도 윌렘 데포의 몸짓이죠. 양팔을 쳐든 엘리어스 상사의 이미지가 이제 상징처럼 자리를 잡았죠. 〈그리스도 최후의 유혹〉도 있어요. 몸을 이용하는 연기를 보려면, 그 영화보다 좋은 게 없죠.

대단한 예수였습니다.

앞 공산주의로 호텔이 쇠락한 뒤인 1968년의 호텔 외관은 미니어처와 디지털 그림 배경을 합성해서 완성됐다. '작가가 보이스오버로 소개한다. "비슷기이기도 했지만, 시대에 몹시 뒤떨어졌다. 초라해서 사라질 쇠락은 그때 이미 시작된 뒤였다."

왼쪽 싸움을 연습하고 있는 애드리언 브로디와 토니 레볼로리.

아래 왼쪽 구스타브가 제자로부터 얼마나 힘들었는지 처음 듣고 자신이 무심했음을 깨달으며 '호텔을 대신해서' 사과하는 장면.

아래 오른쪽 제로 무스타파의 이름을 빌려온 것으로 볼 수 있는 배우 제로 모스텔. 1964년 브로드웨이 공연 〈지붕 위의 바이올린〉에서 테비에 역을 맡았을 때의 의상을 입고 있다.

옆 멜튼 빵집 상자를 들고 그린 스크린 앞에 서 있는 제로 역의 토니 레볼로리.

---

* 랄프 파인스는 구스타브의 개인사를 생각해냈다. 이 장 뒷부분에서 다시 이야기하고, 랄프 파인스도 인터뷰에서 이야기한다.

** 대릴 핀크니가 각색하고 로버트 윌슨이 연출한 연극 〈늙은 여자〉를 가리킨다.

감독님이 윌렘 데포에게 맡긴 역할들을 보면, 데포가 전성기인 1980년대와 90년대에 보여준 것과 다른 재능을 발견할 수 있습니다. 더 거창하고, 더 연극적이고, 더 양식화되고, 웃음을 주죠. 〈스티브 지소와의 해저 생활〉에서는 완전히 코믹하면서 감동적인 역할에 가까웠고, 애니메이션이지만 〈판타스틱 Mr. 폭스〉에서도 쥐로 윌렘 데포를 느끼게 했습니다. 그 쥐 역할을 정말 과장되게 잘했죠. 세르지오 레오네 영화에 나오는 악당 같았죠. 그러면서도 화려하죠. 이 영화에서는 데포가 순전히 악한 모습만 보입니다. 그럼에도 불구하고 아주 우아한 면이 있어요. 자아실현. '죽어라, 사악해져라.' 이게 내가 세상에 태어난 궁극적인 목적이다.

윌렘은 고전이라고 할 수 있죠. 에드리언 브로디도 또 다른 고전이고요. 두 사람은 화학 작용이 좋아요. 두 사람이 나란히 앉아 있기만 해도 느낄 수 있죠. 어두운 결합 같은 게 느껴졌어요. 서로 연결된 것처럼요. 윌렘과 틸다 스윈튼은 연기 자체를 사랑하는 사람들입니다. 연기하는 걸 마냥 좋아하죠. 그런데 단순한 배우에 머물지 않아요. 공연 예술가죠. 사실, 두 사람 다 다양한 공연에 관심을 갖고 있어요.

**윌렘 데포와 틸다 스윈튼이 단순한 배우에 머물지 않는다는 말은 무슨 뜻이죠?**

영화 바깥, 또, 뭐라고 할까, '보통 연극'이라고 말할 수 있는 연극 바깥에 있는 공연을 많이 했어요. 틸다는 미술관이나 그 밖의 장소에서 이뤄지는 공연을 많이 했죠. 대본이나 캐릭터가 없다고 할 수도 있는, 완전히 다른 성격의 공연들이죠. 윌렘은 전위 연극을 많이 했습니다. 일반적으로 배우와 함께 작업할 만한 사람으로 쉽게 떠오르지 않을 예술가들과 일을 많이 했어요. 저희 영화에서 윌렘과 틸다는 극중인물을 연

기하는 동시에 역할 바깥에서 맥락에 맞는 무엇을 만들어내는 자신들의 특기도 계속 살렸습니다. 틸다가 노인 역할을 경험 삼아 해보는 데에 분명 흥미를 가질 것 같았어요. 제가 보기에 틸다는 영화 속 역할이 아니어도 노인이 되어볼 사람입니다.

**노인 분장을 받고, 그냥 바깥을 돌아다닐 거라는 말씀인가요?**

어디 가서 의자에 앉아 있을 수도 있죠. 그리고 윌렘의 역할은, 그런 역할에서 가부키 같은 연기를 하는 게 전통적이지는 않죠. 그렇지만 꼭 동떨어진 것이라고 말할 수도 없어요. 지금 제 말은, 동작과 표정만 써서 인물을 연기하는 걸 뜻합니다. 대사가 없어도요. '몸 연기'마저 없어도 되죠.

그런 배우라면, 19세기, 18세기의 배우의 모습 같습니다. 시대와 장소가 다르다면, 아크로바트도 하고, 서커스에 합류할지도 모르겠네요.
그런 시대의 배우 역할을 이 영화와 〈문라이즈 킹덤〉에서 틸다 스윈튼에게 맡겼죠? 〈문라이즈 킹덤〉에서 틸다 스윈튼은 한 사람의 인간보다는 어떤 존재에 가까웠습니다. 동화에 나오는 말썽꾸러기 같은 존재 말입니다. 그 영화 속 틸다 스윈튼을 떠올리면 주위 공간과 배우의 관계를 생각하게 됩니다. 입고 있는 의상—색과 질감—, 방에 들어가는 태도, 얼굴 표정 때문이죠.

그 영화에서 틸다의 극중인물 이름이 '사회 복지'라는 기관 이름이었습니다. 그 인물이나 이 영화 속 인물이나 저는 진짜 사람, 인간이라고 생각합니다. 그렇지만 보시는 분은 다른 무엇이라고 생각하실 수도 있죠. 틸다와 윌렘이 다른 작업에 연관된 방식을 따라서 저도 생각했으니까요.

**틸다 스윈튼을 처음 눈여겨보게 된 때를 기억하세요?**

위 암살자 J. G. 조플링을 연기한 윌렘 데포.

# 윌렘 데포
## 〈 지 적 인  몸 짓 〉 시 리 즈

웨스 앤더슨 영화 세 편에 출연한 윌렘 데포(1955~)는 1930년대 성격 배우의 조각 같은 유럽풍 외모와 개성,
다양한 역할 소화 능력을 두루 갖춘 뛰어난 주연급 미국 배우다. 그의 대표작들을 살펴보자.

**리브 앤 다이(늑대의 거리)**

뛰어난 연기를 보였지만 빛을 보지 못한 캐서린 비글로우의 데뷔작인 1981년 실존
주의 모터사이클 드라마 〈사랑 없는 사람들〉을 비롯해) 영화들로 몇 년을 보낸 뒤, 실
력이 아주 뛰어난 위조지폐 전문가이자 염세적인 에릭 매스터스라는 악역으로 비로
소 자신을 드러냈다. 이 영화의 연기로, 데포는 폭력적인 악역 실력을 굳혔다. 〈광란
의 사랑〉(1990), 〈스피드 2〉(1997), 샘 레이미의 〈스파이더맨〉(2002)에서 그린 고블
린 등의 악역을 맡았다.

**플래툰**

올리버 스톤이 베트남전에 보병으로 참전한 자신의 경험을 바탕으로 만든 이 영화에
서 데포는 천사 같은 일라이어스 분대장 역으로 오스카 후보에 올랐고, 영화는 작품
상을 받았다. 일라이어스는 약에 취한 예수 같은 인물로, 〈라스트 모히칸〉에서 자연
과 우주와 공감하는 내티 범포와 비슷하다. 양팔을 쳐든 일라이어스의 포즈는 영화
의 포스터에 쓰였다. 이 밖에도 데포가 군인으로 나온 영화로는 〈7월 4일생〉, 〈최후의
출격〉, 〈사이공〉, 〈긴급 명령〉 등이 있다.

**그리스도 최후의 유혹**

예수의 삶과 죽음을 다룬 니코스 카잔차키스의 소설을 영화화한 마틴 스콜세지의 야
심찬 프로젝트에서 타이틀 롤을 맡은 데포는 〈플래툰〉에서 예수 같은 일라이어스로
찬사를 받은 자신의 연기를 씻어내고, 지적인 권위와 감수성, 우아한 품위를 한데 결
합시켰다. 역사 속 인물은 흔히 단조롭고 뻔하게 묘사되기 마련이지만, 데포는 오히
려 생생한 인물로 살려냈다. 인물의 감정을 투명하게 드러내는 데포의 연기로, 철학
적 고뇌가 정말 가슴 아프게 느껴진다.

**라이트 슬리퍼**

맨해튼의 나이 든 마약 딜러(데포)를 주인공으로 한 이 드라마를 폴 슈레이더 감독은
마틴 스콜세지의 〈택시 드라이버〉(1976)와 슈레이더 자신이 감독한 〈아메리칸 지골
로〉(1980)에 이어 밤에 살아가는 남자를 다룬 시리즈의 세 번째 영화로 생각했다. 데
포가 연기한 존 르투어는 중독자였다가 마약을 끊었으며, 이혼한 전처(다나 레이니)
를 잊지 못하는 인물로, 평소에 다니는 길에서 살인이 계속 벌어져서 사건에 휘말린
다. 데포는 르투어를 마약 딜러뿐 아니라 실패한 1960년대 유토피아 정신의 상징으
로 그려낸다.

**쉐도우 오브 더 뱀파이어**

독일 표현주의 영화의 시금석 〈노스페라투〉를 만드는 과정을 시네필 판타지로 만든
E. 엘리아스 메리지의 작품에서 배우 막스 슈렉 역을 맡은 윌렘 데포는 이 영화로 두
번째 오스카 후보에 올랐다. F. W. 무르나우 감독(존 말코비치)은 자신의 문제 때문에
안절부절못하고 정신을 못 차리다가 자기도 모르는 사이에 진짜 뱀파이어를 카메라
앞에 세우게 된다. 데포 특유의 가부키 배우 같은 연기가 이 영화에서 집적되어 발휘
됐다. 아주 작은 몸짓도 멋지게 극대화된다.

**스티브 지소와의 해저 생활**

자주 볼 수 없던 데포의 코믹한 연기가, 웨스 앤더슨과 처음 작업한 이 영화에서 빛을
발했다. 데포가 연기한 클라우스는 미성숙한 어른으로, 상사이자 영웅이자 아버지
같은 인물인 스티브 지소(빌 머레이)에게서 인정받지 못해 상처받은 인물이다. 데포
는 클라우스 내면에서 코믹한 분노가 쌓이는 것을 관객에게 내보이면서도, 클라우스
가 마침내 분노를 터뜨릴 때 관객은 결코 놀라지 않고 오히려 너무 나약한 클라우스
의 인간적인 면모에 연민만 느끼게 된다. 클라우스는 그저 인정받기를 원했다.

# 틸다 스윈튼
## 〈 거 주 민 〉 시 리 즈

런던 태생의 틸다 스윈튼(1960~)은 화려한 블록버스터와 예술 영화를 쉽게 오가는,
가장 폭넓은 배우로 손꼽힌다. 틸다 스윈튼의 대표작들을 살펴보자.

### 올란도

버지니아 울프의 소설을 샐리 포터가 시각적으로 풍부하게, 구조적으로 야심차게 각색한 이 영화에서 스윈튼은 젊은 귀족을 연기한다. 엘리자베스 여왕의 임종 때 토지를 받은 올란도는 자신의 성에서 홀로 2백 년을 살고, 콘스탄티노플로 여행하고, 영국 대사 자격으로 터키에 간다. 그러다가 하루아침에 여성으로 바뀌고 토지 소유권을 빼앗긴다. 그리고 2백 년을 이어가는 기나긴 법정 싸움에 뛰어든다.

### 나니아 연대기: 사자, 마녀 그리고 옷장

C.S. 루이스의 '눈의 여왕'이 실사로 재현되자―2010년의 속편 〈새벽 출정호의 항해〉에 다시 등장한다―얼마나 무서웠는지 필자는 악몽을 꾸었다. 스윈튼이 연기하는 눈의 여왕은 약자들을 괴롭히고 적수들을 굴복시켜서 얻는 아드레날린으로 움직이는 것 같다. 스윈튼은 속을 알 수 없는 눈의 여왕을 무시무시하게 재현한다. 눈의 여왕은 음모를 꾸미면서도 그 계획이 무르익을 때까지 절대 드러내지 않을 인물임을 누구라도 느낄 수 있다.

### 마이클 클레이튼

토니 길로이가 각본과 감독을 맡은 이 영화에서 스윈튼은 주인공 조지 클루니의 상대역으로 출연, 아카데미 여우조연상을 받았다. 스윈튼이 연기한 카렌 크라우더는 로펌의 자문으로, 로펌 변호사(톰 윌킨슨)가 고객이 만드는 제초제가 발암성임을 증명하는 메모를 가지고 있다는 것을 알고, 대중에게 공개할 계획을 세운다. 전형적인 '사건을 해결하는 사람' 역할이지만, 스윈튼은 자신을 의식하지 않는 연기를 보여주어 관객을 놀라게 했다.

### 문라이즈 킹덤

웨스 앤더슨이 만든 이 코미디에 조연으로 나온 스윈튼의 연기는 잠깐 화면에 나와도 많은 것을 할 수 있는 스윈튼의 역량을 확인시킨다. 상영 시간 98분 중에 몇 분만 등장하며 대사도 조금뿐(대부분 설명하는 대사)이고 악의를 품은 인물로 그려지지만, 확실히 화면을 장악한다.

### 오직 사랑하는 이들만이 살아남는다

짐 자무시의 영화에서 뱀파이어들은 아날로그 전 시대, 테크놀로지 전 시대인 과거의 잔여물이다. 그러나 톰 히들스턴과 틸다 스윈튼은 가끔 피를 마시며 원기왕성하게 송곳니를 드러낸다. 히들스턴은 자살을 생각하는 어두운 뮤지션이며, 스윈튼은 히들스턴을 낭떠러지 끝에서 끌어당기는 더 이성적인 연인이다.

### 설국열차

봉준호의 묵시록적 SF 영화는 얼어붙은 툰드라를 빠른 속도로 달리는 기차 속에서 보이는 소우주를 계급에 대한 우화로 그린다. 스윈튼은 지배 계급의 대변인으로 과시하듯 가발을 쓴 메이슨을 연기한다. 자기 위치를 알고 거기 그대로 머무는 것이 중요하다고, 소설가 아인 랜드인 양 장광설을 늘어놓는다.

선댄스 영화제에서 〈올란도〉를 상영할 때 오프닝에 갔습니다. 거기 틸다 스윈튼이 있었죠.

선댄스라는 작은 도시에서 틸다 스윈튼은 영화제 내내 큰 화제였습니다. 작품마다 그렇게 다른 모습을 보일 수 있는 배우는 없을 겁니다. 짐 자무시의 영화에 많이 출연했고, 데릭 저먼 영화에는 모두 출연했죠. 틸다 스윈튼 영화들 중에 뭘 가장 좋아하세요?

고르기 힘들지만, 지금 하나만 꼽자면 〈오직 사랑하는 이들이 살아남는다〉입니다. 뱀파이어 역할인 것을 생각하면 모순되지만 아주 사랑스럽습니다. 이성의 소리를 내다가 피의 향연을 벌이죠.

멋진 뱀파이어죠.

사람들을 끌려고 애쓰는 것처럼 보이지 않으면서 사람들을 자연스레 끌어당기기도 하죠. 몇 번 같은 자리에 있었는데, 늘 틸다 스윈튼은 사람들을 끌어당겼습니다. 자석이죠.

그게 카리스마라고 생각합니다.

카리스마라면 제프 골드블럼도 빼놓을 수 없죠. 파장은 다르지만요. 항상 흥미롭고 존중받는 배우였는데, 요즘은 어떤 면에서 왕년의 스타가 된 느낌이 없지 않아요.

제프가 빅 스타가 된 시기가 있었죠. 아마 〈플라이〉를 했을 때죠.

역할과 배우를 통틀어서 가장 뛰어난 연기 중 하나죠. 공포 영화에서 최고의 주연 연기일 겁니다. 보리스 카를로프와 크리스토퍼 리의 최고 연기들과 견줄 수 있죠. 거의 30년이 지났는데, 지금도 그 영화 속 제프 골드블럼의 연기 이야기를 멈출 수 없네요.

딱딱한 문장들만 계속 나오는 서류를 건네면서 '이걸

위 마담 D로 분한 틸다 스윈튼.

오른쪽 구스타브와 대화하는 장면을 위해 구스타브의 시선에 맞추는 준비를 하고 있는 촬영 스태프와 스윈튼.

로 우리를 즐겁게 해줘' 하고 요구할 수 있는 사람은 아주 드물죠. 그런데 제프는 그런 것으로 남을 즐겁게 만들 수 있는 사람입니다. 준비할 때는 계속 연습을 해요. 연극을 하는 듯이 리허설을 하는데, 정말 대단합니다. 저는 그런 모습이 좋아요.

**빌모스 코박스**[*] 역할에서 제프 골드블럼의 손짓을 이용한 연기는 아주 놀라울 만큼 독창적입니다. 제프 골드블럼이 피아니스트였다는 말을 들었을 때, 저는 놀라지 않았어요. 난해한 법률 용어를 더 역동적으로 만든 데에는 그 손동작이 큰 기여를 한 것 같아요. 유언장을 읽을 때를 생각해보세요. 제프 골드블럼이 나오는 장면에는 세 가지 연기가 있는데, 그중 두 가지는 양손이 각각 맡고 있어요.

제프는 본능적으로 역동적인 사람이죠. 상황을 매혹적으로 만들어요. 제프는 모든 신마다 '이걸 더 자연스럽게 들리게 할 수 있을까?' 생각하는 데에 그치지 않고 '이걸 더 흥미롭게 들리게 할 수 있을까?' 생각하죠. 드라마가 무엇인지 잘 알고 있는 사람입니다.

제프 골드블럼은 로버트 알트만 감독 영화에 많이 출연하지는 않았고, 〈내쉬빌〉이 첫 출연작이지만, 그럼에도 저는 제프 골드블럼을 알트만의 배우라고 생각하게 됩니다.

저도 그래요. 알트만도 그렇게 생각했을 것 같아요. 저는 알트만 감독을 잘 알지는 못했지만, 감독님과 사모님과 제가 대화를 나눈 적이 있습니다. 오래전인데, 제프 이야기를 했어요. 알트만 감독은 제프가 자기 극단에 소속되어 쭉 함께하는 사람인 양 말했어요. 버드 코트에 대해서도 같은 식으로 말했죠. 버드 코트가 출연한 알트만 영화는 딱 두 편, 〈매쉬〉와 〈운명의 맥클라우드〉뿐입니다. 제프도 두 편, 〈내쉬빌〉과 〈위험한 사랑〉에만 출연했죠. 그런데 아마 제프도 자신을 그렇게 생각할 겁니다. 알트만 배우라고요.

제프 골드블럼이 〈내쉬빌〉에서 보인 연기는 '적게 함으로써 많이 드러내는' 것이라 할 수 있죠. 대사도 없어요. 흥분하고 몸짓을 보이는 배경으로만 존재하죠. 마술까지 해요.

알트만 감독이 그걸 보고 이렇게 말했을 겁니다. "저것도 그냥 씁시다. 제프가 여기서 뭘 하든 다 촬영해요. 그러면 우리한테는 요소가 하나 더 생기죠." 〈플레이어〉에는 제프의 영향도 있었을 겁니다.

감독님 영화 두 편에도 제프 골드블럼을 출연시켰죠? 흥미롭게도 두 편 다 그는 오만할 정도로 자신감이 넘쳐 보입니다. 그러다가 콧대가 꺾이는 일이 생기죠. 그때 관객은 미묘하게 변화된 제프 골드블럼의 모습을 볼 수 있습니다. 〈스티브 지소와의 해저 생활〉에서는 끝부분에 다정하면서도 깨지기 쉬운 순간들이 나옵니다. 엘리스테어 헤네시와 스티브 지소도 그런 순간을 맞는데, 제프 골드블럼과 빌 머레이 사이에서 따뜻함을 느낄 수 있어 그 순간이 사실적으로 느껴집니다.
그리고 〈그랜드 부다페스트 호텔〉에서도 제프 골드블럼은 아주 조용하게 자신만만한 모습을 보입니다. 그러다가 미술관 추격 장면이 나오죠. 제프 골드블럼의 눈에 두려움이 서리는데, 여태껏 보지 못하던 모습이어서 더욱 긴장감이 느껴집니다. 영화 속에서 코박스는 '아, 나는 모든 일을 제대로 다스리고 있어' 하는 느낌을 줄곧 보였는데, 처음으로 그렇지 않은 모습을 보이는 순간이죠. 그리고 그게 진짜 마지막 순간이기도 하고요.

제프는 같이 작업하기에 최고인 배우죠. 옆에 있으면 즐겁고, 집중력은 대단합니다. 촬영장에서도 아주 점잖아요. 늘 촬영장에 있죠.

실제로 촬영장에 나와 있다는 뜻인가요?

맞습니다.

감독님이 그런 걸 좋아한다고 들었습니다. 촬영 준비를 할 때에도 배우가 촬영장에 있는 것이요.

위 유언장 장면 촬영 중간의 앤더슨과 골드블럼.

* '빌모스 코박스'라는 이름은 위대한 미국의 촬영 감독 두 명의 이름과 성을 조합한 것이다. 두 사람 다 헝가리 출신으로, 빌모스 지그몬드(1930~)와 라즐로 코박스 (1933~2007).

# 제프 골드블럼
## 〈 눈길 끌기 〉 시 리 즈

본능적이고 개성 넘치는 미국 배우인 제프 골드블럼(1952~)은 그동안 호리호리한 체격과 빠른 동작으로 가벼운 코미디 배우에 고정됐지만,
마침내 더 어두운 면을 드러내는 코미디와 드라마에서 주연으로 두각을 나타냈다. 그 몇 가지 예를 찾아보았다.

### 내쉬빌

거장 로버트 알트만은 연극 극단처럼 특정 배우들을 계속 기용하는 것으로 유명하며, 기존의 경력보다 외모와 성격을 보고 캐스팅할 때가 많아 그 배우의 스타일이 마음에 든다는 이유만으로 영화에 넣기도 했다. 제프 골드블럼은 〈내쉬빌〉에서 그런 역할을 맡았다. 1970년대 괴짜 히피 스타일을 한 마술사 타입의 인물로, 눈길을 끄는 것이 주요 목적인 역할이었다.

### 새로운 탄생

이 영화 전까지 제프 골드블럼은 1960년대 스타일의 반문화적 괴짜 역할로 경력을 다졌고, 로렌스 캐스단은 자신이 쓰고 감독한 이 영화에서 골드블럼의 그런 면을 잘 이용했다. 친구의 자살 뒤에 다시 모인, 히피에서 여피로 변한 '변절자' 30대들 중 한 명으로「피플」지 필자이자 자기혐오에 빠진 이 인물은 영화에서 큰 웃음을 끌어내는 대사를 많이 던진다. 자신이 글을 쓸 때 지키는 첫째 규칙은 '보통 사람이 보통 똥을 누는 동안 읽을 수 있는 글보다 절대 길게 쓰지 말 것'이라고 말하는 대사도 그중 하나다.

### 플라이

1958년 영화 〈플라이〉를 리메이크한 데이비드 크로넨버그 영화에서 야심을 가진 똑똑한 인물이자 로맨틱한 주인공 발명가 세스 브런들 역할은, 골드블럼이 메이저 영화에서 처음으로 맡은 주인공이었다(상대역은 당시 애인이던 지나 데이비스). 점점 심해지는 괴물 분장 안에서도 관객에게 인간을 느끼게 하는 골드블럼의 능력은 보리스 카를로프와 론 채니의 최고 연기에 필적했다. 1980년대 최고의 SF 영화이자 뛰어난 비극으로 손꼽을 수 있다.

### 딥 커버

골드블럼은 갱단의 변호사 데이비드 제이슨 역으로, 스콜세지 영화에 나올 법한 변덕스러운 살인광에 초점을 맞춘 연기를 보였다. 위장근무 경찰 존 헐(로렌스 피쉬번)의 상대역인 이 인물의 연기에는 즉흥 대사가 많았는데, 폼을 잡는 마초의 태도와 자기 불신이 뒤섞여 있다. "남자가 가진 건 두 가지야. 말과 불알. 아니지, 그렇게 따지면, 세 가지인가?"

### 쥬라기 공원 1, 2

스티브 스필버그의 공룡 모험극에서 골드블럼은 다시 SF로 돌아왔다. 〈인디펜던스 데이〉(1996), 〈하이드어웨이〉(1995) 등에서도 알 수 있듯, SF는 골드블럼에게 항상 편안한 장르였다. 1편에서는 여자를 밝히고 똑똑한 과학자 이언 말콤의 연기로 관객에게 즐거움을 주었고, 스필버그는 속편에서 그를 주인공으로 캐스팅했다.

### 스티브 지소와의 해저 생활

웨스 앤더슨의 네 번째 영화에서 골드블럼은 자크 쿠스토 같은 스티브 지소(빌 머레이)의 다음 세대 버전이자 약삭빠르고 기업화된 인물, 엘리스테어 헤네시를 연기한다. 거들먹거리는 나르시시즘을 코믹하게 만들며 영화의 마지막이 가까이 왔을 때에는 뜻밖의 다정함을 드러낸다.

**옆** 회전목마 장면에서 관객은 사랑에 빠진 제로(토니 레볼로리)의 시선으로 아가사(시얼샤 로넌)를 본다. 광각 렌즈를 더 자주 쓰고 심도가 아주 깊은 화면을 선호하는 감독이 이렇게 심도가 얕은 이미지를 만들었다. 뒤에서 돌아가는 회전목마 불빛은 긴 렌즈로 흐려지고, 아가사의 얼굴 주위로 별이 흔들리는 듯 후광 같은 효과를 낸다. 큐브릭의 〈2001 스페이스 오디세이〉에서 '우주 소용돌이'를 지나는 데이비드 보먼 박사가 밝은 색으로 클로즈업되는 마지막 장면을 어렴풋이 연상시킨다.

**위** 토니 레볼로리와 시얼샤 로넌.

**뒤** 십자 열쇠 협회: 엑셀시어 팰리스의 아이반으로 분한 빌 머레이, 샤토 룩스의 조지로 분한 월레스 우로다스키, 팔라조 프린시페사의 디노로 분한 워리스 아러워리아, 로텔코트뒤카프의 로빈으로 분한 피셔 스티븐스, 리츠 임페리얼의 마틴으로 분한 밥 발라반.

\* 구스타브라는 인물에 영감을 준 친구.

〈스티브 지소와의 해저 생활〉에서도 제프와 윌렘은 촬영장에 늘 있었어요. 준비할 때에도 촬영장을 떠나지 않았죠. 늘 붙어 있었어요. 그러지 않을 이유가 있나요? 물론 옷을 갈아입어야 하는 배우도 있고, 점심을 먹는 등의 일을 해야 하는 배우도 있죠. 그렇지만 대체로 촬영장에 그대로 있는 게 훨씬 낫다고 저는 생각합니다.

**시얼샤 로넌은 지금 이야기하는 다른 배우들 같은 인연이 이전까지 없었죠?**

영화에서 보면 '아, 저 배우는 뭐든 할 수 있겠어' 하고 생각하게 되는 사람 중 하나죠. 촬영 중에 시얼샤가 도착해서 잠깐 만났습니다. 첫 신은 호텔에서 찍었어요. 첫날 촬영분이 영화의 클라이맥스 부분이었죠.

제가 말했죠. "엘리베이터에서 나오면 이 사람들이 쫓아오고, 저 사람은 당신을 죽이려고 하고, 그럴 거예요." 그 말을 듣자마자 시얼샤는 겁에 질린 모습으로 변했습니다. 상황에 맞게 뭘 조절할 것도 없이 그냥 바뀌더군요. 대본을 잘 이해하고, 정확히 딱 맞는 상황으로 몰입할 줄 아는 배우입니다.

연기 경험이 많은 어린 배우들은, 제 경험으로는, 컴퓨터처럼 연기해요. 좋은 의미에서 그렇다는 말입니다. 어떻게 해야 하는지 그냥 딱 알아요. 외국어로 말하는데 이미 유창하게 하는 셈이죠.

**언어를 아는 사람이라는 말이 나왔으니 말인데, '십자 열쇠 협회' 시퀀스는 웨스 앤더슨 영화에 나온 사람들을 모을 기회였어요.**

밥 발라반이 나왔고, 빌 머레이가 나왔고, 월레스 우로다스키가 나왔죠. 새로운 사람도 나왔습니다. 피셔 스티븐스요. 저랑 피셔는 오래된 친구입니다. 피셔는 저뿐 아니라 랄프와 오랜 친구이기도 해요. 그와 에

드워드 노튼도 오랜 친구고요.

**랄프 파인스가 이 영화에서 아주 재미있습니다. 이전에도 어떤 영화, 어떤 장면에서 코믹한 모습을 봤지만, 그를 떠올릴 때 생각나는 첫 단어가 '코믹'은 아닐 겁니다. 〈쉰들러 리스트〉, 〈퀴즈 쇼〉에서 처음 세계적으로 주목을 받았고, 〈잉글리쉬 페이션트〉와 〈애수〉에서 아주 강렬하고 때로 낭만적인 어두운 성격의 주연을 맡았죠. 이제 모든 세대가 해리 포터 시리즈에서 '이름을 말할 수 없는 자'로 랄프 파인스를 알고 있죠. 시나리오를 쓸 때 구스타브 역에 랄프 파인스를 염두에 두셨나요? 만약 그랬다면, 기본적으로 가볍게 코믹한 주인공에 그가 적합한 배우라고 생각한 계기가 된 영화가 있나요?**

코믹할 수 있는 사람과 그저 잘할 수 있는 사람이 구분된다고 생각하지 않습니다. 랄프는 아주 뛰어난 재능을 가진 배우임이 틀림없죠. 전부터 조금 알던 사이였어요. 시나리오를 쓸 때 실존 인물\*을 생각하며 작업했지만 스토리 작업 초기부터는 그 역할을 랄프가 꼭 맡아야 한다고 생각했어요.

또 다른 문제도 있습니다. 영화 속에서 연기하는 배우가 대사의 문장들을 반드시 편하게 말해야 하는 것은 아닙니다. 언제라도 컷 없이 롱테이크로 긴 대사를 할 수 있어야 하는 것도 아닙니다. 영화가 만들어지는 방식을 생각하면, 그런 것들이 반드시 필요하지는 않다는 사실을 알 수 있습니다. 시나리오를 쓸 때에도 그런 식으로 쓰지 않습니다. 지금껏 제가 만든 인물 중에 구스타브처럼 말을 많이 하는 인물은 없었습니다. 어쨌든 랄프에게는 어떤 것도 문제가 되지 않죠.

랄프 파인스에게는 우리가 말하는 1930년대 유럽의 분위기가 있습니다. 몇몇 장면에서는 조지 샌더스가 떠오르기도 합니다. 상황이 엉망이 되면, 〈바람난 아내〉의 렉스 해리슨과 일링 코미디(1940~50년대 영국 일링 스튜디오가 제작한 코미디 시리즈-옮긴이)의 알렉 기네스도 떠오릅니다. 연기 스타일이 스크루볼 코미

PART 4:

# THE SOCIETY
## of the
# CROSSED KEYS

# 랄프 파인스
## 〈 고 난 에  처 한  우 아 함 〉  시 리 즈

멋진 영국 배우 랄프 파인스(1962~)는 조금 신중하고 신비로운 남자 주인공을 주로 맡았다.
하지만 아래에서 보듯 그의 연기 폭은 꽤 넓다.

### 쉰들러 리스트

스티븐 스필버그의 홀로코스트 드라마에서 파인스가 연기한 애몬 괴트는 발코니에
서 총질하는, 폭군 살인마이면서도 이상하게 불쌍해 보이는 강제 수용소 대장이다.
첫 장면에서 코를 훌쩍이는 것은 진짜 감기에 걸렸기 때문이다. 다른 배우들은 불편
하게 여길 것도 역할에 어울리게 만들어 줄 아는 파인스의 능력을 확인할 수 있는 많은
예 가운데 하나다.

### 퀴즈쇼

백인 중산층의 허위를 묘사하는 것이 특기인 로버트 레드포드 감독은 1950년대 조
작된 퀴즈쇼에서 우승하는 컬럼비아 대학교 교수 찰스 반 도렌 역에 파인스를 캐스팅
했다. 파인스는 허영과 자기혐오가 뒤섞인 인물을 포착해서, 반 도렌이 단순히 청렴
한 성격을 갖춘 상류층 인물로 보이지 않게 했으며, 그래서 마지막에 반 도렌이 사과
하는 모습을 돋보이게 만들었다.

### 잉글리쉬 페이션트

과거를 배경으로 한 안소니 밍겔라의 드라마에서 파인스는 라즐로 드 알마시를 연기
하며 〈아라비아의 로렌스〉의 피터 오툴처럼 서사극 주인공에도 잘 어울리는 배우임
을 증명했다. 현재 장면에서는 심한 화상을 입은 분장을 하고 연기하지만 회상 장면
에서는 잘생기고 우아한 모습이다. 그러면서 초연해 보이는 인물이 숨기고 있는 상
실감을 드러낸다.

### 애수

그레이엄 그린의 소설을 원작으로 한 닐 조단의 이 영화에서 파인스는 1990년대에
맡은 역할들 중 가장 감성적인 인물을 연기한다. 모리스 벤드릭스(파인스)와 사라
마일즈(줄리안 무어)가 나누는 불운한 사랑의 기록으로, 파인스가 연기하는 모리스
를 보고 있으면, 큰 연민을 느끼다가 그 독점욕에 멈칫하게 된다. 파인스의 가장 섬
세한 연기 중 하나다.

### 스파이더

패트릭 맥그래스의 소설을 원작으로 한 데이비드 크로넨버그 영화에 파인스는 어
린 시절의 공포를 다시 경험하는 병으로 고통받는 외톨이로 등장한다. 폐쇄공포증
을 유발하는 강렬한 드라마이며, 반복되는 과거의 드라마들을 지켜보고 재현하면
서 펼쳐지는 거의 원맨쇼다. 눈과 몸으로 연기하는 법을 가르치는 마스터 클래스라
할 수 있다.

### 해리 포터와 불의 잔 ~ 해리 포터와 죽음의 성물 2

코 없는 악당 연기로는 역사상 가장 뛰어나다. 누구와 비교해도 훌륭한 판타지 악역
연기다. 이름을 말할 수 없는 다스 베이더. 도도하고 자신만만하며 아주 무시무시하
다. 파장이 남다른 악당을 연기하는 파인스의 모습으로는, 토머스 해리스 원작의 〈레
드 드래곤〉 2002년판도 있다. 파인스는 프랜시스 달러하이드, 일명 '이빨 요정'으로
출연한다.

디 같지는 않지만 그런 분위기가 있다고 생각합니다.

빠른 대화 때문이겠죠. 그건 구식이라고 할 수 있습니다. 그렇지만 이 영화에서 랄프의 연기를 비교할 것이 있는지 저는 모르겠습니다. 저는 랄프의 연기를 보면서 아무도 떠오르지 않았어요. 존재감이 아주 강렬합니다. 모든 장면에 에너지를 다 쏟아내죠.

저는 랄프가 로렌스 올리비에의 계보를 잇는다고 늘 생각했습니다. 그런데 딱 그렇지는 않아요. 랄프는 메소드 연기 배우에 더 가깝죠. 랄프는 자기 안에서 인물을 끌어내려 하고, 느끼려 합니다. 그 인물이 되려 합니다. 그 정도까지 애쓰는 사람은 본 적이 없습니다. 저는 '메소드'에 충실한 사람, 요구하는 게 많은 사람과 작업하고 싶다는 생각을 늘 품고 있었어요.

하비 카이텔과 전에 작업했고, 이 영화에도 하비가 나오는데, 하비도 그런 배우입니다. 하비는 아주 철저할 만큼 준비할 여유를 달라고 요구합니다. 어떤 배우들은 감히 생각도 못 할 정도로 철저하게 준비하려 하죠. 〈문라이즈 킹덤〉 촬영 때 그런 하비의 모습이 무척 좋았습니다. 이 영화에서도 그렇게 했죠. 이 영화에서는 그리 큰 역이 아니었지만, 같은 수감자로 나오는 배우들을 이끌고 촬영 장소인 감옥에서 48시간 동안 머물러 있었습니다. 하비와 배우들은 감옥에서 생활하며 자기들의 배경 스토리를 완전하게 만들었습니다. 그리고 리허설도 거기서 했죠. 그 신을 실제로 촬영할 때가 되자, 하비와 배우들은 서로 관계가 다 정해져 있었어요. 랄프도 그런 전통에 속한 배우죠.

**완전히 몰입하는 학파 소속이군요.**

러시아 스타일이죠. 러시아 배우들이 그렇게 한다는 말이 아니라…… 무슨 뜻인지 아시죠?

**몸짓 이야기로 돌아가보죠. 연기에 '고정점'이라고 부를 수 있는 것들이 많이 있습니다. 가령 구스타브가 항상 '달링'이라고 말하는 것처럼, 되풀이해서 나오는 것이죠. 인물의 걸음걸이도 중요합니다. 구스타브는 척추가 쇠막대인 양 꼿꼿하죠. 이런 인물의 특징들은 어디서 왔나요? 감독님이 미리 배우들과 상의하나요, 아니면 배우들이 각자 연구하나요?**

음, '달링'은 시나리오에 있는 겁니다. 걸음걸이로 말하면, 랄프가 '나는 어떻게 걸어야 할까?' 하고 연구하지는 않았을 것 같아요. 랄프라면 먼저, '나는 어떻게 느낄까?' 또 '나는 어떻게 생각할까?'를 먼저 연구하겠죠. 거기서 더 나아가서 이런 생각을 하겠죠. '나는 뭘 입지?' 또 '나는 왜 저렇게 입지 않고 이렇게 입지?'* 또 '그럼 나는 어떻게 움직이게 되고, 어떻게 서 있어야 하고, 나는 누구지?'

**감독님의 여러 영화를 보면, 전통과 절차 과정에 특히 신경을 쓰는 게 보입니다. 〈맥스군 사랑에 빠지다〉는 그런 측면이 정말 두드러진 첫 영화죠. 주인공은 유서 깊은 학교와 자신의 관계로 스스로를 정의합니다. 감독님의 영화를 보면, 감독님이 창조한 특**

별한 세계가 있고, 거기서 특별한 방식으로 어떤 일이 이루어지는 느낌을 받게 됩니다. 이 영화에서는 그런 면이 아주 중요해집니다. '러쉬모어 아카데미'처럼, 〈스티브 지소와의 해저 생활〉처럼, 그랜드 부다페스트 호텔은 스토리가 있는 역사를 간직한 공간입니다. 어떤 시대, 어떤 방식으로, 어떤 일이 거기서 이루어졌죠.

두 주인공 사이에는 코미디의 요소가 많이 있습니다. 영화 초반에 구스타브와 제로가 나누는 대화가 바로 그런 예죠. "브루크너플라츠에 있는 산타마리아 크리스티아나 성당으로 달려가. 장식 없는 짧은 초를 사서 거스름돈 4클루벡을 받아. 제의실에 초를 켜고, 짧게 기도하고, 멘들 빵집에 가서 코르티잔 오 쇼콜라를 사와."

"돈이 남으면 절름발이 구두닦이 소년한테 줘." 츠바이크 책에서 그런 멘토링을 볼 수 있어요.** 『감정의 혼란』에 있죠. 『연민』에는 노인한테 이야기를 듣는 젊은이가 있죠. 우리 영화에는 멘토링이 넓게 깔려 있죠. 우리 친구가 실생활에서 그렇거든요. 그 친구는 아는 사람이면 아무한테나 거의 자동적으로 멘토링을 합니다.***

**'우리 친구'라면, 구스타브라는 인물의 모델이 되었다는 그 친구입니까?**

네.

**그 친구는 휴고 기네스를 통해서 만났고요?**

네, 휴고를 통해서 만났습니다.

**그 친구 이야기를 들려주실래요?**

그 친구 이름은 여태 말 안 했습니다.

**왜죠?**

안 하는 게 좋을 것 같아서요. 그는 휴고와 오랜 친구입니다. 아주 오랜 친구죠. 저와 친구가 된 것도 벌써 15년이 넘었습니다. 호텔 지배인은 아닙니다. 그렇지만 하려고 했다면, 세계 최고의 호텔 지배인이 됐을 겁니다.

**최고가 될 만한 이유는 뭡니까?**

훌륭한 지배인이 되기 위한 요소를 모두 알고 있으니까요. 그리고 이미 모든 호텔의 모든 지배인을 알고 있습니다. 호텔 프런트에 있는 사람과 한 시간 동안 가벼운 이야기를 나누며 온갖 소문을 다 듣고 올 수 있는 사람입니다. 그 업계에 오래 있었죠. 이 영화에는 그 친구의 말을 그대로 쓴 대사가 많이 있습니다.

**예를 들면 어떤 것이죠?**

음, 제로가 '부인은 어든네 살잖아요' 하면 구스타브가 '더 나이 든 사람도 만났어' 하는 대사요. '달링'도 그 친구의 말입니다. 정말이지, 저희는 그 친구의 목소리를 느끼며 시나리오를 썼습니다.

시나리오에 시가 들어가게 된 것도 그런 이유 때문입니다. 구스타브의 모델이 된 실제 인물이 시를 낭송하거든요. 시 낭송이 그 사람의…… 글쎄요, '습관'

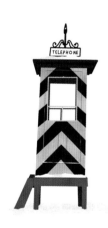

앞 마담 D를 추모하는 구스타브 역의 랄프 파인스.

* 시대극에서 의상이 배우의 연기에 미치는 영향에 대해서는 랄프 파인스 인터뷰 참조.

** 작곡을 맡은 알렉상드르 데스플라는 자신의 인터뷰에서 〈판타스틱 Mr. 폭스〉와 〈문라이즈 킹덤〉, 〈그랜드 부다페스트 호텔〉에서 '교육'이 테마라고 말한다.

*** 〈그랜드 부다페스트 호텔〉에 영감을 준 슈테판 츠바이크 작품에 대해서는 웨스 앤더슨의 세 번째 인터뷰와 알리 아리칸 에세이 〈어제의 세계들〉 참조.

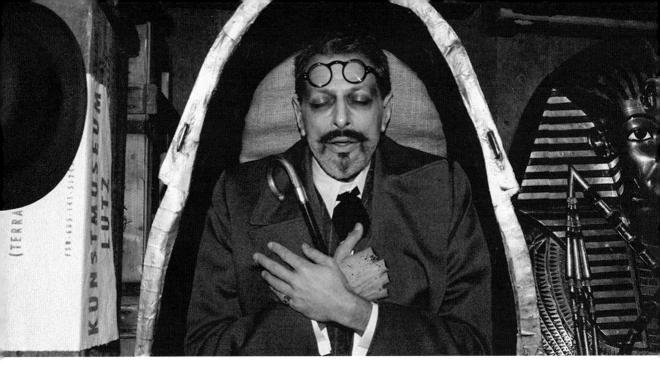

이라고 불러도 될지 모르겠지만, 어쨌든 '시와 함께한다'는 것은 A에서 B까지 진행할 때 그 사람이 쓰는 기교 중 하나입니다.

**구스타브의 시를 전부 다 감독님이 쓰셨나요?**

영화에 시가 전혀 없다고 말하는 게 더 맞겠네요. 시의 토막토막이 있을 뿐이죠.

**절벽 끝에서 손톱으로 매달려 있을 때 구스타브가 낭송하는 시의 토막은 테니슨의 〈경기병 여단의 돌격〉을 읊는 것 같습니다.**

구스타브라면 마지막 순간에 빛나는 영광을 말하고 싶었을 겁니다.

**구스타브가 이런 말을 합니다. "무례는 두려움의 표현일 뿐이다. 사람들은 원하는 것을 갖지 못할까 봐 두려워한다. 가장 끔찍하고 매력 없는 사람이라도 사랑을 받기만 하면 꽃처럼 피어난다." 이것도 친구의 말인가요? 친구의 말을 듣고 마음에 들어서 영화에 쓰기로 마음먹었나요?\***

아뇨, 그건 휴고가 생각한 대사일 겁니다.

**저런 정서를 믿나요?**

그럴 수도 있고 아닐 수도 있죠. 어떤 사람이 무례하게 굴 때, 그 이유가 겁먹었거나 불편하기 때문일 경우도 많습니다. 불안하고, 제대로 대접받지 못할까 봐 걱정하는 거죠. 혹은 어떤 불의에 대항하거나 자신들을 위해서 맞서는 것이라고 생각해서 무례하게 구는 경우도 있습니다. 후자의 경우에는 한발 물러서서 깨달을 수도 있습니다. '그냥 취한 사람이었네. 나한테 정말 이상하게 굴려던 건 아니었어.'

호텔에서 일하는 사람에게는 확실히 좋은 조언입니다. 호텔에서 일하려면 손님들의 온갖 감정과 요구를 상대해야 하니까요.

있죠, 랄프는 구스타브에 대해서 아주 재밌는 아이디어를 내놓았어요. 등장인물에 대해서 대화하고 있었는데, 랄프가 구스타브의 인생을 다섯 단계로 나눠서

이야기했습니다.

**즉흥적으로요?**

랄프는 그런 일을 아주 잘합니다. 이런 영화에서는, 시나리오에 다 담겨 있고, 랄프는 대본을 외우고, 그대로 하죠. 연극과 비슷하죠. 그렇지만 랄프도 대사를 자기 뜻대로 즉석에서 지어낼 줄 알아요. 구스타브가 노파들한테 이야기하는 몽타주들이나 재판정에 섰을 때 같은 경우, 시나리오에 적힌 대사는 아무것도 없었어요. 안타깝게 우리 영화에는 그걸 다 담을 수 있는 여유가 없었지만, 랄프가 그 자리에서 쓴 대사들은 좋았습니다.

랄프가 구스타브의 스토리로 생각하는 것을 저한테 들려주었어요, 즉흥적으로요. 찰스 디킨스 소설에 나오는 달변의 거리 부랑자에서 '잠시만요, 선생님, 제 생각에 선생님께서는 그것을 좋아하지 않으실 것 같습니다' 하고 말하는 이스트 런던에 사는 사람으로 변모하는 스토리였죠. 그리고 랄프는 구스타브가 점점 경험을 쌓고 교육을 받으면서 발전하는 과정을 즉흥 연기로 보여줬어요. 세련되게 치장하는 말투가 점점 발전하는 것도 보여줬죠.

노엘 카워드나 캐리 그랜트 같은 사람도 그랬을 겁니다.

**세상의 축소판인 영화군요. 사람들도 변형되고, 그 사람들을 만들어낸 나라들도 변형되까요.**

그 표현 마음에 드는데요.

위 윌렘 데포가 분한 조플링에게 살해된 제프 골드블럼의 코 박스 사진. 경찰 사건 기록 사진 같다.

옆 마담 D로 분한 틸다 스윈튼의 사진. 플래시를 터뜨리고 타블로이드 신문에 나온 범죄 현장 사진 같은 분위기를 냈다. 이 이미지는 영화에서 두 번 나온다. 첫 번째는 제로가 구스타브에게 신문을 보여주는 장면으로, 거기에 실린 마담 D의 사망 기사에 사진이 나온다. 두 번째는 살인과 유언에 관련해서 코박스와 나눈 대화를 제로가 회상하는 장면이다.

___

\* 이 주장은 영화의 탈옥 시퀀스에서 증명되었다. 구스타브가 무시무시한 수감자에게 친절을 베푼 뒤, 이 수감자는 구스타브의 탈옥을 방해하려는 죄수를 죽인다.

# AN INTERVIEW WITH

# Ralph Fiennes

# PROPER EXPLORING

## 적절한 탐구 : 랄프 파인스 인터뷰

 베테랑 배우이자 감독인 랄프 파인스의 작업 스타일은 앞에서 자세히 탐구해보았다. 그는 〈그랜드 부다페스트 호텔〉에서 구스타브 역을 연기하며, 웨스 앤더슨과 처음으로 함께 작업했다

**매트 졸러 세이츠** 철저한 준비로 유명하고, 영화 전체를 머릿속에 그리고 있고, 숏 하나하나를 정확하게 끌어내고, 대부분의 숏이 미리 완벽하게 짜여진 감독과 작업할 때, 배우는 어디에 맞춰야 하나요?

**랄프 파인스** 웨스 앤더슨 영화에 출연하면, 자신이 어디에 맞춰야 하는지 절로 알게 됩니다. 많은 배우들이 해야 할 바를 정확히 알고 있었어요. 앤더슨의 영화들을 보면서 빈틈없는 스타일의 영화라는 사실과 내가 거기 출연한다는 사실만 깨달으면 됩니다. 앤더슨 영화의 스타일에 일부가 된다는 점을 인식해야죠. 그 스타일은 시각적으로 아주 정확하고 편집은 아주 유기적입니다. 웨스는 대사에 뛰어나요. 리듬, 어조, 억양을 잘 알죠. 그리고 저한테 확실히 밝혀뒀어요. 이 영화가 1930년대 코미디, 특히 에른스트 루비치와 빌리 와일더 같은 감독의 영화에 영감을 받았다고요. 그 영화들에는 속사포 같은 대사가 있죠. 그 대사들은 현실적이고 자연스럽지만, 리듬과 속도에 살짝 과장된 면이 있죠. 그리고 코믹한 효과를 전달하는 데에도 효과적인 대사들이죠. 그래서 저는 이 영화가 행동주의적인 영화, '느끼는' 영화, 즉흥 연기가 필요한 영화가 아니라는 사실을 미리 숙지했죠. 형식을 갖춘, 정확한 영화라는 것을 미리 잘 알고 있었습니다. 초반에는 걱정도 했습니다. '이 영화에 나를 잘 맞출 수 있을까? 이 역할을 하는 데에 가장 본능적으로 자연스러운 방법은 뭘까?'

그러다가 그런 생각을 하는 것 자체가 적절하지 않다는 점을 깨달았죠. 스토리보드를 볼 수 있어서 좋았다는 사실을 강조하고 싶어요. 웨스가 스토리보드를 잘 준비했죠. 크게 도움이 됐어요. 스토리보드 덕분에 어떻게 접근해야 하는지 이해할 수 있었어요.

웨스 앤더슨과 작업하면서 대사를 지어낼 여지가 있었나요? 어떤 장면에서 완전히 다른 접근을 배우가 보여줄 기회가 있었나요? 이 질문을 드리는 이유는, 아시다시피, 그런 것을 배우에게 기대할 뿐 아니라 작품을 거듭할 때마다 점점 더 배우의 즉흥 연기 비중을 늘리는 감독이 있기 때문입니다. 마이크 리는 '영화라는 밭을 만든다'는 표현을 쓰기도 했죠.

아뇨, 그런 식은 아니었어요. 그렇지만 웨스가 독재자 같은 감독은 전혀 아닙니다. 일단 촬영을 시작하면, 여러 번 촬영해도 웨스는 아주 너그러워요. 배우들이 모험할 수 있게 해주죠. 프레임과 구도와 카메라 워크가 한정된 것처럼 보여도 그 안에서 할 수 있는 것은 아주 많아요. 그게 좋았어요. 올바르게 창의적인 작업이라고 느꼈어요.

**옆** 리허설 중인 토니 레볼로리, 랄프 파인스, 웨스 앤더슨. 구스타브와 젊은 제로가 호텔 로비에서 손님과 종업원들을 마주치며 지나가는 장면이다.

지난 책에서 웨스와 인터뷰할 때 즉흥 연기에 대해, 대사를 다듬고 인물을 다듬는 일을 배우들과 함께 작업하는 것에 대해 물어본 적 있습니다. 그는 시나리오나 줄거리에 없는 것은 무엇이라도 배우의 즉흥 연기로 생각한다고 말하더군요.

촬영 중에 제가 조금이라도 즉흥 연기를 했을 때 웨스가 좋아했던 기억은 없습니다. 그렇지만 웨스의 말이 맞아요. 주어진 시나리오 안에서 갖가지 다른 연기를 찾아낼 수 있죠. 그 영화의 스타일을 일단 받아들인 뒤에는 전체 연기를 즐겼어요. 뿌듯한 경험이었습니다.

제약이 있을지도 모르겠다고 걱정했던 것은 전혀 기우였나요?

아, 카메라가 움직이고 배우가 어느 지점까지 딱 맞춰서 움직이지 않으면 신이 자연스럽게 흐를 수 없는 장면이 한두 개 있었어요. 그때는 부담스러웠죠.
거의 대부분은 좋았어요. 어느 신에서는, 아주 잘 쓰인 신, 웨스의 입장에서는 시나리오가 아주 멋지게 나온 신이 있었는데, 카메라가 좀 구속복처럼 느껴졌어요. 웨스도 그런 사실을 잘 알고 있었을 겁니다. 저는 그 신에서 카메라 워크가 지나치게 복잡하고, 좋은 신을 조금 방해할 수도 있겠다고 느꼈죠. 그래서 카메라가 좀 덜 움직이고 토니와 나 사이의 연기로 신이 흘러가게 하는 게 좋을 것 같다고 말했어요. 결국 제 말대로 됐어요. 웨스가 우리를 위해서 그 장면을 아주 단순하게 만들었어요.

이런 영화에서 연기할 때 배우로서 가장 집중해야 하는 것은 무엇인가요? 몸으로 하는 것, 특정한 동작에 더 주의를 기울이나요? 실제 연기의 측면에서 다른 영화들, 가령 〈잉글리쉬 페이션트〉나 〈애수〉 같은 영화들, 그러니까 더 느리고, 뭐랄까, 자연스럽고 감정을 담아야 하는 영화들과 이 영화의 작업이 어떻게 달랐나요?

웨스가 특정한 연기 스타일을 요구하지는 않았어요. 그는 지금껏 해오던 연기나 저한테 편한 연기를 버리고 다르게 연기해야 한다, 그런 말은 하지 않아요. 웨스는 그 배우가 내보일 수 있는 것을 내보이기 바라죠. 하지만 웨스 자신의 비전에 맞춰서 배우가 자신의 것을 내보이기를 바라는 겁니다. 그리고 배우는 그렇게 함으로써 그 영화라는 세계의 일부가 되죠.
웨스와 작업할 때에는 단순한 게 최선이라고 생각해요, 정말로. 웨스가 좋아하는 전달 방식이 있어요. 복잡하지 않아요. 웨스는 대사를 진지하게 전달하는 데에 본능적으로 끌리는 것 같아요. 코믹한 대사를 진지하게 했을 때, 완성된 영화에서 대사의 코믹한 면이 더 살아나죠. 그런데 코믹한 면은 자연스러움과도 연관이 있죠. 웨스는 아주 투명한 걸 좋아해요. '이 대사를 어떻게 말하는 게 좋을지 생각해보겠어요' 같은 지나치게 분석적인 태도는 정말이지 웨스가 좋아하는 것이 아니에요. 웨스의 대사를 하면서 이른바 '자연스러운 연기'라고 불리는 특유의 말투나 반복 동작 같은 것을 하면 웨스는 몸서리칠걸요. 그런 연기를 웨스는 그다지 좋아하지 않아요. 아니, 이렇게 말하는 게 더 좋겠는데, 웨스가 만드는 영화에는 그런 연기가 맞지 않아요. 웨스는 시나리오의 대사를 극히 정확하게 전달하는 것을 좋아하지만, 그 전달 방식이, 뭐랄까, 완전히 자연스럽지는 않아야 합니다. 아주 명확해야 해요. 깔끔하고요.
꼭 덧붙이고 싶은 것은, 대사의 속도예요. 촬영 내내 웨스가 계속했던 말이 있죠. "더 빨리, 더 빨리, 더 빨리."

대사를 너무 빨리 말하는 게 아닌가 하고 걱정할 일은 전혀 없었나요?

구스타브가 마담 D의 살인에 관련한 경찰의 질문을 받는 장면에서 랄프 파인스는, 잠시 망설이다가 '살해됐다고요…… 그리고 제가 죽였다고 생각하나요?' 하고 말한 뒤 달아난다. 이 장면은 넓은 광각 렌즈를 써서 고정된 와이드 숏으로 촬영했다. 스크린 공간은 앞쪽부터 뒤쪽까지 모두 초점이 맞아 선명하다. 이 순간을 볼 때에는 그 전략을 생각하지 않겠지만, 보이는 것보다 정교하다. 많은 사람들이 앞쪽에 모여 있어도 서로 많이 겹치지 않게 서 있어서 두 주인공의 모습을 관객이 항상 볼 수 있다. 다른 배우들은 이 장면 내내 관객이 시선을 유지하게 하며 구스타브가 연기할 공간을 제공하지만 일부러 관객의 시야를 열어놓은 느낌은 주지 않는다. 구스타브가 앞쪽에서 뒤쪽으로 달아나며 계단 위로 달려갈 때에도, 앞쪽을 막은 배우들이 살짝 공간을 비워서 관객은 시야에 방해받지 않고 구스타브가 도망치는 모습을 볼 수 있다.

너무 빠른 게 아닐까 염려될 때도 있었어요. 그런데 촬영한 결과를 실제로 한 번 본 뒤에는, 웨스가 옳았다는 걸 깨달았죠.

영화의 내레이션에 대해서는 배우로서 어떻게 생각했나요? 이 영화에서는 보이스오버와 대사와 카메라 워크의 상호 작용이 아주 정확하죠. 웨스한테서 조금 듣기로, 배우의 연기를 보이스오버에 맞추기 위해서 촬영장에서 배우마다 다른 방식으로 조정했다고 하더군요. 내레이션의 대사가 들어가도록 여기저기 여백을 두어야 하니까 거기 맞춰서 조정했다고요.

솔직히, 저는 전혀 못 느꼈습니다. 제 말은, 나중에 나올 보이스오버에 맞춰서 춤을 추라는 요구처럼 느낀 적은 전혀 없다는 뜻입니다.

그런 것도 '일의 일부'에 들어가나요?

배우들은 도전을 좋아하죠. '내면에서 찾아내세요' 하고 요구하는 감독이 있는가 하면 다음 영화에서는 완전히 다른 감독을 만나기도 하죠. 제 말은, 웨스는 어떤 면에서 즉흥 연기를 할 수 있도록 여유를 주지만, 그가 좋아하는 절제된 연기가 있죠. 웨스는 배우가 자기 자신에 뿌리를 두고 연기하기를 바라죠.

아까 언급하신 〈잉글리쉬 페이션트〉의 안소니 밍겔라 감독은 아주 달랐어요. 다른 방식으로 합동 작업을 원했죠. 시나리오를 직접 썼고, 그 대본에 말을 첨가하거나 바꾸는 것은 좋아하지 않았어요. 그렇지만 자기가 쓴 대본을 배우들에게 읽히고, 그 대본을 배우들이 해석하는 것, 말하는 것에 따라서 대본을 발전시켰어요. 안소니 밍겔라는 자기가 쓴 대사가 배우의 입에서 나올 때 자신이 미처 생각하지 못한 느낌으로 다가오는 것을 좋아했어요.

반면 웨스는 자기 대사가 어떻게 들려야 할지 확고한 생각을 갖고 있죠. 자기 생각에 맞게 이끌 때도 많아요. 그런 식으로 작업해서 오히려 일을 망치는 감독도 있어요. 하지만 웨스는 괜찮아요. 아주 똑똑하기 때문이죠. 또 머릿속에 담고 있는 말, 그 대사가 어떻게 말해져야 하는지에 대한 상상이 제대로 갖춰져 있기 때문이기도 해요. 웨스는 인물에 맞는 대사를 확실하게 쓸 줄 알죠.

구스타브는 모든 면이 독특합니다. 걸음걸이, 자세, 고개를 갸웃하는 모습, 자제력을 잃을 때 나오는 약간 떨리는 목소리. 이 모두가 본능적으로 나왔나요? 준비해서 나온 비중은 어느 정도인가요? 촬영장으로 가면서 '도착하면 이렇게 해야지' 생각하나요? 아니면 '구스타브의 걸음걸이는 이럴 거야' 혹은 '구스타브는 이렇게 움직일 거야' 같은 생각을 하나요? 아니면 그런 것들이 자신도 모르게 본능적으로 튀어나오나요?

이건 정말, 정말 중요한 얘기인데, 어떻게 접근할지 확실한 답이 안 나올 때에는 웨스도 배우에게서 소스를 얻으려 해요. 등장인물의 성격을 잡아가는 데에 배우의 도움을 바라죠. 웨스 자신도 등장인물의 어떤 면들에 대해 확신하지 못할 때가 있는데, 그러면 제가 이렇게 말하죠. "웨스, 문제가 뭐죠?"

등장인물의 성격을 잡아갈 때 어떤 이야기를 나눕니까?

**옆 위** 랄프 파인스와 시얼샤 로넌.
**옆 아래** 구스타브가 자신을 시각적으로 정의하는 유니폼 없이 앉아 있는 모습.

기억이 정확하지는 않지만 이런 얘기를 한 적 있어요. "웨스, 여기서 구스타브 연기에는 스펙트럼이 있어요. 아주 수다스럽거나, 흥분했거나, 조금 광적이거나, 아주 자연스럽거나." 그러면 그 중간 어디쯤으로 결론이 나죠. 최종 선택된 테이크는 대부분 약간 더 차분한 것이었어요.

그렇지만 촬영을 할 때에는 그 스펙트럼을 따라서 다양하게 구스타브를 연기했나요?

촬영할 때는 온갖 해석을 다 시도했죠. 여기서 강조하고 싶은 것은, 웨스가 아주 꽉 짜인 구조를 미리 만들어두었다는 점입니다. 그렇지만 그 안에서도 구조란 유기적이어야 살아난다는 사실도 웨스는 잘 알고 있죠. 상상의 여행이 유기적으로 재현되어야 비로소 구조가 살아난다는 사실 말입니다. 웨스는 자신이 연기의 모든 면을 다 제어할 수는 없다는 사실을 잘 알고 있죠. 그만큼 똑똑한 사람들과 함께 작업하니까요. 웨스도 모든 걸 다 제어하기를 바라지 않을 겁니다! 하지만 시나리오를 쓰고 구조를 머릿속으로 세우면, 웨스는 숏들을 어떻게 찍어야 할지 잘 알고 있어요. 그 안에서 배우들이 실재하면서 인물들에게 생명을 불어넣어야 하죠.
아, 즉석에서 아이디어를 낼 때도 있죠. "이렇게 해보면 어떨까요?" "저렇게 해보면 어떨까요?" "이렇게 하면 어떻게 될까요?" 저는 그런 게 좋아요. 감독이 그렇게 말하는 것, 그런 게 적절한 탐구죠.

구스타브 같은 역할은 신체적으로, 아니면 인물을 구체화하는 면에서, 어떻게 준비하나요? 시나리오를 읽으면서 구스타브가 어떤 사람인지 느낄 수는 있겠지만, 카메라 앞에서 그 인물에 생명을 불어넣어야 하잖아요? 영화에서 구스타브를 재현해야죠. 그런 과정은 어떻게 이루어지나요?

정말 대답하기 어려운 질문입니다. 그런 것들은 모두 직감으로 이뤄지기 때문이죠. 코트를 입어보거나, 밀레나 카노네로와 신발이 어때야 하는지 얘기하거나…… 그냥 벌어지는 일입니다. 사람들과 함께 장면 하나를 쭉 연습하죠. 이런저런 시도를 해보고 뭐가 맞는지 느껴볼 수 있어요. 직감에 먹이를 주는 거죠. 뭐라고 설명할 만한 방법이 따로 있는 건 아닙니다. 일단 의상을 갖추고 마음을 정하면 '구스타브는 어떻지?' 하는 질문에 많은 답을 얻을 수 있습니다.

구스타브는 어떻습니까?

호텔리어고, 그래서 사람들의 기대, 호텔 손님들의 기대에 맞춰서 처신하는 것이 삶의 자기 몫인 사람이죠. 거기에는 미덕이 있습니다. 그 일을 하려면 깔끔해야 하고, 정확해야 하고, 배우처럼 연기를 해야 합니다.

연기를 할 때 의상과 소품의 역할은 얼마나 큰가요? 몇 해 전 〈데드우드〉 촬영장에서 배우 스티븐 토볼로스키를 인터뷰할 때 '19세기 인물의 마음에 어떻게 몰입하나요?' 하고 질문했더니 '제가 입고 있는 옷을 보세요. 이 옷을 입는 순간, 저는 그 인물에 반쯤 몰입해 있죠' 하고 대답하더군요. 그렇게 느끼시나요? 의상과 신발 등이 인물에 반쯤 몰입하게 만드나요, 아니면 몇 퍼센트라고 정할 수 있을까요?

그럼요, 그럼요. 조끼나 재킷의 단추를 딱 여밀 수 있죠. 자신을 붙잡을 방법들이 있어요. 그렇지만 내면을 봐죠. 인격은 옷 안에 있죠.

구스타브(랄프 파인스)와 마담 D(틸다 스윈튼)가 아침을 먹으며 대화를 나누는 장면. 1분 남짓한 장면이지만 두 인물이 수십 년 동안 가까이 지냈으며 한 사람은 곧 죽을 것이라는 인물 관계의 정수가 두 배우의 연기로 잘 전달된다.

저도 최근에 시대극을 촬영했어요. 당시 사람들의 사진을 보면서 준비를 하죠. 겉모습은 많은 것을 결정하죠. 정장을 입게 되면 그것도 효과를 발휘합니다.

그렇지만 다른 시대 사람이라고 해서 우리와 다르게 생긴 건 아니죠. 19세기의 사람들이 신체적으로 우리와 전혀 다를 것이라고는 생각하지 않아요. 시대와 상관없이 모든 문학 작품은, 자신이 중요하다고 생각하는 어떤 방식으로 세상에 존재하려고 애쓰는 사람들을 묘사합니다. 찰스 디킨스 같은 작가의 소설을 읽어도, 자연스럽게 행동하는 사람들, '자연스러움'을 갖고 있는 사람들을 느낄 수 있죠. 그리고 그 사람들이 다른 사람들과 살아가는 모습도 볼 수 있죠.

이 영화의 배경이 되는 시대는 매혹적이죠. 다른 세계, 과거의 세계를 빌리거나 창조하고 싶을 때, '사람들이 달랐나?' 하고 자문해야 합니다. 어떤 면에서는 다를지도 모르죠. 하지만 옷 아래의 신체는 똑같이 기능한다고 생각합니다. 허리가 아프고, 소화가 안 되고, 두통으로 고생하고, 똑같은 신체죠. 옛날 사람들은 완전히 다르다고 생각하는 경향도 있지만, 인류가 다르게 행동하면 과연 얼마나 다르게 행동하겠어요? 어느 정도, 조금 다를지도 모르죠. 그렇지만 다 비슷할 수도 있어요. 그렇죠?

복잡하군요.

그렇죠. 그리고 지금 우리는 영화를 만드는 맥락에서 이야기하고 있잖아요. 영화가 하고자 하는 말, 인물들이 하고자 하는 말, 감독이 하고자 하는 말이 무엇인가에 달려 있죠. 이 인물에게 특정한 자세나 태도나 옷차림 같은 게 있을까? 배우들을 모아서 이런 실험을 해보고 싶어요. "자, 청바지와 티셔츠를 입고 이 장면을 연기해봅시다. 그다음, 같은 장면을 아무것도 바꾸지 말고, 옷만 빅토리아 시대 의상으로 갈아입고 다시 해봅시다. 청바지와 티셔츠를 입었을 때 어떤 기분인지 기억하세요. 그리고 다음에는 어떤 기분인지 느껴보세요." 재미있겠어요. 그렇게 해보고 배우들이 얼마나 바뀌는지, 사람의 진짜 자아가 바뀌는지 아닌지 지켜보는 거죠.

아주 흥미롭네요. 그런 실험에 참가한 배우들은 과거 의상을 입어도 조금 더 현대적으로 연기하게 될까요?

아, 그 단어의 뜻이 뭐죠? 현대적? 우리는 우리가 더 현대적이라고 생각하죠. 그런데 오늘날의 의식이 다른 시대 사람의 의식과 정말 전혀 다른지 알 수 없죠. 의상이 사람에게 영향을 주는 건 확실하다고 생각해요. 자신이 누구인지, 자신을 어떻게 느끼는지, 영향을 받죠. 그러나 근본적인 면에서는 영향이 없을 겁니다. 제가 말하는 건 시대극에 관한 겁니다. 시간에 따라 인간성의 정수가 바뀐다고 생각하기 쉬운데, 저는 꼭 그렇다고 생각하지 않고, 그렇다고 해도 얼마나 바뀌는지는 모르겠습니다.

네, 이만하면 충분히 얘기했네요!

한 가지만 더. 〈그랜드 부다페스트 호텔〉을 볼 때, 구스타브가 자수성가한 사람이라고 생각하고 그 생애를 상세하게 상상해서 웨스 앤더슨한테 들려주셨다면서요? 그런 상세한 내용이 웨스 앤더슨의 세계와 잘 어울려 보입니다. 웨스 앤더슨의 세계에는 개인의 상처에 대한 반응으로 스스로 자신의 성격을 만들어가는 인물들로 가득하니까요. 구스타브 이야기를 저한테도 들려주시겠습니까?

구스타브가 영국의 가난한 집안에서 자랐다고 상상했어요. 부모는 아주 가난하고, 구스타브가 어릴 적에 아버지는 병들어 있었어요. 그래서 구스타브한테 심부름을 시켰죠. 아버지가 구두 수선공이었는데, 구스타브는 호텔에 사는 부자 손님들한테 구두를 가져다줬지요.

구스타브는 호텔에서 갑자기 또 다른 세상을 보게 된 거예요. 아버지가 세상을 떠난 뒤, 구스타브는 호텔에 취직하죠. 가장 낮은 일부터 시작해요. 그러다가 구스타브를 좋아하는 어느 부자 손님이 구스타브를 외국으로 보내줬어요. 그래서 프랑스 호텔에서 새로운 삶을 시작합니다. 그리고 유럽 호텔들에서 일하면서 점점 자신의 개성을 만들어가고, 승진을 거듭하죠. 웨스는 이러더군요. 아, 그래서 구스타브가 결국 자주적이고 공정하게 살아가게 되는군요.

프랜시스 해넌에게 분장을 받는 랄프 파인스. 조도계를 들고 있는 손의 주인공은 촬영 감독 로버트 예먼.

they wear
what they are:
the grand
budapest hotel
and the art
of movie
costumes

christopher
laverty

1 인디애나 존스(1984)
2 시계태엽 오렌지(1971)
3 바람과 함께 사라지다(1939)
4 티파니에서 아침을(1961)

5 마리 앙투아네트(2006)
6 토요일 밤의 열기(1977)
7 드라이브(2011)
8 블레이드 러너(1982)

# 옷이 곧 그 사람이다

## 〈그랜드 부다페스트 호텔〉과 영화 의상

크 리 스 토 퍼   라 버 티

우리는 영화를 보며 인물의 의상에서 많은 것을 유추한다. 인물, 스토리 진행, 시대 배경, 볼거리 등등 의상의 미학적 기능은 다양하다. 어떤 영화가 대중의 의식에 어떻게 기억되는지, 의상에서 결정되기도 한다. 가장 생생한 의상이 영화 자체를 대변하기도 한다. 벨벳 커튼 드레스를 입은 스칼렛 오하라. 흰색 옷을 입고 검정 모자를 쓰고 샅 가리개를 덧입은 폭력배들(의상 밀레나 카노네로). 인디애나 존스의 가죽 재킷과 페도라와 채찍. 영화 속 의상은 면밀히 관찰될 수도, 욕망의 대상이 될 수도, 맥락에 맞게 충분히 강조될 수도 있으며, 이것은 〈그랜드 부다페스트 호텔〉의 의상도 마찬가지다. 세세한 특정 부분에 시선을 집중해야 할 의무가 있는 것은 아니지만, 세세한 부분이 더 큰 목적을 드러낼 수도 있으므로 집중하는 것이 좋다.

앤더슨은 유니폼을 자주 선택한다. 〈바틀 로켓〉의 론 랭글러, 〈스티브 지소와의 해저 생활〉의 벨라폰테 선원들처럼 특정 직업을 상징할 때도 있다. 또는 그 인물의 자아관이나 세계관을 상징하는 유니폼도 있다. 이런 인물에게는 옷이 방패로, 서브텍스트로, 가장 중요하게는 시각적인 미끼로 기능한다. 방패가 부서지거나 버려지면 알아챌 수 있다. 인물의 외양을 면밀히 살핌으로써 그 내부도 이해할 수 있다. 옷이 곧 그 사람이다.

1 문라이즈 킹덤(2012)
2 바틀 로켓(1996)
3 로얄 테넌바움(2001)
4 스티브 지소와의 해저 생활(2004)

처음에 아가사는 피스타치오 그린 원피스와 복숭아색 니트 스웨터와 두툼한 울 양말 등 사탕 같은 색깔의 옷을 입은 전형적인 빵집 소녀였다. 이야기가 펼쳐지면서 아가사는 영화의 중요한 인물들 중 하나임을 상징하는 모티프를 획득한다. 십자 열쇠 협회 도자기 펜던트. 이 엠블럼은 특정 길드에 가입된 호텔리어만 얻을 수 있는 것이다. 구스타브는 아가사의 뛰어난 지략을 높이 사고, 그런 지위를 받을 가치가 있다고 여긴다. 노인이 된 제로는 잃어버린 사랑의 연결점으로 여전히 펜던트를 달고 있다.

구스타브가 호사스러운 전통의 상징에서 수치스러운 범죄자로 굴러떨어질 때, 맞춤 정장은 줄무늬 죄수복으로 바뀐다. 죄수복 소매는 너무 짧고 바지는 발목이 드러난다. (그 아래로 나막신이 덜그럭거린다.) 구스타브는 이 작은 모욕을 받아들이는 것 같다. 더 큰 모욕도 비교적 즐겁게 받아들인다. 반면 아래 장면에서 클림트 그림 같은 벨벳 코트를 입은 마담 D가 자신의 정인과 왜 이런 모습을 하고 있는지 생각하게 된다. 이 노파의 화려한 옷은 전성기의 호텔 문화를 상징한다. 파티와 샴페인, 모서리마다 기둥이 있는 침대와 푸아그라의 시대.

유만 말루프가 그린 프로덕션 스케치.
1 멘들 빵집 유니폼을 입은 아가사(시얼샤 로넌).
2 촬영 감독 로버트 예먼 앞에 있는 시얼샤 로넌.
3 십자 열쇠 협회 펜던트.
4 호텔 유니폼을 입은 구스타브.
5 죄수복을 입은 구스타브.
6 클림트 코트를 입은 마담 D와 유니폼을 입은 구
  스타브.

조 플링이 입은 무릎까지 오는 가죽 코트의 변하지 않는 실루엣은 형태뿐 아니라 기능에서도 상징하는 바가 크다. 제2차 세계대전 시기 '크라드만텔'과 닮았다. 모터사이클을 탈 때 젖거나 춥지 않도록 보호하는 디자인의 옷이다. 악당은 검은 옷을 입는다는 전형을 패러디한 이 의상을 걸친 조플링은 웃음도 목에 걸리게 하는 비밀 결사대를 떠올리게 한다. 흡혈귀처럼 뾰족한 치아. 손가락에 끼우는 무기. 코트 안에 숨은 '술 주머니'와 그 안에 든 권총과 휴대용 술병과 아이스픽. 그렇지만 가장 악랄한 폭력을 휘두를 때에도 코믹한 분위기는 깨어지지 않는다.

눈 이 날카로운 관객이라면 재킷 뒤의 벨트를 보았을 것이다. 고전적인 노퍽 슈트의 특징이다. 〈그랜드 부다페스트 호텔〉에서 작가의 젊은 시절 배우나 늙은 시절 배우 모두 노퍽 슈트로 차려입고 있다. 빅토리아 시대부터 1920년대까지 노퍽 슈트는 스포츠웨어로 인식되었다. 영화에서, 혹은 전원이 아닌 곳에서 보이는 노퍽 슈트는 여행을 많이 다니는 신사, 자신의 거주지에서 멀리 떨어져 있는 사람이라는 의미를 띤다. 이 영화 속에서 제로와 함께한 값진 시간 덕분에 인생이 바뀐 작가도 마찬가지다.

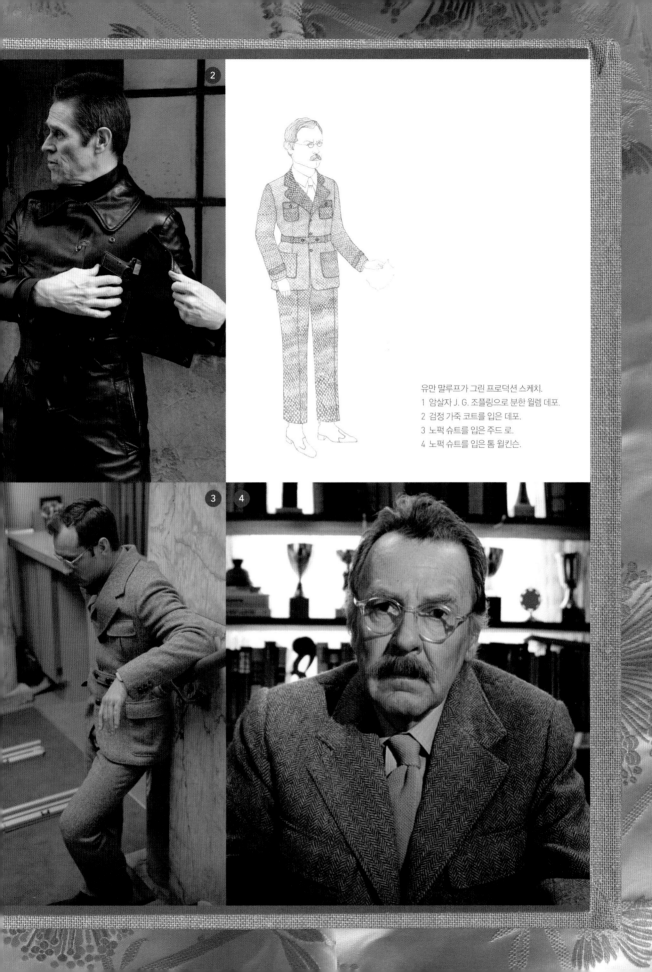

유만 말루프가 그린 프로덕션 스케치.
1 암살자 J. G. 조플링으로 분한 윌렘 데포.
2 검정 가죽 코트를 입은 데포.
3 노퍽 슈트를 입은 주드 로.
4 노퍽 슈트를 입은 톰 윌킨슨.

마담 D의 프로덕션 스케치.

# THE WES ANDERSON STYLE

## 웨스 앤더슨 스타일 : 밀레나 카노네로 인터뷰

 밀레나 카노네로는 이탈리아 제노바에서 자랐고, 영국에서 공부했다. 영화 의상은 스
탠리 큐브릭 작품으로 시작했고, 〈시계태엽 오렌지〉(1971), 〈배리 린든〉(1975, 첫 아
카데미 의상상 수상작), 〈샤이닝〉(1980)의 의상을 맡았다. 함께 작업한 감독으로, 알
란 파커(〈미드나잇 익스프레스〉, 1978), 휴 허드슨(〈불의 전차〉, 1981, 두 번째 아카데
미 의상상 수상작), 프랜시스 포드 코폴라(〈카튼 클럽〉, 1984, 〈대부 3〉, 1990), 시드
니 폴락(〈아웃 오브 아프리카〉, 1985), 루이 말(〈데미지〉, 1992), 워렌 비티(〈딕 트레
이시〉, 1990, 〈불워스〉, 1998), 줄리 테이머(〈타이투스〉, 1999), 로만 폴란스키(〈대학
살의 신〉, 2011), 마누엘 데 올리베이라(〈세브린느, 38년 후〉, 2006) 등이 있다. 소피아
코폴라와 작업한 〈마리 앙투아네트〉(2006)로 세 번째 오스카 상을 받았다. 웨스 앤더
슨과 〈스티브 지소와의 해저 생활〉(2004), 〈다즐링 주식회사〉(2007), 〈그랜드 부다페
스트 호텔〉(2014)을 작업했다.

**매트 졸러 세이츠** 〈스티브 지소와의 해저 생활〉 전에 웨스 앤더슨 영화를 보셨나요?
시각적으로 어떤 특징이 있다고 느끼셨나요?

**밀레나 카노네로** 봤죠. 영화가 점점 아주 개성 넘치고 정교한 스타일로 진화하는 것도 쭉 지켜봤죠.
뛰어난 화가의 작품처럼, 웨스의 작품에는 그만의 확연한 특징이 있어요. 독창적이죠. 영감을
주는 영화라서 저는 완전히 빠져들어요.

매일 만나서 함께 일하기에는 어땠나요?

웨스는 세세한 부분에 특히 신경 써요. 저도 그래요. 까다롭지만, 같이 일하는 사람에게 자유를
많이 줘요. 웨스는 사람들이 자기한테 아이디어와 자극을 주기 원해요. 인물들의 차림새에 대해
서도, 시나리오에 확실하게 언급되어 있지 않은 경우에는 아주 많은 의논을 거치죠. 요즘엔 웨
스가 이메일을 즐겨 써서, 이메일로 계속 의견을 주고받는데, 직접 만나기도 쉬워요. 영화 촬영
으로 스트레스를 받을 때에도 직접 만나죠.
저는 세트 디자이너, 촬영 감독과 밀접하게 일하죠. 모든 게 전체적으로 하나가 돼야 하니까요.
특히 영화의 색상은 더 그렇죠. 색에는 저마다 음악이 있어요. 웨스는 색이 음계를 잘 찾아가도
록 하는 데 신경을 많이 쓰죠.

웨스가 이 영화를 어떻게 설명하던가요? 의상이 어떻게 보였으면 좋겠다는 전반적인
제안이나 구체적인 제안이 있었나요?

1930년대쯤 허구의 북유럽 나라를 배경으로 삼겠다고 말하더군요. 1960년대가 배경인 오프닝
장면에서는 동유럽 분위기를 원했어요. 이야기 대부분은 화려한 산악 호텔 리조트와 그 주위에
서 벌어지고요. 물론 이건 웨스 앤더슨 영화니까 부다페스트와 상관없어요. 그러니까 역사적으로

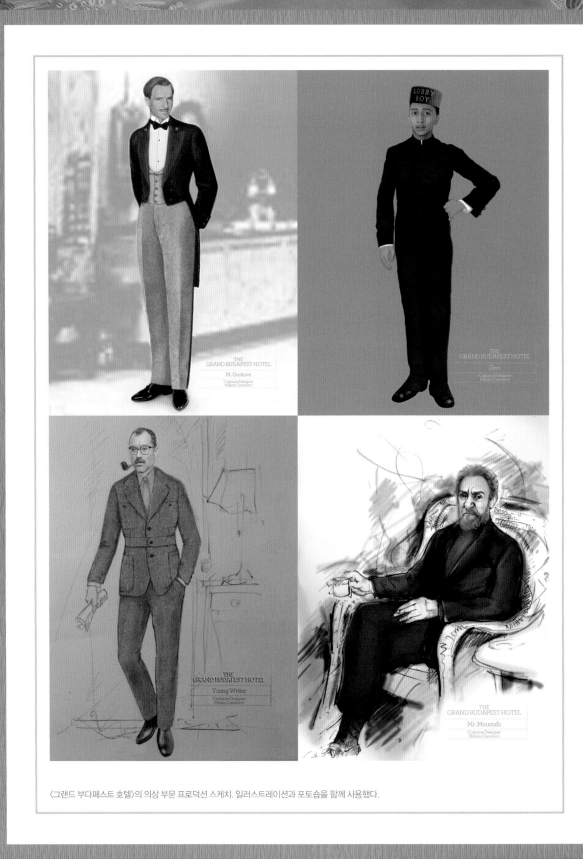

THE
GRAND BUDAPEST HOTEL

M. Gustave

Costume Designer
Milena Canonero

THE
GRAND BUDAPEST HOTEL

Zero

Costume Designer
Milena Canonero

THE
GRAND BUDAPEST HOTEL

Young Writer

Costume Designer
Milena Canonero

THE
GRAND BUDAPEST HOTEL

Mr. Moustafa

Costume Designer
Milena Canonero

〈그랜드 부다페스트 호텔〉의 의상 부문 프로덕션 스케치. 일러스트레이션과 포토숍을 함께 사용했다.

연관이 있으면서도 상상의 것이어야 해요. 그러면서 시대적으로는 정확해야 했죠. 이야기가 추억으로 이어지니까 관객의 머릿속에 박힐 만한 이미지를 만들었어야 했죠. 웨스가 제2차 세계대전 이전 시기의 오스트리아와 독일 작가와 화가들을 언급해서 좋은 가이드라인이 됐어요. 그래도 옛날 영화들과 그 밖의 소스들뿐 아니라 1930년대 독일 사진가 아우구스트 잔더에게서 많은 도움을 받았어요.

물론 작업 과정에서 인물 의상이 최종에 이르기까지는 많이 진화되죠. 가령, 랄프 파인스가 맡은 구스타브는 처음에 아주 옅은 금발인 것으로 가정했어요. 구스타브가 잠자리를 같이 하는 늙은 여자들의 머리카락처럼 염색한 금발인 것으로 정했죠. 그렇지만 현실적인 갈색 머리카락에 금색으로 하이라이트를 준 것이 더 적절하다고 결정했죠.

**의상은 새로 만들었나요, 아니면 빈티지 옷들을 이용했나요?**

괴를리츠에 있는 우리 작업실에서 대부분 만들었어요. 베를린에서 만든 것도 있고, 유니폼은 모두 폴란드에 있는 크시슈토프의 '헤로 콜렉션'에서 만들었어요. 군중 신에서 엑스트라에게 입힐 옷은 빈티지 의상을 구입하거나 빌렸어요. 베를린에 '미미'라는 빈티지 상점이 있는데 아주 좋아요.

**제작에 들어가기 전에 아이디어를 다 완성하나요? 스케치북에 대충 그린 뒤에 아이디어가 어느 정도 자리 잡히면 다른 사람에게 시켜서 더 정교하게 그리나요?**

웨스와 했던 앞의 두 영화, 〈스티브 지소와의 해저 생활〉과 〈다즐링 주식회사〉에서는 스케치하는 전통적인 방법으로 인물의 의상을 디자인했어요. 이번 영화에서는 웨스와 제 아이디어를 합치려고 포토숍과 전통적인 스케치를 다 썼어요. 포토숍으로 배우와 아주 흡사한 인물을 만들어서 웨스에게 다양한 모습을 이메일로 보낼 수 있었어요. 배우들은 자기 모습이 어떻게 보일지 쉽게 알 수 있어서 아주 좋아했죠. 이전 두 작품을 함께해서 웨스의 영화에 늘 출연하는 배우들과도 이미 아는 사이었어요. 그 배우들을 다른 인물로 변화시키는 일이 재미있었어요. 웨스는 영화에 등장하는 남자들 모두 수염이 있어야 한다고 결정했죠. 조플링과 기차에서 만나는 못된 경사만 빼고요. 저는 그 아이디어가 좋았어요. 이런 세세한 면까지 알아채는 사람은 없는 것 같지만, 그래도 그게 남자들의 모습에 특정한 스타일을 주죠.

**호텔 직원 유니폼에는 어떤 특징을 줬나요?**

그 시기 실제 유니폼의 모습을 이용했어요. 고급스런 호텔의 직원 유니폼 사진도 아주 많이 봤어요.

**랄프 파인스가 맡은 구스타브 옷차림은 어떤가요? 의상으로 특히 전달하고자 했던 그 인물의 특징은 무엇인가요?**

머리부터 발끝까지 완벽하고 잘 통제된 느낌을 줘야 했어요. 그러면서도 우아하고 자유롭게 움직일 수 있어야 했죠. 자신이 알고 있는 세계가 무너질 때에도 구스타브는 스타일을 유지해야 합니다. 어려운 일 같지만, 랄프처럼 뛰어난 배우와 함께 작업할 때에는 힘들지 않아요. 랄프가 연기하는 모습을 보는 것은 즐거웠어요. 아주 훌륭한 사람이에요. 함께 일하기에 좋죠.

틸다 스윈튼 의상의 소재는 뭔가요?

코트도, 드레스도 다 실크 벨벳이에요. 구스타프 클림트 그림에 영감을 받은 그림을 제가 옷에 직접 그렸어요.

틸다가 맡은 마담 D는 84세죠. 틸다의 노인 분장을 위해서 런던 분장팀이 와서 멋지게 작업했어요. 웨스는 마담 D를 독특한 미인이며 미술 수집가로 설정했어요. 그 시대의 패션과 달라야 했어요. 그래서 저는 그 시대보다 더 복고적인 스타일로 디자인했죠. 1920년대 초반 분위기로요. 웨스는 좋아했어요. 틸다 스윈튼은 그 옷을 아주 편하고 재미있게 소화했어요.

마담 D의 화려한 모습을 완성하는 데에는 펜디의 도움이 컸죠. 망토 가장자리에 달린 검정 다이아몬드 밍크 모피 장식과 토시는 펜디에서 만들었어요. 에드워드 노튼이 입은 모피 코트는 제가 디자인하고 펜디에서 만들었죠. 영화에 필요한 모피는 모두 펜디에서 제공했어요. 요즘은 의상비 부담을 줄일 수 있도록 패션 회사의 너그러운 후원을 기대해야 해요.

윌렘 데포가 맡은 인물 조플링의 의상에 대해 조금 더 듣고 싶습니다.

조플링이 입은 가죽 코트는 1930년대 군복에 바탕을 뒀어요. 천으로 샘플을 만든 뒤에 프라다로 보냈어요. 프라다에서 고맙게도 코트를 제작해줬어요. 웨스의 시나리오에는 조플링의 가죽 코트 앞에 무기를 숨기는 공간이 있는 것으로 나오거든요. 그래서 프라다에서 만든 코트에 아주 부드러운 빨간색 울로 안감을 대고 비밀 공간을 만들었죠.

쓰이지는 않았지만 손가락에 끼는 무기도 만들었어요. 워리스 아러워리아가 디자인하고 특별히 이 영화를 위해 제작한 것이에요. 손가락마다 해골이 붙어 있죠. 웨스 영화 여러 편에 출연했고 이 영화에서도 호텔리어로 출연한 워리스는 아주 뛰어난 액세서리 디자이너이기도 해요.

웨스 앤더슨 감독의 평소 스타일을 묘사하자면 뭐라고 하시겠습니까?

'웨스 앤더슨 스타일'요.

십자 열쇠 협회의 라펠 핀과 조플링의 손가락 무기는 모두, 맨해튼에서 활동하는 액세서리 디자이너이자 웨스 앤더슨 영화에 자주 출연하는 배우 워리스 아러워리아가 만들었다.

위 왼쪽 아가사의 프로덕션 스케치. 위 오른쪽 촬영장에 있는 밀레나 카노네로. 아래 왼쪽 드미트리 의상 초안. 아래 오른쪽 마담 D의 세 딸(장례식 의상).

ACT

2

# 스노글로브 세계

**옆** 로케 촬영 장소를 헌팅하고 있는 웨스 앤더슨. 이곳은 독일 작센 주 만다우 강에 있는 하이네발드 성 계단이다. 이 성은 나중에 마담 D의 집 외관으로 이용됐다. 1392년에 영주의 저택으로 처음 지어진 이 성은 1753년에 프러시아 시종 본 카니츠가 증축했다. 하이네발드는 제2차 세계대전 때 독일군에게 잠시 점령됐고 나중에는 정치범을 수감하는 임시 강제수용소로 사용됐다.

**위** 카를로비 바리에 있는 호텔 임페리얼 항공 사진. 그랜드 부다페스트 호텔의 영감이 됐다.

**뒤** 온천 도시 카를로비 바리(당시 이름은 카를스바드)에 있는 그랜드 호텔 푸프의 포토크롬 이미지. 이 호텔이 그랜드 부다페스트 호텔에 영감을, 이 도시가 스토리의 배경이 되는 주브로브카 네벨스바드에 영감을 주었다.

웨스 앤더슨과 두 번째 인터뷰는 2013년 12월에 이루어졌다. 그는 뮌헨에 있는 어느 호텔에 묵으며 〈그랜드 부다페스트 호텔〉에 최종 손길을 입히고 있었다. 나는 뉴욕에서 평론가가 연말이면 으레 쓰는 '금년 톱 10 영화' 목록 같은 것을 쓰고 있었다.

마지막으로 대화를 나누고 몇 주 뒤, 나는 웨스트빌리지에 있는 서점에 들러 거기 있는 슈테판 츠바이크의 책을 모두 샀다. 그리고 열심히 읽었다. 또한 〈그랜드 부다페스트 호텔〉을 두 번째로 봤다. 이번에는 영화의 디자인을 눈여겨보았고, 영화 속 상상의 지리적 배경과 실제 촬영지의 지리적 배경 사이의 관계에 매료되었다. 사실이 환상이 되는 과정은 어떤 것일까? 놀랍게도, 두 번 보고 나니 〈그랜드 부다페스트 호텔〉이 꽤 다른 영화로 보였다. 처음 볼 때에는 전반적으로 가볍고 재미있는 영화였는데, 두 번째에는 무게가 느껴졌다. 아픔과 슬픔의 순간들이 두드러지며 거기서 얻는 위안도 더 확실했다. 감미로운 장면을 보면서도 앞으로 다가올 폭력과 죽음을 나도 모르게 약간 두려워했다. 긴 이야기를 들려주는 것을 좋아하면서도 결말이, 구스타브와 아가사는 물론, 다른 인물들의 결말, 모두의 결말이 어떻게 될지 슬프게도 잘 알고 있는 영화 내레이터의 우울과 나의 우울은 하나가 되었다. 다시 인터뷰할 때, 웨스 앤더슨 감독은 휴대폰을 손에 들고 호텔 방에서 벗어나 호텔 주변을 걸으며 나의 호기심을 충족시켰다. 우리는 로케이션, 장소 헌팅, 세트, 특수 효과 등 영화의 실제적인 현실을 이야기했다. 알렉상드르 데스플라가 맡은 영화 음악도 이야기했다. 수화기 너머로 자동차 소리와 새소리가 들렸다.

# The

## SECOND

## Interview

옆 카를로비 바리에 있는 젤레니스코크(스태그스 리프)의 포토크롬 이미지.
'소차 캄지카'로 알려진 이 동상을 영화 프로덕션 디자인팀이 약간 다른 형태로 변형해서 미니어처로 만들었다.

아래 괴를리츠에 있는 온천에 간 웨스 앤더슨. 여기서 영화의 목욕탕 장면을 촬영했다.

---

\* 미 의회 도서관 홈페이지에서 인용. "포토크롬 프린트 컬렉션에는 유럽과 중동 이미지 6,000장, 북미 이미지 500장 가까이 갖춰져 있다. 대부분은 1890년대와 1910년대 사이에 나온 프린트이며, 스위스 취리히에 있는 포토글로브 컴퍼니와 미국 미시간 주에 있는 디트로이트 퍼블리싱 컴퍼니에서 만들어졌다. 색상이 풍부한 이 이미지들은 사진처럼 보이지만 사진석판에 잉크로 프린트한 것으로, 크기는 대개 16.5X22.9센티미터다."

매트 졸러 세이츠 〈그랜드 부다페스트 호텔〉은 감독님이 만든 세상이죠. 그저 건물 하나나 허구의 나라 하나가 아니죠. 그 이상입니다. 아주 상세해요. 첫 번째 인터뷰에서 얘기했듯이 영화가 진짜 유럽이나 실제 역사를 배경으로 삼고 있지는 않지만, 어쨌든 영화 전반에는 역사적, 지리적 현실감이 흐릅니다. 허구의 유럽과 영화를 촬영한 실제 유럽 사이의 관계는 어떤 것인가요?

웨스 앤더슨 재밌어요. 요전에 러시아 기자, 리투아니아 기자와 얘기했는데, 아주 사소하지만 자기들 세상에 속한 것들이라서 자신들한테 무척 친숙한 것들을 영화에서 우리가 잘 집어냈다고 말하더군요. 우리한테는 환상 같은 것들이 그 사람들한테는 실제로 꽤 친숙한 것들이었어요. 작고 낯선 것들요.
가령, 그쪽 지방을 여행하다가 오래된 건물을 보면 도자기 재질로 된 스토브가 있어요. 나무를 때는 그런 스토브들인데 방마다 있어요. 우리가 들른 버려진 낡은 건물에는 꼭 방마다 있었죠. 버려진 건물들의 중심 같은 곳이죠. 철의 장막 뒤, 아니, 철의 장막 뒤였던 곳에는 손길이 닿지 않은 곳, 지난 세기의 것들이 1950년대에 아주 간단하고 얇게 가려져 그대로 남아 있는 곳이 아주 많아요. 그런 것들 중 하나가 그

나무 때는 스토브죠. 아주 큰 난로예요. 아주 무거워요. 시멘트로 고정돼서 옮길 수도 없죠. 아무도 훔쳐가지 않았어요. 우리 미술팀에서도 '이건 못 옮겨요'라고 했어요.
제가 포토크롬 이미지들 얘기를 했던가요? 혹시 한 적 있나요?

아뇨, 말씀하세요.

의회 도서관 웹사이트에 가면 포토크롬 컬렉션이 있어요.\* 19세기에서 20세기로 넘어가는 즈음의 유럽을 보여주는 사진들이죠. 흑백으로 찍어서 색을 넣은 것들이에요. 세계 곳곳의 자연과 도시 풍경을 볼 수 있어요. 인물은 없고, 풍경만 있습니다. 도로, 산길, 건물, 방…… 오스트리아 헝가리 제국, 프러시아 사진이 아주 많아요. 그 사진들이 〈그랜드 부다페스트 호텔〉에 큰 영감을 주었죠. 사진 속 오래된 호텔들 중에는 여전히 남아 있는 건물이 많아요. 그렇지만 지금도 그 모습 그대로인 곳은 없죠.

**한때는 호텔이었지만 지금은 아니라는 말씀인가요?**

여전히 호텔인 곳도 있어요. 하지만 예전 모습을 그대로 간직하고 있지는 않죠. 세월에 따라서 아주 많이 모습이 바뀌었어요. 관심이 가는 호텔들을 모두 연구했어요. 건물 외관이 그대로인 곳도 많고, 복도와 계단이 그대로인 곳도 있어요. 그 밖에도 그대로인 것들이 있죠. 그렇지만 방들과 그 방들의 장식 등의 모습은 예전에 호텔이 운영되던 모습의 잔영입니다. 시대에 따라서 달라지는 사람들의 생각이 적절한 방식으로 남은 것이죠.

**무슨 뜻인가요?**

사람들이 어떤 생각으로 장소를 변하게 하든, 그건 그 시대에 그 사람들이 처해 있는 상황에 따라 나온 생각이니까 적절하다는 뜻이죠.

**시대에 따라서 변하는 '적절한 방식'의 예를 들 수 있나요?**

어느 시점에서 공산주의가 나타나죠. 이 지역 건물에서는 공산주의 시대에 받은 영향이 특히 흥미로워요. 우리는 그걸 재현하려 했어요.

1930년대에는 화려한 호텔에 손님들이 최소한 한 달 이상 투숙했는데, 영화에서도 그런 모습을 보여주고 싶었어요. 사람들은 한 계절 내내 호텔에 묵고, 해마다 같은 호텔에 갔죠. 그리고 호텔 직원들도 바뀌지 않았죠. 완전히 다른 경험이죠.

하지만 주드 로와 머레이 아브라함이 나오는 부분은 공산주의 시대가 배경이고, 이데올로기 변화에 따라서 호텔도 변하죠. 공산주의가 건축의 세세한 면에 끼친 영향은 동유럽 곳곳을 여행하면서 알게 됐어요. 여행하고 관찰하고 조사하면서, 우리 스토리에 어떻게 생명을 불어넣을까 생각했죠.

**1960년대 장면들에서는 그저 쇠락한 느낌뿐 아니라 방치된 느낌도 있어요. 아름다움이 더 이상 중요하지 않은 것 같은 느낌요.**

호텔은 더 이상 부자들을 위한 화려한 장소가 아니죠. 훨씬 '민주적'이 됐죠.

**아이디어를 수집하러 간 동유럽 여행 얘기를 더 들려주세요. 시나리오를 쓰기 전에 했나요? 쓴 뒤에 했나요?**

전과 후, 다 했어요. 스토리와 연관된 장소들에 이미 가보았죠. 빈은 여러 번 갔어요. 제가 좋아하는 도시죠. 여기 뮌헨도 여러 번 왔고, 베를린도 마찬가지입니다. 칸 영화제에서 〈문라이즈 킹덤〉을 상영한 직후에 이탈리아로 가서 〈그랜드 부다페스트 호텔〉 스토리와 연관된 옛날 목욕탕이 있는 곳들을 봤어요. 부다페스트도 가고, 헝가리를 돌아다녔죠. 체코도 갔습니다. 카를로비 바리도 가고, 마리안스케 라즈네도 갔어요. 영화의 뼈대에 살을 붙이면서, 이런 장소들, 특히 카를로비 바리가 중요해졌어요. 영화에서 네벨스바드라고 부른 곳은 카를로비 바리를 모델로 했어요.

그다음에는 독일 곳곳을 여행했죠. 재정적인 문제, 스태프 문제, 조직 문제 등을 고려할 때 독일이 작업하기에 가장 좋은 곳이라고 생각했어요. 자동차를 몰고 독일을 아주 많이 돌아다녔어요. 마침내 백화점을 찾아냈죠. 그걸 호텔로 만들었죠. 괴를리츠에 있는 백화점인데, 일단 발견한 다음에는 그 도시를 조사하고, 영화를 만들기에 아주 좋은 곳이겠다고 생각했죠.

**괴를리츠는 어디죠?**

반은 독일(예전 동독 위치)에 속하고, 반은 폴란드에 속하는 곳입니다. 나이세 강 연변에 있어요. 그래서 우리는 독일에서 작업하고 폴란드에서도 조금 작업한 셈이죠. 그 백화점은 체코에서 25분 거리에 있어서, 체코에서도 조금 촬영했습니다. 그래도 대부분은 독일 작센 주에서 했죠.

**실제 촬영지는 지리적으로 한정됐군요?**

제가 그동안 영화들을 만들면서 깨달은 게 있다면, 저는 효과적으로 일하기를 좋아하고, 그런 이유로 먼 거리 여행을 좋아하지 않는다는 사실입니다. 그러니까 영화를 만드는 동안에 한곳에 머물기 위해서 평소에 먼 거리를 여행하는 거죠. 촬영하는 동안 일을 위해서 잠시 여기서 저기로 가야 한다면, 그 정도는 괜찮습니다.

그렇지만 사람들을 날마다 하루에 한 시간씩 이동하게 만들기는 싫습니다. 10분만 이동하면 필요한 곳이 나오게 하고 싶어요. 모든 사람들, 특히 배우들이 곧장 일을 시작할 수 있는 환경을 만드는 게 좋습니다.

**영화 촬영지를 헌팅하는 것은 어떤 기분이죠? 여기저기로 다니면서 뭘 찾기는 하지만 자신이 찾는 것이 무엇인지 명확하게 모르는 상태인가요?**

한때 철의 장막이었던 곳 너머의 독일을 돌아다니면,

아래 왼쪽 오스트리아 북부, 헝가리와 면한 국경 근처에 있는 호텔 샤프베르크의 포토크롬 이미지.

아래 오른쪽 카스파르 다비드 프리드리히가 드레스덴에서 즐겨 올라가던 언덕의 새벽빛을 포착한 1810년 작품 '리젠 산맥의 아침'. 〈그랜드 부다페스트 호텔〉의 풍경과 프로덕션 디자인에 큰 영향을 끼친 프리드리히는 풍경을 그저 인간의 배경으로 여기지 않은 혁신적인 화가다. 풍경 자체를 풍부한 영감이나 은유를 지닌 피사체로 눈여겨볼 만하다고 여기며, 자연과 인간의 관계를 드러내는 풍경화를 그렸다.

옆 〈그랜드 부다페스트 호텔〉에 삽입된 세 장면. 액자에 들어 있는 '그림'이 사실은 포토크롬이다.

버려진 건물이 아직 많아요. 보통은 세월에 따라 변했을 텐데 변함없이 그대로 있는 것도 많죠. 시대극을 만들 때에는 큰 이점이 됩니다.

괴를리츠로 골프 카트를 가져왔어요. 그걸 타고 촬영감독 로버트 예먼, 세트 디자이너 아담 슈토크하우젠과 함께 돌아다녔어요. 함께 열심히 찾아다니며 찾아낼 수 있는 것은 뭐든 찾아냈죠. 우리한테 필요한 것들이 아주 가까이에서 그냥 나타나다시피 했어요.

드레스덴에서 멀지 않은 켐니츠에 목욕탕이 있었어요. 위치도 좋고, 옛 모습에서 크게 바뀌지도 않은 곳이었죠. 그때까지 우리는 계속 고민 중이었어요. 머레이 아브라함과 주드 로의 목욕탕 장면 촬영을 위해서 이탈리아에서 찾은 목욕탕으로 갈까, 부다페스트 겔레르트 호텔에서 본 멋진 목욕탕으로 갈까. 그 장면들은 영화에서 작은 부분이지만, 목욕탕이 꼭 들어가야 합니다. 영화 속 마을이 온천으로 유명한 곳이고 물 때문에 가는 곳이니까요.

하루는 골프 카트를 타고 가다가 높은 벽돌 굴뚝을 봤어요. 뭔지 몰랐죠. 알고 보니 버려진 목욕탕 굴뚝이었어요. 가정집들 사이에 그냥 딱 있었죠. 눈앞에 두고도 찾아다니고 또 찾아다닌 거죠.

**처음에는 완벽해 보였지만 실제로 영화에 필요한 장소로 만들기 위해 많이 손봐야 했던 곳은 없었나요?**

이 영화는 풀기 어려운 퍼즐이었어요. 제가 상상한 장소가 실제로는 어디에도 존재하지 않았으니까요. 그래서 '우리가 쓸 수 있는 방법을 최대한 동원해서 그 장소를 만들자' 하는 태도였죠.

카를로비 바리에는 그랜드 호텔 펍이라는 호텔이 있

어요. 포토크롬 사진을 통해서 알고 있었죠. 저한테는 딱 맞는 곳이었어요.

펍에 갔는데, 사진 속 옛 모습과 비슷했지만, 덧붙여진 것들이 있었어요. 주차장이 있었고, 제가 찍고 싶었던 앵글은 나올 수 없었어요. 그리고 호텔 앞으로 강이 지나갔어요. 상황이 완전히 달라졌죠.

옛날 사진의 프레임 너머까지 상상했는데, 실제로 보니 호텔 주변 경치도 제 상상과 달랐죠. 결국, 제 머릿속에 들어 있던 펍은 더 이상 존재하지 않는 옛날 사진 속 펍과 제 상상이 결합된 장소였죠.

카를로비 바리에 다른 호텔도 있었습니다. 호텔 브리스톨 팰리스라는 곳이었죠. 외관도 흥미롭고, 제가 상상한 호텔과 비슷하게 언덕 높은 곳에 있었어요. 케이블카가 있는 임페리얼이라는 호텔도 있었죠. 뒤에 아주 멋진 소나무 숲이 있는 벨베데레라는 호텔도 있었어요. 스위스에 있는 기스바흐 호텔에도 케이블카가 있었어요. 호수에서 케이블카를 타고 호텔로 올라가게 돼 있죠. 카를로비 바리에 스태그스 리프라는 바위가 있어요. 1908년 포토크롬 사진으로 봤죠. 저희는 그곳을 미니어처 모형으로 만들었어요.

강 건너에 바트 샨다우라는 작은 도시가 있는데, 영화 속 마을처럼 오래된 온천 도시고, 고원 절벽 꼭대기에 마을이 있어요. 절벽을 따라서 30미터를 엘리베이터가 오가죠. 에펠탑 시기에 만들어진 거예요. 저희는 그 엘리베이터를 미니어처로 만들었어요. 저희가 만든 스태그스 리프 미니어처에 그 미니어처 엘리베이터가 올라가죠.

**풍경은 어디에서 영감을 얻었나요?**

**옆 위** 1932년의 그랜드 부다페스트 호텔 전면 외관은 영화 미술팀이 괴를리츠 연회장(스타트할레) 외관에 새로 지은 것이다. 호텔 입구 쪽 전면과 그 뒤에 보이는 기존 건물의 모습이 확연히 구분된다.

**옆 아래** 1968년의 호텔 전면(영화에서는 후반 작업으로 많이 바뀐 모습이 보인다).

**위** 지그재그가 점령한 1932년의 호텔 전면 앞에 서 있는 멘들 빵집 배달 트럭.

독일 화가 카스파르 다비드 프리드리히*의 그림들에 관심이 있었어요. 프리드리히 그림을 우리 식으로 만들어봤고, 그 그림들을 바탕으로 호텔 배경을 만들었어요. 호텔 식당에 있는 큰 그림도 프리드리히의 그림에서 땄죠.

**영화 디자인의 통일성을 얘기해볼까요. 특수 효과와 실제 로케이션 장소를 어떻게 통합해서 이 영화 속 세계를 만들었나요?**

이런 말을 하게 되는 상황이죠. "우리가 창조할 수 있는 것, 즉, 철저히 사실적이려고 애쓰는 것보다 재현하는 것에 더 관심이 가." 아주 사실적인 요소들을 디지털로 모두 만들 방법을 찾다 보면 결과물은 한계가 있다고 생각합니다. 저는 그림이나 미니어처를 쓰는 게 더 좋아요. 이 영화에는 그림과 미니어처가 아주 많죠. 저는 관객들을 바로 그런 세계에 있게 하고 싶어요. 우리는 원하는 분위기를 뭐든 만들 수 있고, 사실성을 넘어 어디로도 갈 수 있죠.

**목욕탕, 호텔 입구, 호텔 로비, 온실 같은 곳, 호텔 외관 등등 이 영화에서 많이 보이는 주요한 장소들이 있습니다. 이 장소들은 실제로 어디입니까? 실제 장소에서 촬영에 필요한 장식을 더한 것인가요, 아니면 세트인가요? 미니어처인가요? 특수 효과를 섞은 건가요? 그 모든 게 잘 어울려서 하나의 통일된 세계로 보이는데, 어떤 방법으로 그렇게 보이게 만들었나요?**

영화 속의 장소는 거의 실제 장소입니다. 그 안에 저희가 세트 같은 것을 만들었죠.

가령, 호텔 내부 기억하세요? 어디로 가도 온실로 통하는 호텔 로비 말입니다. 백화점 로비 위에 온실이 있어요. 스테인드글라스 창문 아치형 계단, 모두 실제 백화점에 있는 겁니다.

하지만 내부 벽은 모두 저희가 만들었습니다. 계단과 난간, 스테인드글라스, 채광창 등은 아니고, 온실 너머는 저희가 만든 세트입니다. 백화점에서 파는 상품들과 옷들이 있던 곳에 문이 달린 벽을 세웠죠. 그 문들은 '호텔 방'들이죠. 1층 뒤쪽도 세트를 지어서 카펫을 깔았습니다.

그 공간 안에 1960년대 로비 세트도 지었습니다. 호텔 직원 책상 등이 있는 계단참과 그 계단참을 받치는 기둥들도 마찬가지입니다.

그러니까 호텔 내부는 세트지만, 그 세트는 실제 건물 안에 만들어진 것이죠. 건물 자체는 저희가 만들 수 있는 것보다 훨씬 크고 거대하고 사실적이라고 할 수 있죠. 진짜가 거기 있는 거죠.**

**늙은 제로와 젊은 작가가 식사하는 식당은 어떤가요? 그곳도 로비로 쓴 백화점 내부인가요?**

아뇨, 거기는 괴를리츠에 있는 연회장입니다. 백화점과 같은 시기에 지어진 것 같아요. 아주 넓고 커다란 연회장을 큰 식당으로 만들었어요.*** 그리고 그 연회장 야외 주차장에 호텔 입구 전면을 만들었습니다.

**영화의 실내 디자인을 보면 그 시대의 분위기가 강한데, 실제 장소에서 벽 위에 세트를 만든 것이라고요?**

네, 세트죠. 합판을 썼어요.

**컴퓨터에서 만든 배경이나 미니어처를 통해서 더 웅장하거나 달라 보이게 만든 세트로는 어떤 곳이 있나요?**

아가사가 창으로 나가서 5층 높이쯤 되는 곳에서 건물 돌기 같은 것, 그런 걸 뭐라고 부르죠? 어쨌든 그런 데에 매달린 장면 기억하세요?

**네.**

실제로는 4미터도 안 되는 곳이죠. 그 너머는 다 미니어처로 붙인 겁니다. 호텔을 미니어처로 만들고 배우들이 매달린 장면과 앵글을 맞춰서 미니어처 호텔을 촬영했죠. 실제 크기의 세트도 보고, 미니어처로 채워진 그 옆의 이미지도 보는 거죠. 물론 시얼샤는 5층 높이 비계에 실제로 매달려 있었죠. 하지만 그 양옆은 굳이 지을 필요가 없었죠. 옛날에는 유리판에 그림을 그려서 썼겠죠.

**그렇게 작업하려면 촬영장에 도착했을 때 어떻게 촬영해야 할지 머릿속에 미리 확실한 그림을 담고 있어야 할 것 같군요.**

어떻게 진행될지 미리 더 많이 알고 있을수록 어떻게 할지를 더 잘 알게 되고 나중에 어울리지 않을 작업을 하는 실수도 줄일 수 있어요.

디지털 특수 효과를 잘 만들어도 합성과 전체 구성이 어긋날 가능성은 너무 많죠. 확실한 계획이 있으면 '여기

**왼쪽** 코박스로 분한 제프 골드블럼. 세트로 지은 문의 반대편에서 본 모습.

**옆 위** 창턱에 매달린 아가사의 스토리보드 그림.

**옆 가운데 왼쪽** 위 모습을 촬영한, 합성하지 않은 장면.

**옆 가운데 오른쪽** 완성된 영화의 스틸 장면. 미니어처 호텔을 합성해서 호텔의 요소를 완성하고, 눈에 덮인 길바닥을 디지털로 만들었다.

**옆 아래** 토니 레볼로리의 제로와 시얼샤 로넌의 아가사가 호텔 외관 세트에 매달려 있다. 카메라와 음향 장비도 보인다.

**뒤 왼쪽** 와이드 숏에서 보일 미니어처 호텔의 사전 스케치와 영화의 미니어처팀이 미니어처 호텔을 제작하는 과정 등장.

**뒤 오른쪽** 완성된 미니어처 호텔의 두 가지 모습. 뒤에 있는 그린 스크린에는 후반 작업 때 숲이 우거진 산이 디지털로 합성될 것이다. 영화에서 보는 호텔의 모습으로, 모든 요소가 제자리를 잡고 완성됐다.

———————————————

\* 102쪽의 사진 설명 참조.

\*\* 〈그랜드 부다페스트 호텔〉 제작자 제레미 도슨은 2014년 〈인디펜던스〉지의 인터뷰에서 괴를리츠 바렌하우스에 대해 '골조가 아름답다'고 말했다.

\*\*\* 늙은 제로가 젊은 '작가'에게 자기 스토리를 들려주는 식당은 실제로는, 라이헨베르크 가에 있는 구 시청 내부 공연장 공간이다. 1910년에 지어진 건물로, 〈그랜드 부다페스트 호텔〉 스태프들이 도착했을 때에는 아무도 쓰지 않은 오래된 상태였다. 화가 마이클 렌츠가 뒤쪽 벽에 그린 벽화는, 영화 전반적으로 기본 시각 스타일에 영향을 준 카스파르 다비드 프리드리히 풍이다.

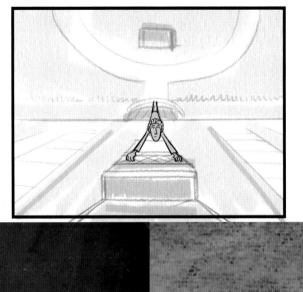

**위** 그린 스크린을 디지털로 지우고 아직 합성하기 전의 스태그스 리프 미니어처와 완성된 영화의 스틸.

**아래** 미니어처 엘리베이터를 달리 트랙에 놓은 카메라로 촬영하는 모습(영화에서는 엘리베이터가 대각선으로 이동하지만, 이 트래킹 숏에서는 편의를 위해 가로로 이동하는 점을 눈여겨볼 것)과 완성된 영화에서 보게 되는 것과 비슷한 각도로 잡은 케이블카의 모습.

**옆 위** 가벨마이스터 피크에 있는 관측대의 스케치와 청사진. 스위스에 있는 스핑크스 관측대를 참조했다.

**옆 가운데** 그린 스크린 앞에 놓인 가벨마이스터 피크 관측대 미니어처와 후반 작업에서 눈풍경이 덧붙여진 완성된 영화의 관측대.

**옆 아래** 그린 스크린 앞에 놓인 미니어처 케이블카와 완성된 영화에서 보는 케이블카의 모습.

서 우리는 정확히 이걸 만들어야 해요. 그래야 다른 데에서 만드는 것들과 잘 맞을 수 있어요.' 같은 말을 할 수 있죠. 그리고 그때 만들어야 하는 것을 더 잘 만드는 데 집중할 수 있죠.

**감독님은 '드러내는' 영화를 만드는 것으로도 유명합니다. 제 말은, 감독님은 영화 속의 환상적인 이미지가 실제로 현실에 존재하는 것처럼 관객을 속이려 하지 않는다는 뜻입니다. 가령, 이 영화의 끝부분 가까이에 나오는 스키 추격을 보면, 사실적인 스키 추격으로 보이기를 바라지 않는 게 분명하죠. 그 시퀀스에서 배경을 합성한 방식이나 사람들이 움직이는 모습은 옛날 영화의 장면 같아요. 〈마터호른의 구피〉 같은 옛날 디즈니 만화 같습니다.**

옛날 영화 테크닉을 쭉 쓴 것은 맞습니다. 저희는 눈이 배경이 되는 빅토리아 시대 인물 사진들을 발견했어요. 가짜 눈이 있는 작은 세트에서 크리스마스 즈음에 사진을 찍었죠. 스노글로브랑 비슷한 이미지인데 그 안에 사람이 포즈를 취하고 있는 셈이죠. 그런 느낌을 주고 싶었어요. 골동품 같은 느낌요. 슈테판 츠바이크의 『낯선 여인의 편지』를 각색한 막스 오퓔스 영화에 한 장면이 있는데……

**네, 조안 폰테인이 뛰어난 연기를 보인 1948년작이죠.**

네, 조안 폰테인. 작고한 지 얼마 안 됐죠! 기차 타는 장면 기억나세요? 기차 같은 놀이동산 탈것 타는 장면 말입니다. 거기서 풍경이 빙글빙글 돌아가죠? 돈을 내고 작은 객차 같은 곳에 앉는 거죠. 만국 박람회에 있는 탈것 같은 거죠. 스키 추격 장면에서 그런 느낌을 주고 싶었어요.

그렇지만 영화를 보는 관객한테는 그게 스키 추격으로 보여야죠. 영화의 등장인물에 관객이 동화되었을 때에는, 관객이 인물을 비웃게 하면 안 돼요. 관객이 인물과 함께 달리는 것처럼 느끼게 하고 싶었어요. 그렇지만 007의 스키 추격과 비교하자면, 어떤 면에서, 완전히 반대 방향으로 간 건 확실하죠.

**기차 얘기를 해보죠. 기차 장면들은 모두 실제 기차에서 촬영했나요?**

증기 기관차에서 촬영하려고 했어요. 하루는 기차를 타고 작센 남부를 돌아다녔죠. 아직 운행되는 관광열차 같은 것이었어요. 그렇지만 기차 내부는 모두 저희가 만들었습니다.

**'내부'라면 '기차 실내 장면은 모두 세트 촬영'이라는 뜻인가요?**

그렇습니다. F. 머레이 아브라함과 주드 로가 대화를 나누는 커다란 식당 기억나세요? 그 자리에 기차 내부 세트를 지었죠.

**그린 스크린을 놓고 찍은 뒤에 배경은 디지털로 합성했나요?**

아뇨, 세트를 다 지었습니다. 꽤 큰 세트죠. 기차 복도도 붙어 있으니까요. 창밖은 그냥 날려버렸습니다.[*]

**옆 위** 영화의 클라이맥스에서 제로와 구스타브와 조플링이 달리는 눈밭을 그린 스크린을 배경으로 촬영한 미니어처로, 후반 작업에서 배경 요소들과 배우들을 넣어서 합성했다.

**옆 아래** 완성된 영화에서 조플링을 뒤쫓는 제로와 구스타브의 시점 숏.

**오른쪽** 슈테판 츠바이크 소설을 원작으로 막스 오퓔스가 1948년에 만든 영화 〈미지의 여인에게서 온 편지〉. 주연은 조안 폰테인과 루이 주르당.

---

[*] 촬영 감독 로버트 예먼이 설명한다. "웨스가 말하는 '날린다'의 뜻은 세트로 만든 기차 창문 뒤에 커다란 흰색 실크 천을 두고 거기에 뒤에서 조명을 비추는 겁니다. 그러면 촬영할 때 배경만 과다노출되어서 기본적으로 '하얗게 날아갑니다'. 이 장면의 배경이 눈밭이니까 적절한 방법 같았습니다."

앞에는 배우들이 보이고 창 너머로 기차 밖에 군인들과 다른 것들이 보이는 장면이 있죠? 그건 저희가 지은 세트에서 벽을 떼서 밖으로 가져온 다음 달리에 올리고 배우를 그 옆에 앉혀서 촬영했어요. 그 시퀀스에서 딱 한 컷, 그 장면만 달리가 기차가 됐죠.

**배우들이 실제로는 달리에 앉아 있지만, 기차에 앉은 척 연기하게 한 것이군요?**

기차 객석에 앉아 있는 척한 거죠. 기차 신에서 딱 한 컷씩만 그랬어요.
영화 한 편에는 자잘한 눈속임들이 가득 섞여 있을 때가 많죠. 앞서 말했듯이, 영화 전체를 미리 스토리보드로 만들면, 장면들을 구현할 방법을 어렵지 않게 찾아낼 수 있어요.

**그 기차 컷에서 창문 밖에 그린 스크린을 두고 나중에 차창 밖의 풍경을 넣어도 되잖아요, 그게 더 쉽지 않아요?**

'더 쉽다'는 게 뭔지 저는 잘 모르겠어요. 그린 스크린도 열차 컷을 완성하는 하나의 방법일 수 있죠. 그런데 이걸 생각하세요. 그린 스크린으로 열차 컷을 찍는다 해도, 움직이는 차창 너머로 보이는 군인들, 아니면 차창 밖으로 보이는 것 무엇이라도 밖에 나가서 촬영해야 해요. 그 부분은 어쨌든 촬영해야 합니다.

그러니까 그린 스크린을 쓰는 신을 촬영한다면 두 가지 컷을 찍어서 나중에 합쳐야 하는데 〈그랜드 부다페스트 호텔〉에서 한

것처럼 열차 창문 컷을 촬영하면 한 컷이면 되는군요. 한 단계를 줄였네요.

맞아요. 그리고 조금 더 확실하죠.

**무슨 뜻이죠?**

현장에서 제대로 되는지 곧장 확인할 수 있죠. 그린 스크린이나 디지털을 쓰지 않아도 해결할 수 있을 때에는 저는 항상 안 하는 것을 택해요. 그린 스크린을 쓸 때에는 촬영한 것이 나중에 혹시 안 맞을지도 모르죠. '왜 이렇게 안 맞지?' 하고 느낄 때가 많아요. 그렇지만 카메라로 다 해결하면 그런 일은 생기지 않죠. 그리고 제대로 촬영한 것에 나중에 디지털로 효과를 더하고 싶으면 그건 얼마든지 잘돼요.
이 영화에도 디지털 효과가 아주 많이 쓰였어요. 그렇지만 이미 촬영한 것을 더 유연하게 만드는 데 쓰인 효과가 대부분이죠. 구성하는 역할이죠. 컴퓨터로 만든 것들로 화면 전체를 채우는 일은 하지 않아요.

**음악 얘기를 해볼까요. 앞서 두 영화의 음악을 작곡한 알렉상드르 데스플라와 작업하셨어요.**

알렉상드르와 하는 작업 방식이 재미있어요. 알렉상드르는 음악을 길게 스케치해서 가져오죠. 그러면 저는 그 음악 스케치를 영상에 맞추는 작업을 음악 편집자와 함께 해요. 그러면 제가 다시 알렉상드르를 만나서 같이 생각하고 알렉상드르는 음악을 더 다듬

위 기차 창밖을 바라보는 랄프 파인스를 지도하는 웨스 앤더슨. 실제로 차창은 레일에 올린 합판 바닥 위에 창문만 세운 것.

옆 제로와 구스타브를 태운 기차가 허허벌판에서 군인들 때문에 멈추는 시퀀스. 왼쪽은 애니메이션 스토리보드의 장면들, 오른쪽은 그 스토리보드 그림에 해당하는 완성된 영화 장면들.

Why are we stopping at a barley field?

M. GUSTAVE
Well, hello there, chaps.

19 October
Closing of the Frontier

죠. 작곡가와 음악 편집실 사이를 오간다고 할까요. 작곡가에게 갔다가, 편집실로 다시 갔다가, 저희한테는 잘 맞는 시스템이에요.

**영화 음악을 오케스트라가 녹음할 때, 스튜디오에 오케스트라 단원들이 모두 와서 가편집된 영화를 보며 한 사람의 지휘에 따라 함께 연주하는 경우가 많죠. 〈그랜드 부다페스트 호텔〉도 그랬나요?**

〈판타스틱 Mr. 폭스〉에서는 그랬어요. 오케스트라가 다 나오고, 알렉상드르가 지휘했죠. 그런데 〈문라이즈 킹덤〉과 이 영화는 녹음 때 알렉상드르가 못 나왔어요, 다른 영화 음악 작곡 때문이었죠. 〈문라이즈 킹덤〉과 〈그랜드 부다페스트 호텔〉 음악 녹음 때에는 알렉상드르가 오케스트라 리더를 추천했고, 그 사람이 지휘도 맡았죠. 〈문라이즈 킹덤〉에서는 콘래드 포프가, 〈그랜드 부다페스트 호텔〉에서는 마크 그레이엄이 맡았죠. 두 사람 다 훌륭했어요.

이번 영화에서는 풀 오케스트라가 모든 음악을 한꺼번에 녹음하는 걸 바라지 않았어요. 사실, 한꺼번에 녹음할 수도 없었죠. 알렉상드르가 녹음 현장에 올 수 없었으니까요. 〈문라이즈 킹덤〉에서 썼던 방법을 여기서도 썼고 효과가 있었죠. 저희는 아주 효과적인 작업 방법을 개발했거든요.

발랄라이카 연주, 그러니까 발랄라이카 연주자들이 여럿 모여서 연주하는 곡이 영화 음악 전체에서 아주 큰 부분을 차지하는데, 그걸 파리 외곽에서 녹음했어요. 그다음에 골더스그린 근처에 있는 햄스테드 근처 교회에서 파이프오르간 연주를 녹음했죠. 그다음에 세인트존스우드에 있는 AIR 스튜디오에서 다른 악기들을 녹음했어요. 침벌롬을 녹음하고, 금관 악기와 목관 악기를 전부 녹음하고, 이런 식이었죠. 알렉상드르가 만든 곡에는 타악기 파트도 있었어요. 온갖 타악기를 다 잘 다루는 폴 클라비스한테 의뢰했죠. 폴은 타악기들을 하나씩 따로 녹음했어요. 그걸 저희가 다시 편집했죠.

**음악을 그렇게 '모듈러' 방식으로 녹음하면 감독님의 재량이 아주 늘어날 것 같습니다. 레이어들로 음악이 있는 셈이죠. 영화를 편집할 때 어떤 신에서 음악을 듣다가 '이 신에서는 악기를 너무 많이 쓰지 않는 게 좋겠어. 너무 산만해' 같은 결정을 내릴 때도 있겠어요.**

**40인조 오케스트라를 한꺼번에 녹음하지 않았으니 원하는 느낌이 나올 때까지 악기를 하나씩 뺄 수도 있겠군요.**

맞습니다. 음악을 완전히 나눠서 녹음했기 때문에 한 번에 하나씩 집중할 수 있었죠. 나중에 구성과 편곡을 바꾸는 것도 가능했어요. 모든 파트가 분리돼 있으니까 저희가 원하는 방식으로 음악을 편집할 수 있었죠.

〈문라이즈 킹덤〉에는 영화의 많은 부분이 음악에 맞춰져 있어서 영화의 스토리보드 스케치 버전에 맞춰서 음악 스토리보드 같은 것을 만들었어요. 〈그랜드

부다페스트 호텔〉은 그렇게 할 수 없었어요. 이 경우에는 영화를 다 촬영한 뒤에 전체 음악이 만들어졌고, 영화를 편집하는 등의 작업을 할 때에는 아시다시피 아주 힘들어지죠.

**악기 편성에 대해서는 어떤 대화를 나눴나요?**

영화 촬영 전부터 그레고리오 성가에 대해서 얘기했어요. 발랄라이카와 침벌롬도 많이 얘기했죠. 산에서 산으로 신호할 때 쓰는 알펜호른이라는 관악기도 얘기하고, 실제로 영화에 조금 쓰기도 했어요. 알렉상드르가 쓰지 않은 요들도 썼어요. 저작권을 받았어요. 베르너 헤어조크의 영화 〈유리의 심장〉에서 가져왔어요.

**헤어조크의 영화에 나온 요들이 영화 음악에 들어갔다는 뜻인가요?**

아, 결국에는 〈유리의 심장〉에 나온 그 음악을 쓰지 않았는지도 모르겠네요. 다른 것을 썼을 수도 있어요. 〈유리의 심장〉에 나온 바로 그 곡을 쓰지는 않더라도 아주 비슷한 걸 썼어요. 스위스 북부 지방 요들이죠. 중세 시대부터 시작된 것 같아요. 자우에를리라고 불리죠.

**음악 슈퍼바이저 랜달 포스터 얘기를 하지 않을 수 없군요. 감독님이 '베르너 헤어조크 영화에 나온 요들을 쓰고 싶은데 찾아낼 수 있어?' 하고 랜달 포스터한테 말했겠죠?**

영화에서 음악에 관계된 모든 일에 있어서는 랜달이 제작자라고 할 수 있죠. 랜달은 편집실에 정기적으로 와서 영화에 관여하죠. 그러다가 어느 시점에 들어서면 우리는 모든 걸 함께합니다. 음악 작업에 들어가면, 늘 랜달이 제 옆에 있고, 우리는 원하는 걸 함께 해결하죠. 함께해요. 필요한 게 있으면 어디라도 함께 가요. 런던에서 녹음할 때, 연주가들과 녹음 기술자들을 다 알고, 노조 문제도 알고, 사람들의 노동 시간과 인건비가 얼마나 될지도 알고, 연주가들하고 '두 번 녹음할 필요는 없으니까 한 번 반만 합시다' 같은 협상을 할 수 있는 사람을 옆에 둘 수도 있죠. 그렇지만 헝가리 침벌롬 연주자를 찾을 때에는 조금 더 까다로워지죠. 랜달은 그런 사람까지 찾아낼 줄 알죠.

**이 영화 음악은 아주 농도가 진합니다. 옛날 영화 음악 같아요. 모티프가 많고 유머는 거의 없어요. '음악적 장식'이라고 표현할 만한 것도 있어요. 음악을 통해서 화면 속 코미디를 다른 수준으로 끌어가는 장면들이죠.**

**가령, 가벨마이스터 피크에서 액션이 벌어질 때, 구스타브와 제로가 케이블카에서 다른 케이블카로 옮겨 타는 장면이 있죠. 첫 케이블카가 멈출 때 삐걱 소리가 나죠. 두 번째 케이블이 멈출 때에도 음악에 맞춰서 삐걱거립니다. 그러다가 두 사람이 수도원에 들어갈 때, 이미 진행 중인 음악과 딱 맞춰 그레고리오 성가가 나오죠.**

그레고리오 성가나 그런 것들은 시나리오에서 미리

M. GUSTAVE SUITE

잘 계획된 것이라 할 수 있어요. 케이블카의 삐걱 소리는 나중에 넣었어요. 음악이 녹음된 뒤 편집 과정에서 넣었죠. 사실, 케이블카의 삐걱 소리는 음악에 맞춰서 들어갔어요.

**후반 작업을 할 때 '케이블카가 삐걱거리는 영상을 조금 늦춰서 음악이랑 맞출 수 있어요?' 같은 요구를 했다는 뜻인가요?**

약간 맞췄죠.

그다음에는 스키 추격 장면으로 가서 알렉상드르 데스플라는 007 영화 같은 음악을 넣었어요.

악기 구성에서 호른을 조금 더 썼죠.

**잠시 그가 존 배리*가 되는 것 같았어요.**

그 시퀀스는 〈007 여왕 폐하 대작전〉을 염두에 두고 만들었어요. 스키 추격이라는 콘셉트 전체가 그 영화에서 나왔죠. 저희는 그것을 그냥 스노글로브처럼 만들었고요.

위 스키 추격 시퀀스에서 구스타브 역의 랄프 파인스와 제로 역의 토니 레볼로리. 두 배우가 화이트 스크린 앞에서 연기하고, 대형 선풍기로 머리카락과 옷이 날리는 바람 효과를 냈다. 그리고 그 옆은 디지털로 배경을 넣어 완성된 장면.

**왼쪽** 〈그랜드 부다페스트 호텔〉에서 스키와 봅슬레이 추격전에 조플링이 신발을 스키에 끼우는 장면.

**왼쪽 아래** 피터 R. 헌트 감독의 1969년 영화 〈007 여왕 폐하 대작전〉에서 스키 추격 시퀀스가 시작되는 장면.

**옆** 〈007 여왕 폐하 대작전〉에서 클라이맥스가 되는 봅슬레이 추격 시퀀스의 장면들. 이 시퀀스가 감독 웨스 앤더슨과 작곡가 알렉상드르 데스플라에게 중요한 영감이 되었다.

* 존 배리(1933~2011)는 86편의 영화에서 음악을, 24편의 텔레비전 프로그램에서 주제곡이나 삽입곡을 작곡했고, 〈야성의 엘자〉(1966), 〈겨울의 라이온〉(1968), 〈아웃 오브 아프리카〉(1985), 〈늑대와 춤을〉(1990)로 아카데미 상을 수상했다. 그러나 가장 널리 알려진 작업은 1962년 〈007 살인번호〉부터 1987년 〈007 리빙 데이라이트〉까지 11편의 제임스 본드 영화 음악일 것이다.

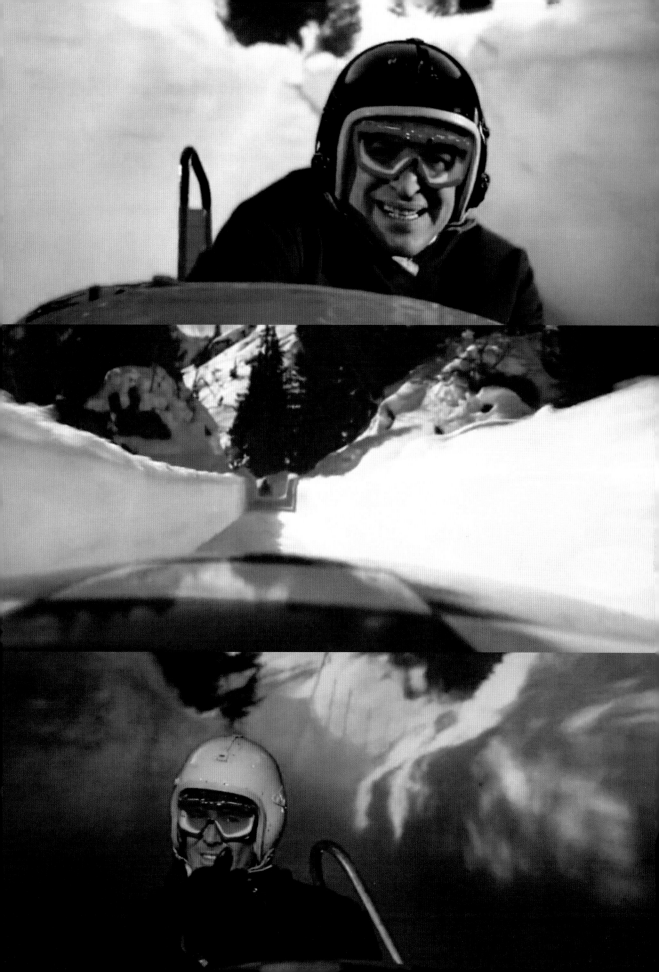

# the music
# of the
# grand
# budapest
# hotel:
# a place,
# its people, and
# their story

## olivia
## collette

**THE GRAND BUDAPEST HOTEL**

**Concert Score**

CONDUCTOR

# 2M1

*"Daylight Express to Lutz - pt1"*

Music by
Alexandre Desplat

**Matches stereo mixes:**
**2M1A-SF-Daylight Express to Lutz-pt1-Cut34-2.00.08.00-2108b**
**2M1B-SF-Daylight Express to Lutz-pt2-Cut34-2.01.33.15-2108b**

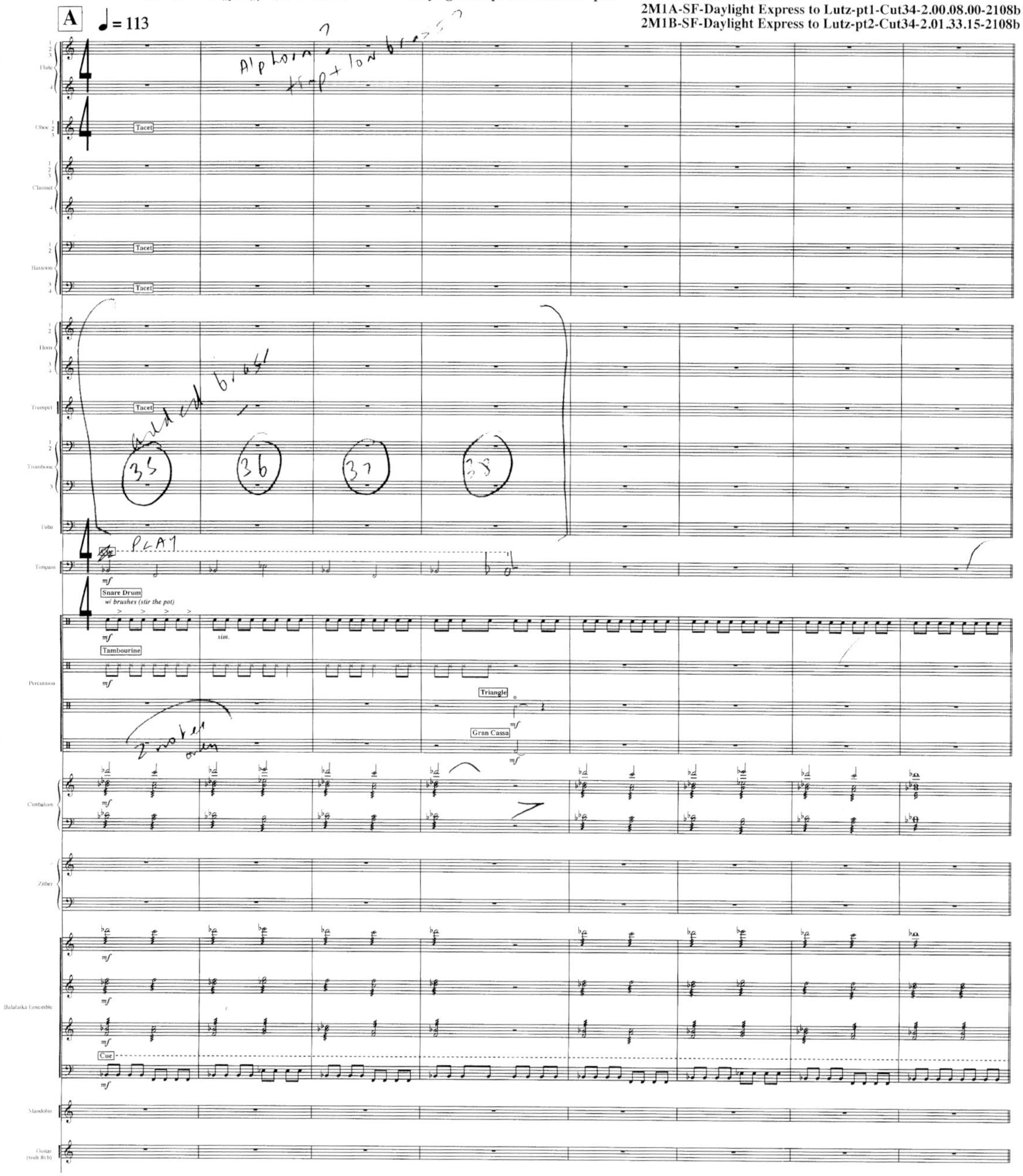

# 장소와 사람과 이야기
〈그랜드 부다페스트 호텔〉의 음악

올 리 비 아   콜 레 트

## an introduction

**나**는 〈그랜드 부다페스트 호텔〉음악에서 동유럽 민요 분위기를 느꼈다. 왜 그랬을까? 속도, 스타일, 두드러진 악기 하나. 이 세 가지의 조합 때문이었다. 그 악기가 무엇인지는 나도 금방 알아챌 수 없었다. 약간 조율이 덜 된 피아노나 하프시코드 같았다. 현을 두드리는 소리인지 뜯는 소리인지도 구분되지 않았다. 작곡가 알렉상드르 데스플라의 악기 편성을 본 뒤에야 나는 내가 모르던 악기가 침벌롬임을 깨달았다. 그리고 생각했다. 그래, 정말 적절하네. 고전 음악 작곡가들은 침벌롬을 종종 쓰는데, 주로 민속적인 분위기를 낼 때 쓴다. 영화 음악 작곡가들은 이국적 배경, 즉 유럽을 드러내는 지름길로 종종 쓴다. 침벌롬 소리는 신비롭고 매혹적이다. 이런 소리의 성격은, 묘하게 음이 안 맞는 듯하고 어떻게 연주되는지 알아채기 힘든 침벌롬의 특징으로 더 강화된다.

침벌롬은 덜시머의 일종이다. 피아노의 공명판이 노출된 채 네 다리 위에 실로폰처럼 가로로 놓여 있다고 상상하면 된다. 연주자는 가죽을 씌운 망치 두 개를 들고 현을 친다. 또 손으로 현을 뜯어서 음을 길게 끌거나 멈출 수도 있다. 음이 안 맞게 들리는 이유는 애초에 음을 맞추기가 너무 어렵기 때문이다. 현을 교체해야 할 때 적절한 대체물을 찾기 힘들어서 갖가지 것들에서 가져오는 등 여러 힘든 상황에서 만들어지므로 질의 기준이 일정하지 않다.

내가 이 구조를 열심히 설명하는 이유는, 아무리 웨스 앤더슨 영화라고 해도 우리가 상업 영화에서 예상하는 세련되고 정제된 음악과 이 다루기 힘든 악기의 소리는 확실히 대조된다는 점을 강조하고 싶기 때문이다. 침벌롬 소리는 실체감이 확연하다. 수제품의 소리가 난다. 수제품이기 때문이다. 웨스 앤더슨의 영화도, 점점 더 디지털화, 가상 현실화되는 시대의 관객에게도 어필될 수 있는 선까지 수제품이다.

무엇보다, 데스플라는 진짜 악기를 연주하는 진짜 연주자로 구성된 오케스트라를 쓰지만, 〈그랜드 부다페스트 호텔〉 악보의 현악 부분 악기 구성은 일반적으로 할리우드 음악에서 쓰이는 바이올린, 비올라, 첼로, 콘트라베이스가 아니다. 대신 들고 다닐 수 있는 민속 악기를 택했다. 기타, 만돌린, 발랄라이카(현이 세 개인 삼각형의 러시아 기타), 국제적인 치터(시타르와 이름도 비슷하고 소리도 비슷하다. 류트에서 목을 뺀 것 같고, 현이 아주 많다. 지미 페이지가 왜 치터를 연주하지 않았는지 모르겠다).

데스플라는 고전 음악과 민속 음악을 결합하여 '부다페스트'의 정수를 불러온다. 오늘날 부다페스트는 헝가리의 수도이다. 이전에는 오스트리아 헝가리 제국에서 빈에 이은 두 번째 도시였고, 오스트리아 헝가리 제국은 지도에서 동양과 서양이 만나는 지점이었던(여전히 그런 지점인) 중앙 유럽의 집합체였다. 악보의 첫 음부터—우연히도 요들이다—험준한 산꼭대기에 올라가서 '유럽이다!' 하고 외치는 소리를 들을 수 있다.

글쎄, '유럽' 그 자체가 아니라, 상상의, 이종 교배된 유럽에 더 가까운지도 모른다. 데스플라의 기묘한 악기 구성과 작곡법은 영화의 배경인 허구의 유럽 국가 주브로브카로 우리를 안내하는 역할 이상을 한다. 허구의 스토리를 강화한다. 〈그랜드 부다페스트 호텔〉의 음악은 민속의 영역으로 들어가서 두 시간 동안 거기 푹 빠져있게 만들어서 영화 스토리를 더욱 현실로 느끼게 한다. 불편하고 외딴 언덕 꼭대기에 지어진 화려한 건물들—호텔, 수도원—이 있다. 과장된 악당(드미트리 데스고프 운트 탁시스와 J. G. 조플링), 용감한 고아(제로), 사랑스러운 협잡꾼 주인공(구스타브), 강인한 여성들(마담 D와 아가사), 묘하게 비틀어 인용한 실제 역사(ZZ: 지그재그 디비전) 등도 있다. 네벨스바드를 통틀어 빵을 만드는 주방장은 딱 한 명뿐이지만, 수데텐발츠 산악 지대에서 맛볼 수 있는 달콤한 음식으로는 최고의 것을 만든다.

이런 옛날이야기에 음악이 어떻게 덧붙여져야 할까?

구스타브를 처음 소개하는 멋진 장면을 생각해보라. 두 가지 명확한 요소로 강조된다. 트레몰로와 첼레스타.

트레몰로는 하나의 음이나 코드를 반복하는 연주법이다. 트레몰로가 없으면 플라멩고도 없다. 그런 면에서는 딕 데일도 없다.

첼레스타는 이름부터 '천상'을 뜻하는 celestial을 연상시키며, 그 종소리는 다른 세상을 표현하는 데 자주 쓰인다. 차이코프스키의 〈호두까

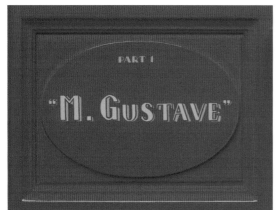

구스타브를 소개하는 장면들과 악보.

기 인형〉에서 '사탕 요정의 춤'이 가장 기억에 남는 것도 첼레스타 때문이다. 존 윌리엄스가 작곡한 〈해리 포터〉의 주제 음악이 그렇게 기이하고 신비로운 이유도 첼레스타다.

구스타브가 처음 소개되는 장면은 구스타브의 정수를 보여준다. 즉, 마담 D를 맞을 준비로 완벽한 테이블 세팅에 열중하는 모습이 나온다. 이때 데스플라가 구성한 특별한 현악기들의 트레몰로는 천사들의 합창을 완벽하게 대신하며, 구스타브를 더욱 빛나게 한다. 그 사이에 첼레스타는 반짝반짝 지저귀며 요정의 마법 가루를 구스타브에게 뿌린다.

구스타브가 〈그랜드 부다페스트 호텔〉에서 그 자체로 존재하는 인물이라고 말할 수는 없다. 그는 제로가 회고하고 추모하는 렌즈를 통해 나타난다. 스토리를 관객에게 들려주는 사람은 '작가'이며, 그가 전달하는 스토리는 제로의 회상이다. 구전되는 옛이야기가 으레 그렇듯, 여기에서도 여러 차원의 우상 숭배가 있다. 구스타브를 소개할 때 나오는 음악은 이런 요소들을 모두 수반한다. 클로즈업된 잘생긴 얼굴에서 카메라가 물러서며 호텔 스위트룸을 분주히 오가는 와이드 숏이 될 때 바삐 몰아치는 데스플라의 음악은 구스타브를 움직이게 하는 힘이 되는 것 같다. 그 첫 등장부터 구스타브는 살짝 신격화된다.

그 서곡은 관객이 경험상, 이렇게 끝나겠지 하고 예상하는 음으로 끝맺음되지 않는다. 하나의 해결로 끝난다. 구스타브의 서곡은 마담 D와 만나면서 끊기는데, 그 장면은 침벌롬을 많이 쓴 음악 테마가 있지만, 침묵 속에 이루어진다.

작곡가가 음악을 그렇게 끊는 것은 무엇을 의미할까? 그 장면을 보는 관객에게 어떤 영향을 줄까? 관객은 허공에 떠 있게 된다. 사소한 손질 같지만, 나중에 돌아보면 시나리오뿐 아니라 음악을 통해서도 스토리의 모티프가 표현되는 첫 번째 예다. 구스타브는 항상 허공에 떠 있게 된다. 그림을 받게 됐지만, 그 권리를 주장할 수 없을 것이라고 생각하게 된다. 감옥에 가고, 절대로 못 나올 걱정에 휩싸인다. 탈옥한 뒤에는 호텔로 돌아가 '사과를 든 소년'을 되찾을 정교한 사기극을 꾸민다. 코믹한 클라이맥스 직전, 구스타브는 절벽에 매달림으로써 허공에 떠 있는 인물이라는 개념이 구체화되기도 한다. 구스타브가 마지막이라고 생각하며 시를 낭송할 때 나오는 음악도 중간에 뚝 끊긴다. 제로가 극악무도한 조플링을 밀어뜨리고 우리의 영웅을 죽음에서 구할 때도 음악이 끊긴다.

이것은 데스플라가 매트 졸러 세이츠와 인터뷰할 때 말하기도 했다. 웨스 앤더슨은 뜻밖의 곳이나 거슬리는 곳에서 음악과 악기 소리가 느닷없이 멈추는 것을 좋아한다. 〈그랜드 부다페스트 호텔〉에서 그렇게 갑자기 찾아오는 기묘한 정적들은 구스타브가 장교들의 손에 갑작스레 맞는 죽음을 예고하는 것이라고 해도 그리 지나친 말은 아닌 것 같다.

다른 인물들도 데스플라의 섬세하고 즐거운 곡으로 마땅히 음악적 성격을 부여받는다. 스펙트럼의 나쁜 쪽 끝에 있는 드미트리와 조플링은 무겁고 진한 파이프오르간과 연관되는 경향이 있고, 해먼드오르간도 두어 번 등장하는데, 해먼드오르간은 파이프오르간의 가정용 변형판일 뿐이다. 장례식 분위기의 파이프

오르간 소리는 살인마 같은 두 인물을 부각시킨다. 야비한 두 사람에게 코믹한 위엄을 부여하는데, 악기 자체가 근엄하고 무서운 종교적 경험과 아주 널리 연결되어 있기 때문이다. 즉, 출생과 결혼, 죽음의 예식이 이루어지는 장소, 교회에서 듣게 되는 악기 소리다. 소리가 집요하게 메아리치는 공간, 경배의 장소에서 연주될 때, 파이프오르간 소리는 계속 울린다. 기독교인에게 일어서라, 무릎을 꿇어라, 노래해라, 나가라 등을 명령하는, 어느 모로 보아도 강압적인 악기가 파이프오르간이다.

데스플라는 드미트리와 조플링의 성격을 오르간으로 규정한다. 두 사람은 권위를 내세우는 인물이며 순수 의지의 피조물이다. 마담 D의 마지막 유언장을 낭독한 뒤 드미트리가 구스타브에게 대들 때 오르간이 나온다. 조플링이 서지 X의 누이를 찾아가서 캐묻는 장면은 오르간으로 시작되고 끝난다. 빌모스 코박스의 살해로 이어지는 비관적인 공간을 채우는 것도 오르간이다. 드미트리가 아가사의 손에 그림이 있음을 깨닫고 호텔 복도를 천천히 걸어갈 때 그 걸음걸이의 신호가 되는 것도 오르간이다. 마담 D의 테마는 호텔과 그 장례식에 흐르는데, 그 테마의 끄트머리에도 오르간이 나오며, 이는 마담 D의 죽음에 아들 패거리가 연관되어 있음을 은근히 확인시킨다.

마담 D로 말하자면, 마담 D의 테마와 제로의 테마에는 유사성이 있다. 멜로디가 약간 다르지만 리듬은 거의 같고, 둘 다 침벌롬을 아주 많이 쓴다. 가장 큰 차이는 제로의 테마가 즐거움이나 밝음을 연상시키는 장조인 반면 마담 D의 테마는 죽음을 암시하는 단조인 점이다.

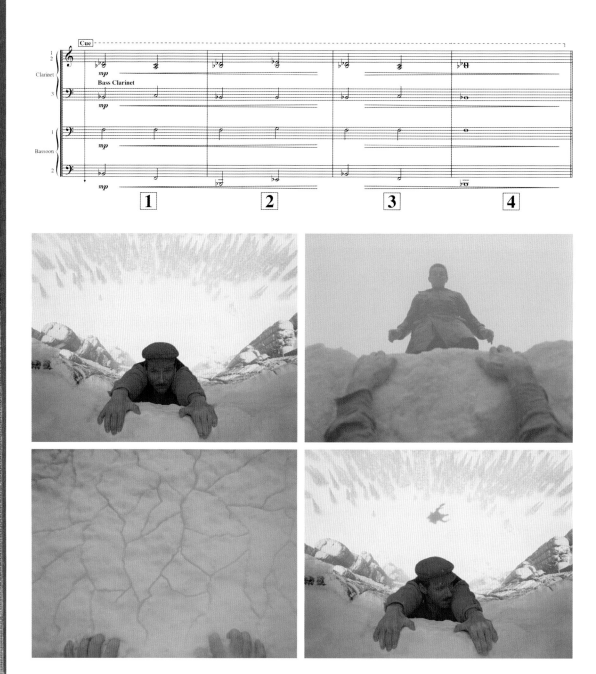

절벽에 매달린 장면들과 악보.

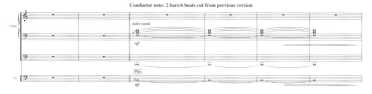

Conductor note: 2 bars/6 beats cut from previous version

제로의 테마와 마담 D의 테마는 서로 거울이 된다. 두 사람은 각기 다른 시기에 호텔을 소유하고, 구스타브는 그 두 사람의 연결 고리다. 노파인 마담 D와 청년인 제로, 둘 다 구스타브를 좋아하고, 어떤 면에서 구스타브의 보호를 받는다. 두 테마의 현악 파트에는 첼레스타의 기묘한 소리가 들어 있다. 이 두 테마가 〈그랜드 부다페스트 호텔〉 음악들 가운데 동유럽 민속 음악에 가장 가까우며, 전통적인 오케스트라 악기가 가장 덜 쓰였다. 어떤 면에서 제로와 마담 D는 모두 허구의 호텔과 유사하고, 음악은 두 인물이 호텔의 전설에 깊게 연관되어 있음을 관객에게 알린다.

## beyond the background

초기에 연극 연출자가 작곡가에게 의뢰하는 음악은 부수 음악이라 불렸다. 그 용어에서 볼 수 있듯, 음악이 그 연극의 고유한 무엇을 상징하는 것이 아니라 그저 연극과 동시에 진행되는 부수적인 것일 뿐이었다.

부수 음악 이야기를 꺼낸 이유는, 웨스 앤더슨의 드라마 생태계에서는 음악이 빠질 수 없는 요소이기 때문이다. 스토리가 앞에서 펼쳐지고 음악은 뒤에서 '부수적으로' 흐르는 것이 아니며, 음악이 사건을 부연 설명하는 데 그치지도 않는다. 음악은 앤더슨이 자기 스토리를 말하는 데 필요한 도구들 중 하나다. 음악은 적극적으로 스토리에 참여하고, 관객의 첫인상을 강화하거나 전복시키고, 놀라서 펄

쩍 뛰기 전에 마음을 풀어두도록 관객을 속인다. 그리고 나중에 다시 생각하면 깨닫게 되지만, 다음에 보게 될 것을 비틀어서 미리 관객에게 암시한다.

음악은 또한 '톤 보정' 역할도 한다. 영화의 가장 잔인한 순간에도 음악은 가벼운 분위기를 더하여 그 분위기에서 벗어나게 하기도 한다. 음악은 끔찍한 사건을 연민과 정으로 감싸고, 앞으로 나아가도록 관객을 독려한다. 그 결과, 심각한 동시에 우스꽝스러운 톤이 나올 수 있다.

이런 이유로, 알프레드 히치콕과 자주 작업한 버나드 허먼, 만화 영화 작곡가 칼 스톨링에게서 영향을 받았다는 데스플라의 말은 놀랍지 않다. 두 사람 다 어두움과 잔인함을 가두어 관객에게 먹음직스럽게, 혹은 적어도 참을 만하게 만드는 데 뛰어났다. 데스플라는 이런 전통에 속한다. 작곡과 오케스트라 편성의 감각 때문만 아니라 감독의 시각에 겸허하게 맞춰서 작업한 곡이라고 해도 그가 작곡한 곡이라면 전부 그의 것임을 알아챌 수 있기 때문이다.

버나드 허먼의 음악은 그 음악이 들어 있는 영화에 귀속되며 정말이지 다른 곳에서는 존재할 수 없다. 〈사이코〉의 귀를 찢는 듯한 테마는 아이콘처럼 자리를 잡아서 텔레비전이나 다른 영화에 쓰이지만, 그럴 때에도 그 음악은 부수 음악으로서 역할을 훌륭히 해낼 수 없다. 항상 〈사이코〉를 떠올리게 만들기 때문이다. 〈사이코〉 음악의 어떤 부분을 어떤 맥락에서 어떻게 쓰더라도 오마주가 크게 끼어

들 수밖에 없다. 칼 스톨링의 음악도 마찬가지다. 그 음악이 들어 있는 영상의 움직임을 늘 떠오르게 한다. 〈루니 툰〉이나 〈메리 멜로디〉의 맥락 밖에 있을 때에도, 듣는 사람은 그 음악이 표현하는 그림을 머릿속에 그리게 된다. 스톨링의 곡들 중 가장 유명한 것으로 손꼽을 만한 컨베이어 벨트 테마는 다른 곳에 잘 쓸 수 없다. 그 테마를 들을 때마다, 컨베이어 벨트에서 납작하게 찌그러지지 않으려고 허둥지둥 도망치는 만화 캐릭터들이 떠오르기 때문이다.

허먼과 스톨링은 〈그랜드 부다페스트 호텔〉 영화 내내 등장하는 곡에서 충돌한다. 제로와 구스타브가 마담 D 장례식이 열리는 루츠 성으로 향할 때 처음 나오는 여덟 마디의 짧은 반복 라이트모티프다. 이 곡은 제로와 구스타브가 돌아갈 때 또 나오고, 두 사람이 산꼭대기 수도원에서 '네벨스바드의 그랜드 부다페스트 호텔의 구스타브인가요?'를 끝없이 들을 때에 또 나온다. 그리고 여러 순간에 다른 음악에도 섞인다.

그 테마는 기차나 썰매로, 말 그대로 앞으로 나아갈 때 나타나는 경향이 있다. 날름거리는 재즈풍의 드럼이 계속 뒤에 깔리고, 그 여덟 마디에서 바뀌는 것은 악기 편성뿐이다.

〈그랜드 부다페스트 호텔〉 수도원 장면에서 라이트모티프는 화면의 액션에 따라 그때그때 변화되는 것을 알아챌 수 있다. 다음은 그에 대한 분석이다.

위 악보와 유언장 낭독 장면의 조플링.

**1**

**케이블카에 타는 제로와 구스타브**

악기는 많이 사용되지 않는다. 베이스 발랄라이카가 트레몰로로 연주되고, 베이스 목소리로 합창하는 멜로디가 산 메아리로 귀를 울린다.

**2**

**케이블카를 갈아타는 제로와 구스타브**

파이프오르간이 들어오고 나머지 발랄라이카와 치터도 들어온다. 두 사람이 목적지에 거의 다다르는 것에 맞춰 음악도 구축된다.

**5**

**수도사로 가장한 제로와 구스타브**

이 복도에서 특기할 만한 점은, 라이트모티프가 성가로 바뀌는 것이다. 처음에 남성 합창으로 불리던 성가는 테너의 독창으로 넘어간다. 제로와 구스타브는 자기들도 모르게 합창단에 끼어 있다. 음악은 다른 장소와 분위기로 관객을 자연스럽게 끌어간다.

**6**

**고해실에서**

제로와 구스타브가 마침내 서지 X를 만난다. 서지 X는 마담 D의 장례식 때 말하지 못한 것들을 모두 털어놓으려 한다. 이때 파이프오르간 한 대가 라이트모티프를 연주한다. 경건함을 강조하는 것처럼 들리기도 하지만, 테마가 약한 불협화음으로 바뀌면서 조플링의 출현을 경고한다. 제로와 구스타브가 서지의 시체를 발견하고 멀리 있는 조플링을 봤을 때, 라이트모티프와 연관되지 않은 갑작스러운 오르간 코드가 충격을 준다.

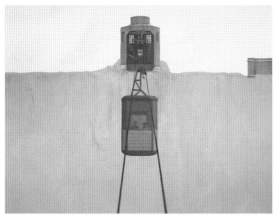

**3**
## 가벨마이스터 피크로 올라가는 케이블카

오케스트라용 악기가 더 끼어들고 첼레스타와 침벌롬도 등장해서 제로와 구스타브가 성스러운 장소에 거의 다다랐음을 강조한다. 남자들이 리드미컬하게 '움파' 하고 합창하는 소리가 다가올 사건의 전조를 드리운다.

**4**
## 가벨마이스터 피크 마당에서

현악기들의 스타카토가 제로와 구스타브의 빠른 발걸음을 모사하며 칼 스톨링의 음악을 연상시킨다.

**7**
## 스키 추격

풀 오케스트라, '움파' 하는 합창, 교회 종소리까지 여덟 마디에 들어온다. 이 장면의 절정에 다다랐다고 가장 명확하게 알려주는 음악이다. 그리고 조플링이 스키를 타고 출발하면서 다음 네 마디에 해먼드오르간이 앞으로 나온다. 곧장 베이스가 넘겨받아서 늘 하는 역할대로 주위의 장관을 강조한다. 봅슬레이 경기장 같은 파이프 안에 들어갈 때에는 침벌롬이 빠르게 연주되어 위험하고 구불구불한 길을 특징짓는다.

**8**
## 이게 끝인가?

구스타브가 절벽 끝에 매달린 채 자신의 마지막 시라고 생각하며 낭송할 때, 라이트모티프는 장례식 악기 같은 음울한 플루트와 리코더 소리로 연주된다. 음악은 제대로 끝을 맺지 않는다. 구스타브의 낭송도 중간에 끊긴다. 제로가 조플링을 절벽 아래로 밀어뜨리기 때문이다.

# AN INTERVIEW WITH

## Alexandre Desplat

2011년 영화 〈엄청나게 시끄럽고 믿을 수 없게 가까운〉의 음악 녹음을 감독하고 있는 알렉상드르 데스플라.

# INTIMATE SOUND

## 친밀한 소리 : 알렉상드르 데스플라 인터뷰

파리 출신 작곡가, 지휘자, 음악가 알렉상드르 데스플라는 150편이 넘는 영화와 텔레비전 음악을 작곡했다. 가장 각광받는 영화 음악 작곡가로, 여섯 번의 오스카 상 후보를 비롯해 여러 상에 수십 차례 후보로 지명되었다. 데스플라는 카멜레온이다. 〈벤자민 버튼의 시간은 거꾸로 간다〉(2008), 〈해리 포터와 죽음의 성물〉 1, 2편(2010, 2011), 〈고질라〉(2014), 〈진주 귀고리를 한 소녀〉(2003), 〈시리아나〉(2005), 〈킹스 스피치〉(2010), 〈트리 오브 라이프〉(2011), 〈엄청나게 시끄럽고 믿을 수 없게 가까운〉(2011), 〈아르고〉(2012), 〈제로 다크 서티〉(2012) 등 다양한 기조의 영화에 자신의 달콤한, 때로 폐부를 찌르는 로맨티시즘을 적용시켜왔다. 데스플라가 작곡을 맡은 웨스 앤더슨의 영화는 〈판타스틱 Mr. 폭스〉(2009), 〈문라이즈 킹덤〉(2012), 〈그랜드 부다페스트 호텔〉(2014), 세 편이다.

**매트 졸러 세이츠** 영화 음악 테마와 멜로디를 떠올리는 과정에 대해서 조금 들려줄 수 있나요? 감독과 미리 의논하나요? 아니면 혼자 작업한 뒤에 결과물을 감독에게 보여주나요? 작업이 정확히 어떻게 이루어지나요? 그리고 출발은 어디서부터 시작되나요?

**알렉상드르 데스플라** 프로젝트 의뢰를 받았을 때 시작하는 방법은 아주 다양합니다. 시나리오를 받을 때도 있고 못 받을 때도 있어요. 영화 촬영이 이미 시작돼서 첫 촬영분을 본 다음에 시작해야 할 때도 있고, 아주 일찍부터 계약이 돼서 뇌가 천천히 상상력을 발휘할 때도 있죠. 단 2주 만에 작곡해야 할 때도 있어요. 그럴 때에는 수영장에 뛰어들어서 영화에 맞는 열쇠를 빨리 찾지 않으면 안 됩니다.

가장 주된 질문은 이겁니다. '왜 내가 여기에 있나? 이 영화가 요구하는 게 무엇인가? 이 영화의 화면에 아직 없는 무엇을 내가 가져올 수 있을까?'

저는 거기서 출발합니다. 그다음에 감독과 이런저런 궁리를 하고, 악기 구성을 생각하죠. 이것 혹은 저것을 강조할 악기의 구성을 생각해요.

음악이 강조할 수 있는 것으로는 뭐가 있을까요?

감정을 강조할 수 있죠. 속도와 시각도요. 편집에 딱 들어갔을 때 영화가 요구하는 것이라면 뭐든 강조할 수 있어요.

촬영이 마침내 끝났을 때, 하나로 합쳐졌을 때, 그때가 돼야 그 영화가 어떤 영화인지 제대로 이해할 수 있어요. 그전에는 그냥 종이와 잉크죠. 움직이는 영상과 소리의 결합, 프레임 안에서 움직이는 배우, 제 관점과 주고받은 감독의 관점, 이런 것들의 협동 작업으로 악보가 나오죠.

영화 음악 작곡을 시작할 때 무엇부터 하죠? 피아노로 테마를 만드는 것부터 시작하나요?

'테마'라고 하셨는데, 제가 작곡한 영화 음악 중에 테마가 아예 없는 것들도 있어요. 테마가 있을 필요가 없거나, 테마를 못 견딜 영화이기 때문일 때도 있고, 감독이 영화에 멜로디가 들어가는 걸 못 견디기 때문일 때도 있고, 영화의 어떤 부분이 테마를 거부하기 때문일 때도 있어요. 작곡은 총체적인 느낌입니다. 테마 문제가 아니에요. 멜로디를 정하는 문제에 그치는 게 아니에요.

그럼, 중요한 건 뭔가요?

'이 신에서 음이 세 개만 필요할까, 백 개가 필요할까?' 같은 질문을 던지는 거죠. 그리고 악기 구성을 생각하고, '이런 요소들로 영화가 뭘 불러일으킬 수 있을까, 이 모든 요소들을 포함하는 동시에 하나의 음악이 되어 영화에 제대로 통합되는 것을 어떻게 하면 만들 수 있을까?' 하고 묻죠. 그 과정은 정신적인 과정이죠, 지적인 과정요.

피아노는 가지고 있지만 제가 피아니스트는 아니에요. 아이디어나 색이나 소리 조합은 베스파 스쿠터나 비행기에서도 찾을 수 있어요. 영화에서 제가 갈 길을 찾아내는 일은 피아노 앞에 앉아 있거나 플루트나 기타나 키보드를 연주하는 게 전부가 아녜요. 정신적인 겁니다. 뭐든 하기 전에 생각할 게 아주 많아요.

제 스케치북을 보면, 아, 프로젝트를 시작할 때에는 스케치를 아주 많이 하거든요, 아직 뭐가 되지 않은 단편들로 가득 차 있어요. 두 소절, 코드 하나, 아직 다듬어지지 않은, 힌트만 있고 아주 초기에 그냥 버렸거나 다른 멜로디로 넘어간 멜로디, 이런 게 스케치북에 있어요. 그러니까 여러 가지를 아주, 아주, 아주 복잡하게 결합하는 거죠.

초상화 기법을 설명하는 것 같군요. 음악을 통해서 영화라는 초상화를 만드는 역할인 것 같아요.

네, 초상화. 아니면 인상주의 풍경화. 아니면 뭐든 어떤 그림이라도 되죠. 하늘이 위에 있죠? 베르메르 그림이라면 왼쪽, 창문에서 빛이 들어오죠. 프레임 안에는 인물 두 명이 있고, 구석에는 무언가가 있어요. 정물화죠. 정물화에서는 요소가 다 보여요. 빛, 탁자. 그래도 탁자를 독창적으로 보이게 만들고 싶을 겁니다.

악보는 그냥 음표들이 모여 있는 게 아니죠. 다른 게 아주, 아주 많아요. 영화는 긴 여정이니까요. 한 시간 반의 여정이죠. 때로 두 시간, 때로 더 길기도 해요. 영화에서는 음악도 그 여정을 따라야 합니다. 아니, 스토리뿐 아니라 화면에 보이는 것 모두와 완벽하게 잘 맞아야 하고 매끈하게 느껴져야 되죠.

열쇠를 찾아야 할 때도 있고, 스토리로 돌아가서 열쇠를 찾을 때도 있어요. 감독이랑 스토리를 이야기하다가 열쇠를 찾을 때도 있어요. 등장인물들의 심리를 생각하다가 영화 속에서 제가 갈 길을 찾아낼 때도 있죠. 그럴 때에는 제가 영화배우가 된 것처럼 생각하려고 애써요. 영화의 일부가 되려고 애쓰죠. 거리를 두고 그냥 물러서 있는 게 아니라 화면에 보이는 것에 완전히 빠져들려고 애쓰는 거죠.

다른 감독들의 영화 음악과 웨스 앤더슨의 영화 음악은 어떻게 다른가요?

웨스한테는 자기만의 세계가 있죠. 저는 '웨스의 세계'라고 불러요. 그건 웨스한테만 있어요.

웨스 앤더슨 영화 같은 영화는 다른 데 없어요. 정말 없어요! 참조한 것, 오마주, 영향을 받은 것 등을 알아볼 수는 있죠. 프랑수아 트뤼포, 에른스트 루비치, 또 많고, 많고, 많은 거장들 영화를 웨스가 봤다는 거, 알 수 있죠. 저도 거장들 음악을 들었으니까요. 예술가들한테는 일반적인 과정이죠. 그런데 웨스는 어떤 톤을 만들어냈어요. 특별하고 영감이 넘치고 우울한 세계, 동시에 코미디와 극적인 희열의 순간으로 차 있는 세계를 만들었어요. 아주 특별한 세계예요. 물론 저도 방금 말한 감정들을 모두 음악으로 표현하고 싶죠. 우울도 있고, 재미도 많고, 그러면서 절대 무겁지 않은……, 코미디는 무거우면 안 되죠.

올리비아 콜레트는 웨스의 영화들에 대해 '가볍고 경쾌한 발걸음과 짝을 이룬 환상적이고 천진난만한 면'이 있다고 말했어요. 그리고 웨스의 영화 음악도 그런 면이 있다고 했죠. 그 말에 동의하시나요?

물론입니다. 천진난만한 요소는 저도 언급했어야 했네요. 특히 웨스와 함께한 세 편의 영화에서 그랬죠. 〈판타스틱 Mr. 폭스〉는 애니메이션의 속성부터 그렇죠. 〈문라이즈 킹덤〉은 아주 어린 어른들 때문이죠. 아, 나이 든 10대라고 할까요. 저한테는 정말 주인공들이 10대로 느껴졌거든요. 그리고 제로가 구스타브한테 교육을 받는 게 이번 영화의 중심이기 때문이죠.
아주 재밌게도, 제가 작곡한 웨스 영화 세 편 모두에 교육이 담겨 있어요. 교육은 반복되는 테마고, 그걸 음악적으로 쓸 수 있죠. 〈판타스틱 Mr. 폭스〉 이후로 〈문라이즈 킹덤〉과 〈그랜드 부다페스트 호텔〉에도 반복되는 음악이 있다고 말할 수 있죠.

음악의 톤이나 무게를 말씀하시는 거죠?

네. 〈판타스틱 Mr. 폭스〉 때 처음에 생각했어요. 밝고 화려하고 만화 같은 음악, 칼 스톨링 스타일의 음악을 하자. 1950년대와 60년대 고전적인 만화 영화 음악은 아주 놀랍고 아름답거든요. 제가 좋아하는 그 음악의 분위기로 하자는 아이디어가 있었죠. 그런데 인형들이 아주 작아서 음악이 인형들을 압도했어요.
그래서 음악을 최소한으로 줄이려고 했죠. 그러려면 아주 작은 악기들만 써야 해요. 오케스트라 악기를 쓴다면, 하나의 악기를 연주하는 연주자를 여러 명 두지 않고 한 악기에 한 명만 쓰는 거죠. 오케스트라의 현악부를 완전히 다 쓰지 않고 현악 사중주단을 썼어요. 관악기도 한 종류에 하나씩, 플루트도 하나만 썼어요. 그리고 실제 크기도 작은 악기를 많이 썼어요. 철금, 탬버린, 벨 같은 것이요. 이렇게 해서 아주 친밀한 소리를 만들었어요.
〈문라이즈 킹덤〉 곡을 녹음할 때에도 〈판타스틱 Mr. 폭스〉에 쓴 방법들이 남아 있었죠.

그럼, 〈판타스틱 Mr. 폭스〉 음악이 웨스의 다음 두 영화를 더 발전시키는 데 영향을 주었나요?

네. 〈판타스틱 Mr. 폭스〉에서 쓴 방법이 저희에게 첫 DNA 층이 됐죠. 그리고 계속 되돌아간 측면들이 있어요. 〈판타스틱 Mr. 폭스〉에 합창을 썼고, 〈문라이즈 킹덤〉에도, 또 〈그랜드 부다페스트 호텔〉에도 썼어요.
그렇지만 이 첫 번째 DNA 층 위에 또 다른 층들을 더해야죠. 층층이 겹치게요. 〈그랜드 부다페스트 호텔〉에서는 침벌롬과 치터를 더했고, 전처럼 합창과 딸랑딸랑 울리는 소리들도 썼죠. 음악을 통해서 인물들을 구별하는 방법도 찾아야 해요. 영화에는 등장인물이 많아요. 각 등장인물을 표현할 각기 다른 테마와 모티프를 만들려고 웨스와 함께 심사숙고했죠. 소리도 확연하게 구분했어요. 가령, 구스타브와 제로의 테마에는 침벌롬과 치터를 썼죠.

그 과정 처음에 웨스한테서 받은 이메일이 생각납니다. '방금 새로운 스토리 집필을 마쳤습니다. 수도사 목소리, 침벌롬, 치터, 요들을 쓰는 재미를 느껴보지 않으시렵니까?' 저는 '아주 좋죠!' 하고 답했죠. 그렇지만 그 모든 것들은 앞서 만든 두 영화에서 발전시킨 최초의 레이어 위에 얹힌 겁니다.

'빌딩', '레이어' 같은 단어를 많이 언급하셨어요. 새로운 영화를 작업할 때마다 개념적 레이어들을 더하는 것뿐 아니라 각각의 영화에서도 요소들을 레이어로 놓지 않나요? 하나의 시퀀스 안에서도 레이어들이 겹치는 게 들릴 때도 있습니다.

가령, 〈그랜드 부다페스트 호텔〉에서는 구스타브와 제로가 유언을 듣게 되는 여행길의 기차에서 여덟 마디 라이트모티프가 처음 반복됩니다. 이 라이트모티프는 가벨마이스터의 정상으로 가는 긴 액션 시퀀스를 비롯한 다른 부분들에도 나옵니다. 그 라이트모티프를 변주해서 음악 전반에 짜넣은 것을 들으면, 옛날 할리우드 영화가 떠오릅니다.

사실입니다. 스토리와 위험과 모험의 중심으로 가면 말씀하신 테마가 다시 나오죠. 처음 것처럼 통통 튀지는 않아요. 더 밋밋하죠. 그 테마를 다양한 방법으로 쓸 수 있었어요. 천천히, 빠르게, 수도사들의 노래로, 다양한 악기의 연주로, 트레몰로 기법을 써서 발랄라이카로 연주할 수도 있었죠. 제로와 구스타브로 영화를 시작하는 통통 튀고 부드러운 테마에 균형을 맞췄다고 할 수 있겠군요.

더 조용하고 더 친근한 테마는 사적인 생활을, 제가 방금 언급한 더 활발한 테마는 공적인 생활이나 역사를 언급하는 것이라고 한다면 지나친 해석일까요? 마지막으로 가면서 더 무겁고 험악하게 되도록 점차 쌓아간 방식을 보면 필연적인 이유가 있을 것 같습니다.

네, 이 영화에서는 역사가 영화의 요소로 여기저기 퍼져 있죠. 그건 부정할 수 없습니다. 그래서 제가 아까 에른스트 루비치를 언급했죠. 영화사를 보면, 루비치의 〈사느냐 죽느냐〉나 〈니노치카〉같이 코미디와 역사를 섞는 데 성공한 영화, 드라마가 코미디가 되는 영화는 많지 않아요. 역사에 파토스를 넣지 않고 가벼워지는 방법이죠.

매력적인 악보에는 이종 교배의 면이 있습니다. 이 영화 음악에는 동유럽 민속 음악도 있고, '영화 음악 클래식'이라고 할 수 있을 클래식 교향악도 있고, 민속 음악의 요소를 품은 재즈, 클래식, 모던 테마들도 있습니다. 이 모든 것들을 다 넣겠다는 결정은 어떻게 내리게 됐나요? 어떤 장면이나 순간을 생각하면서 직관적으로 내린 결정인가요? 아니면 더 큰 계획이나 패턴이 있나요?

저는 작업할 때 직관을 많이 쓰죠. 스토리를 이해해야 할 뿐더러 주어진 화면을 느낄 수 있어야 합니다. 배우의 행동, 대사, 화면 밖에서 벌어지는 일, 관객에게 기대할 바와 짐작하게 해야 할 바 등이 무엇인지 알아야 하죠. 아주 이상한 과정인데, 명확한 결론이 늘 존재한다고 절대 말할 수 없기 때문입니다.

저 악기가 아니라 이 악기를 쓰는 게 좋겠다는 결정을 어떤 시점에서는 내려야 하죠. 전체 오케스트라를 구성하는 악기들은 제가 아주 잘 알고 있는 것들입니다. 제가 그 악기들을 아주 많이 써 왔고, 저는 여러 이유로 악보에 특이한 악기들을 항상 즐겨 넣어왔기 때문이죠.

저는 오케스트라 사운드에 민속적인 사운드를 섞는 걸 항상 좋아해요. 재즈의 영향, 브라질 보사노바의 영향을 섞는 것도 좋아하죠. 그렇지만 누구나 쉽게 알아챌 수 있게 하지는 않죠. 리우 해변을 배경으로 하는 브라질 영화의 음악을 하는 게 아니니까요. 그러니까 기타가 아닌 현악기로 리듬을 연주하겠죠. 아니면 멜로디는 보사노바 같은데 연주는 금관 악기로 해서 좀 거칠게 느껴지게 할 수도 있겠죠. 보사노바의 영향을 아무도 못 알아채지만, 저는 알죠.

이런 겁니다. 제 어머니는 그리스 사람입니다. 태어났을 때부터 발칸 반도와 중동 음악을 들었죠. 지금까지 악보에 침벌롬을 많이 썼어요. 다른 영화에서는 〈그랜드 부다페스트 호텔〉만큼 두드러지지 않았는지는 모르지만, 〈아르고〉와 〈제로 다크 서티〉와 다른 영화들에서도 그런 악기들을 썼죠. 그 악기들이 좋으니까요. 그 악기들이 제 음악적 유산이니까요.

많은 음악에서 쓴 악기들이, 뭐라고 할까, 허술한 소리를 내는 것들입니다. 제 말뜻은 스튜디오에서 너무 매끈하게 다듬어지지 않은 소리라는 겁니다. 낡은 악기를 일부러 찾아내서 연주하고 쓴 것처럼 느껴지고, 특히 〈그랜드 부다페스트 호텔〉에서는 조금 망가진 것을 쓴 것처럼 느껴지기까지 합니다. 기계적으로 완벽하거나 빈틈없는 것이 아니라 개성을 추구하는 듯합니다.

정확한 말씀이군요. 이 영화에서는 아주 깔끔한 것을 만들려고 하지 않았어요. 인물들이 달아날 때 밟아야 하는 진흙 같은 느낌이어야 했죠. 그런 느낌이 필요했어요.

동시에 우아한 느낌도 원했어요. 그래서 저는 헝가리나 루마니아나 장고 라인하르트의 집시 음악을 좋아합니다. 연주하는 방식에 우아함이 깃들어 있어요. 진짜 집시는 옷차림이나 옷도 아주 뛰어나고, 연주도 우아해요. 모차르트가 했을 법한 연주는 아니에요. 집시는 음악에 매력과 품격을 담아요. 웨스가 추구하는 바와 아주 잘 어울리죠.

〈그랜드 부다페스트 호텔〉악보에는 악기 선택부터 동유럽과 러시아 민속 음악의 요소가 들어 있죠?

발랄라이카가 빠지지 않았죠. 아주 작은 것부터 베이스 발랄라이카까지 온갖 크기의 것들이 많이 구성된 발랄라이카 그룹도 있죠. 처음 작곡을 시작할 때 웨스가 아주 좋아한 소리예요.

발랄라이카 여러 대를 아주 부드럽게 트레몰로로 연주하는 소리에 어떤 느낌이 있었어요. 아주 아름다운 동시에 아주 넓은 소리죠. 음장을 넓게 펼치는 소리요. 그 소리가 시각적으로도 풍경을 넓히고, 화면이 더 크게 느껴지도록 만들어요. 발랄라이카가 진동하는 소리는 넓고 가볍고 구름 같아요. 그래서 음악을 통해서 확 열리는 느낌을 얻을 수 있죠.

또 다른 영향도 있어요. 늘 있는 건데, 영화 음악을 생각할 때 제가 본능적으로 느끼는 것, 바로, 버나드 허먼입니다.

우선, 저는 허먼이 영화에서 짧은 모티프를 사용하는 방법을 창안했다고 생각합니다. 어떤 지점에 음악을 어떻게 놓을지 처음 생각한 사람도 허먼이죠.

그건 웨스의 영화에서 아주 중요한 요소예요. 어디서 어떻게 음악을 시작하고 끊는가. 웨스 앤더슨 영화에서는 음악이 여기서부터 저기까지 확실한 지점에서 시작되고 끝나지 않아요. 아주 이상한 데에서 시작해서 느닷없이 끝날 때가 있죠. 이런 테크닉으로 디자인된 음향과 음악으로 영화에 속도, 에너지, 리듬이 더해지죠. 다른 감독들이 하는 방식과 달라요. 웨스와 함께 일할 때에는 그런 것들에 주의를 많이 기울입니다. 갑작스러운 시작과 끝, 어떤 소리의 악기를 얼마나 많이 쓸 것인지 말이죠.

웨스 앤더슨 감독을 인터뷰할 때 제로와 구스타브가 가벨마이스터 피크에 가서 수도사로 변장하는 시퀀스를 이야기했습니다. 케이블카 장면이 있죠. 수도사의 노랫소리와 케이블카가 삐걱거리는 소리가 영화 음악과 딱 맞아 들어가죠. 칼 스톨링 음악 같은 기법입니다.

네, 그건 웨스가 그렇게 하자고 했던 같습니다. 웨스가 소리를 쓰는 방식이죠. 하지만 그건 〈판타스틱 Mr. 폭스〉를 할 때의 제 첫 경험에서 나온 방식이기도 합니다.

처음 〈그랜드 부다페스트 호텔〉을 볼 때 제 느낌은, 웨스가 자신의 이전 영화들과 〈판타스틱 Mr. 폭스〉를 다시 찍어서 하나로 재구성한 것 같았어요. 제가 보기에 〈그랜드 부다페스트 호텔〉은 앞으로 웨스가 만들 많은 걸작 중의 첫 번째 작품입니다. 앞서 만든 몇 편의 영화에서 웨스가 시도했던 모든 요소가 다 들어 있기 때문이죠. 이 영화가 웨스 예술 세계의 새로운 장을 열었다고 생각해요. 제 예술 세계에서도 마찬가지고요.

이유는 뭐죠?

우리는 몇 년 동안 함께 일하면서 여러 레이어들을 중첩시켜왔어요. 그게 이 영화에서 아주 특별한 스타일로 단단히 결합되었다고 할 수 있죠. 전보다 훨씬 더 단단하게 결합됐다고나 할까요.

웨스랑 일하면 아주 즐겁다는 말도 빼놓을 수 없군요. 함께 일할 때 아주 정말 친밀해요. 작업 결과를 생각하는 것만으로 둘이 함께 크게 웃음을 터뜨릴 때도 많아요.

로스앤젤레스에 있는 소니 스코어링 스테이지에서 2014년 영화 〈고질라〉 음악을 녹음하며 할리우드 스튜디오 심포니를 지휘하고 있는 데스플라.

# a grand
# stage: the
# production
# design of
# the grand
# budapest
# hotel

## steven
## boone

# 드넓은 무대

## 〈그랜드 부다페스트 호텔〉의 프로덕션 디자인

스티븐 분

**색**색의 댄디즘이 넘치며 주도면밀하게 디자인된 웨스 앤더슨의 영화는 인형의 집이나 과자로 묘사되곤 한다. 이런 별명으로 앤더슨의 작업이 온통 인공으로 만든 세트에서 대부분 이루어진다는 인상을 받게 될 수도 있다. 사실, 이 작가이자 감독은 양식(장난감 같은 형태와 기능의 아트디렉팅, L. B. 애보트의 '와이어, 테이프, 고무줄' 학파로부터 온 특수 효과)과 리얼리즘(심리에 바탕을 둔 연기, 기존 장소의 로케 촬영)의 균형을 잡으려 노력한다. 이 균형이 그의 영화들에 독특한 긴장을 부여한다. 이런 양자 대결 같은 상황은 〈그랜드 부다페스트 호텔〉에서 산업화와 팽창과 전쟁과 대학살 시기의 유럽을, 빈, 파리, 런던, 베를린 같은 곳에서 싹트고 자라난 교양에 두 차례의 세계대전이라는 체계적 야만의 그늘이 드리운 시기의 유럽을 묘사하기도 한다.

이 상반된 힘들이 서로 충돌하지 않고 섞이는 것은, 촬영 감독 로버트 예먼이 그 모두를 담는, 부드럽고, 밝고, 연하며 따뜻한 빛 때문이다. 아담 슈토크하우젠의 프로덕션 디자인이 에른스트 루비치(〈낙원의 곤경〉, 〈모퉁이 가게〉), 루벤 마물리언(〈러브 미 투나잇〉), 알프레드 히치콕(〈사라진 여인〉, 〈39계단〉) 등의 1930년대와 1940년대 고전 영화와 에드먼드 굴딩의 〈그랜드 호텔〉에 크게 빚졌다면, 예먼은 그 영화들의 조명 스타일, 몹시 직접적이고 짙은 음영을 거의 차용하지 않았다. 앤더슨의 세계에서는 대개 흑백 톤이 아닌, 색상이 주연을 맡는다. 엄격히 말하면 색 팔레트를 통한 20세기 초의 총천연색은, 흑백 영화로 세계대전 시기의 로맨티시즘을 기억하는 사람들보다 그 시기를 직접 살아온 사람들의 기억에 더 정확하게 다가갈 향수를 제공한다. 삶이 우리에게 던지는 아름다운 빛은, 램프에 투과되거나 크림색 벽에 반사된, 부드럽고 환한 조명일 때가 많다. 이 로맨틱한 리얼리즘은 프랑수아 트뤼포와 루이 말이 대표하며, 앤더슨은 이 두 감독에게 크게 영향을 받았다. 이들의 영화는 누벨바그 촬영 감독 앙리 데카에와 라울 쿠타르를 통해 스크린에 올려졌다. 조명은 우리를 세트 안으로 초대하여 등장인물들의 확장된 모습과 하나의 독립적인 인격이 느껴지도록 해준다.

1932년의 그랜드 부다페스트 호텔(실제로는 백화점)은 그 지배인이자 남창 구스타브가 사랑하는, 그러나 그가 젊은 로비 보이로 호텔업계에 처음 발을 내딛었을 때에는 이미 기한이 지난, 아르누보 양식에서 상상할 수 있는 핑크와 파스텔의 세계다. 1930년대의 모더니즘 폭발은 구스타브의 레이더에 전혀 잡히지 않는다. 우리가 보듯, 호텔은 구스타브의 젊은 시절 색으로 마무리된, 오래 쓸 수 있는 엘리트주의적인 장난감 상자다. 이 공간에서 구스타브의 천박한 면, 세련된 면, 견유주의, 높은 이상이 드넓은 무대를 얻는다. 이 장소의 외관 모두를 사이먼 와이즈가 1:18 비율의 모형으로 만든 것도 그럴듯하다.

영화의 정신없는 2장에는 그랜드 부다페스트 호텔의 악한 쌍둥이, 루츠 저택이 출연한다(외관은 독일 작센 주 하이네발드 성, 내부는 발덴부르크 저택이 맡았다). 그랜드 부다페스트의 따뜻한 색감과 북슬북슬한 질감이 포근함과 호사스러움을 빛내는 반면, 루츠 성의 음울한 목재가 주는 오만함은 억압적인 부를 웅변한다. 미로 같은 방들은 유니버설 영화사의 프랑켄슈타인 박사나 나치 장교들이 묵을 곳 같다(실제로 1933년 하이네발드 성에 나치 장교들이 묵었다). 구스타브의 나이 많은 연인 마담 데스고프 운트 탁시스의 유언장이 낭독되는 트로피 전시실은 그곳의 차가운 심장부다. 사냥한 동물의 머리, 뿔, 상체가 여기저기 있을 뿐, 장식은 별로 없는 공간이다. 그래도 실내에는 사람들이 서로 어깨를 붙일 정도로 꽉 차 있다. 이 '사랑한 사람들'은 장례식에 걸맞은 복장을 입었지만 유언을 집행하는 코박스(장례지도과 교수인 양 올빼미 같은 차림새다)의 말에 복권 번호를 듣는 듯 귀를 기울이고 있다. 짙은 녹색과 금색 부분들이 벽에 보여도, 교회 지하 무덤에 갇혀 있는 기분은 그다지 경감되지 않는다. 마담 D의 아들 드미트리는 검은색 콧수염과 그에 걸맞은 까마귀 같은 검은색 코트 차림이며, 이런 드미트리를 보면, 이 방이 누구를 대변하는지 알 수 있다.

루츠 성에는 나무 표면의 기본적인 갈색과 촛불 불빛으로 따스함이 그나마 어느 정도 남아 있다. 그런 행운조차 없는 곳은, 구스타브가 살인죄(누명을 쓴)로 수감되는 체크포인트 19다. 이 작은 청회색 상자에서 구스타브 영혼의 대담한 면이 빛을 발한다. 구스타브는 더 이상 신사가 아니다. 생존을 위해 싸우는 사람이며, 그 생존의 여부는 하늘만 안다. 막스 오퓔스라면, 그랜드 부다페스트 호텔이 재현한, 화려하게 고급스러운 모든 것들의 바탕에는 한 사회의 숨은 노력과 폭력이 깔려 있다고 썼을지 모른다. 영화의 황량한 시

**옆** 소품팀에서 촬영장으로 옮겨질 멘들 빵집 상자들.

각적 방백이 암시하듯, 구스타브에게 그 노역과 폭력은 전혀 낯설지 않다. 호텔에서는 세속적인 면을 폭발시키곤 했던 구스타브가 감옥에서는 그랜드 부다페스트의 정중한 태도를 잘 유지한다. 구스타브의 세련된 태도는 천성인가? 아니면 그 천박한 면이 학습된 것인가? 코믹한 하이라이트에서, 구스타브는 송로버섯이나 캐비아와 동급인 멘들 빵집의 빵을 동료 죄수들에게 준다. 강제수용소 회색옷을 입은 채 차가운 돌벽에 갇힌 죄수들이 그랜드 부다페스트 호텔의 모형 같은 파스텔 톤의 달콤한 피라미드에 달려든다. 이야말로 탁월한 인물 구축과 사회적 언급으로서 프로덕션 디자인이다.

앤더슨은 자신의 가장 잔인한 이 영화에서 역사적 장소를 촬영지로 사용하여 각각의 폭력 행위에 불안한 배경을 만들었다. 그랜드 부다페스트 호텔의 위층에서 총을 쏘는 사람들 사이로 카메라가 옆으로 미끄러지듯 움직이는, 아주 우스꽝스러운 클라이맥스 총격 장면을 제외하고, 영화의 폭행과 살인에는 어두운 기조가 깔려 있다. 드미트리의 심복 조플링이 입은 외투는 마호가니와 모피로 이루어진 트로피 전시실 벽 같다. 나중에 조플링은 은근한 조명의 박물관에서 코박스를 뒤쫓는다. 이 시퀀스는 히치콕의 어두운 〈찢어진 커튼〉에서 KGB 악한이 폴 뉴먼을 추적하는 장면을 모델로 삼았다. 앤더슨에게 폭력과 상실감은 물론 감정적인 차가운 결별도 세계를 어둡게 하는 것이며, 때로는 하나의 숏에서도 그런 변화가 충분히 반영되도록 세팅이 바뀐다. 나이 든 제로가 오래전에 잃어버린 연인 아가사를 떠올릴 때 그랜드 부다페스트 호텔 식당의 조명은 어두워지고 강한 측광이 제로의 얼굴을 지나간다.

〈맥스군 사랑에 빠지다〉, 〈로얄 테넌바움〉, 〈스티브 지소와의 해저 생활〉, 〈다즐링 주식회사〉는 그 배경이 크게 다르지만 이 영화들이 한데 묶일 수 있는 시각 요소 중 하나는 애너모픽 화면이며, 이것은 초기 트뤼포에게 영향을 받은 앤더슨의 기호(그리고 예먼의 취향) 때문이다. 〈그랜드 부다페스트 호텔〉에서는 앤더슨이 애너모픽을 1960년대 장면에만 썼다. 007 영화의 와이드스크린 시대에 걸맞은 선택이다. 가로로 넓은 화면은 '계급 없는 사회'라는 공산주의 시기의 환상에 잘 어울리기도 한다. 물론 앤더슨은 늘 그랬듯이 여기서도, 화면 비율을 인물 감정의 심화에, 즉, F. 머레이 아브라함이 맡은 제로 무스타파가 자기 이야기를 들려줄 때 모이는 장대하고 안타까운 추억의 아우라를 심화하는 데에 주로 이용한다(애너모픽의 미묘한 왜곡, 초점이 나간 곳의 유화 같은 부드러움은 세트의 신비

위 사냥 전리품을 장식해둔 루츠 성의 방. 시나리오에는 '목재 장식의 어두운 방으로, 동물(사자, 호랑이, 물소, 영양 등) 머리들이 사방에 붙어 있다'라고 묘사되어 있다.
옆 독일 괴를리츠에 있는 백화점 카슈타트의 온실을 프로덕션 디자이너 아담 슈토크하우젠이 가리고 다시 장식해서 그랜드 부다페스트 호텔의 온실로 만들었다.

한 분위기를 고조시킬 수 있다). 그랜드 부다페스트 호텔의 화려한 위용은 소련 스타일의 건조한 실용주의 아래에 묻히고 호텔은 수몰된 유적이 되었지만, 카메라 렌즈는 무스타파가 그곳을 보는 슬픈 시선 속 무엇을 우리에게 전달한다. 우리 눈에 유령들이 보이는 듯하다.

그래도 앤더슨에게 최악의 순간은 어둠(앤더슨이 관객에게 피할 수 없는 삶의 요소로 어둠을 내놓기는 하지만)이 아니라 색과 다양성이 없는 세계—을씨년스럽고 추한 선택만 있는 세계—다. 바로 흑백. 영화의 나중 부분에 나오는 열차 안의 사건에서 군인들의 야만은 단색으로 벌어지며, 여기에서 우리는 화면에 나오지 않는 구스타브의 죽음 전주곡을 미리 들을 수 있다. 이것은 채플린의 〈위대한 독재자〉, 프랭크 보제즈의 〈모탈 스톰〉, 스필버그의 〈쉰들러 리스트〉의 흑백이다. 끔찍한 역사의 시작이며 문명에 대해 구스타브 가 품은 환상의 종말이다.

〈그랜드 부다페스트 호텔〉의 마지막 숏들은 내레이션 관문들에서 우리를 살며시 빼낸다. 무스타파는 구스타브의 스토리를 끝맺고, '작가'는 무스타파를 회고하기를 마친다. 두 마무리 모두 무스타파가 '신비한 품위'라 일컬을 만하다. 그 말은 무스타파가 내놓는 대답, 죽어가는 이 음울한 호텔에 왜 여전히 매여 있는지, 그 수수께끼에 엘리베이터 문이 커튼처럼 느릿느릿 닫힐 때 답하는 것이다. 그다음, '작가'는 이후로 무스타파나 호텔을 한 번도 찾지 않았다고 말한다. 이 문장

은 1960년대 로비에서 글을 쓰는 젊은 '작가'가 시작하여 1980년대 초 자신의 집에서 글을 쓰는 늙은 '작가'가 끝맺는다. 그리고 이제 고인이 된 '작가'의 동상 근처 벤치에서 이 스토리를 쭉 읽은 젊은 애서가로 컷. 이는 감정이입과 공감의 달콤한 사슬로, 강한 클로즈업이 아닌, 구도에 의해 난쟁이가 된, 각자의 시간에 매인, 그래도 인쇄된 글을 통해 언젠가 서로에게 닿는, 인물들의 와이드 숏으로 전달된다.

이 몽타주에 특별한 효과를 부여하는 것은 그 앞의 짧은 숏이 아닐까. 구스타브의 마지막 이미지. 구스타브는 식당에서 호텔 직원들과 단체사진 포즈를 취하고 있고, 그 위에는, '키치'라고 흔히 일컫는, 거대한 풍경화가 있다. 그림을 더 강조하여 프레임 위쪽이 턱없이 무거운 구도로, 우리는 구스타브를 얼핏 본 기분을 느끼게 된다. 앤더슨이 '감상적'으로 변할 때에는 세심히 보아야 한다. 이 경우, 앤더슨은 세트 장식을 이용하여 자신의 인물들 중 가장 사랑받은 인물, 겉멋과 겉치레, 결점, 코믹한 과장을 지닌 남자, 하지만 그 그림처럼 그냥 지나칠 수 없이 큰 마음을 가진 남자를 대변한다. 앤더슨은 말하고 있다, 이 생명을 파시스트 도당이 한순간에 짓뭉갰다고. 수많은 생명 중 하나를, 또한, 수많은 생명 중에 하나뿐인 생명을.

1968년의 그랜드 부다페스트 호텔 자동판매기 구역.
'고장(Broken)', '작동하지 않을 시 보상 없음(At Own Risk)' 등의 문구는 공산주의 시기의 고객 서비스 문제를 보여준다.

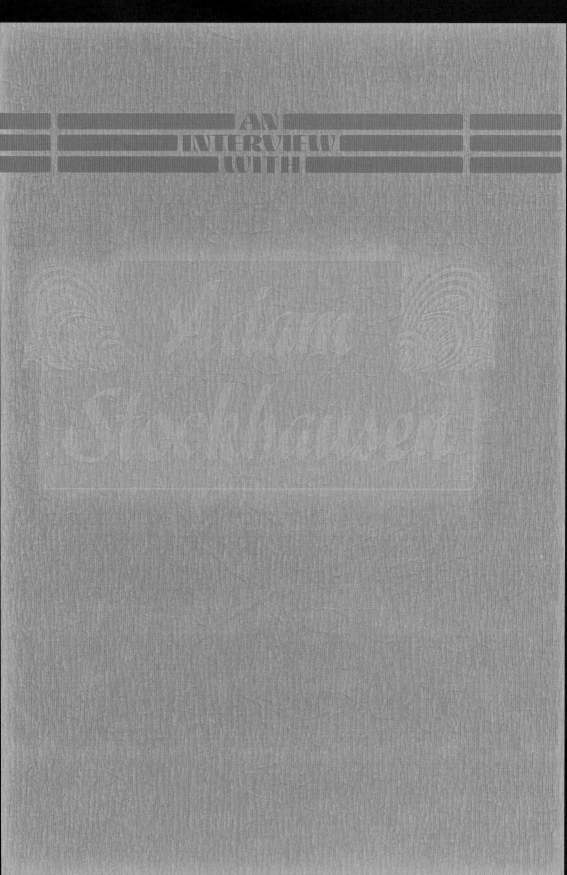

AN
INTERVIEW
WITH

Marc
Stockhausen

**위** 그랜드 부다페스트 호텔 로비 부감.
**아래** 늙은 제로와 젊은 '작가'가 함께 식사하는 1968년 호텔의 대연회장. 1930년대가 배경인 부분에서는 더 화려하게 나온다.

# KEEPING THE TRAINS RUNNING

## 기차를 계속 달리게 하기 : 아담 슈토크하우젠 인터뷰

 프로덕션 디자이너 대부분이 그렇듯, 아담 슈토크하우젠은 영화 미술부에서 일을 시
작했고 초기에 참가한 영화로 〈애쉬 튜즈데이〉(2003)와 〈나를 책임져, 앨버〉(2004)
가 있다. 웨스 앤더슨과 함께 일한 것은 아트디렉터를 맡은 〈다즐링 주식회사〉(2007)
가 시작이었다. 〈문라이즈 킹덤〉(2013)에서 프로덕션 디자이너를 맡았고, 〈그랜드 부다
페스트 호텔〉(2014)에서도 이어졌다. 주인공의 괴로운 심리 상태를 깊게 파헤치며 끝
없이 종횡무진 이어지는 연극을 시각화한 찰리 카우프먼의 감독 데뷔작 〈시네도키, 뉴
욕〉(2008), 2013년 아카데미 최우수 작품상을 수상한 역사 드라마 스티브 맥퀸의 〈노
예 12년〉 등 시각적으로 창의적인 미국 영화들이 슈토크하우젠의 작업으로 더 생생하
게 살아났다.

**매트 졸러 세이츠** 프로덕션 디자이너와 아트디렉터의 차이는 뭐죠? 두 용어를 자주 보는
데, 구분이 잘 안 됩니다.

    **아담 슈토크하우젠** 헷갈리죠. 프로덕션 디자이너의 일이 아트디렉터에서 나왔고. 원래 아트디렉터로
다 통했죠. 프로덕션 디자이너는 역할이 더 전문화되면서 요즘에 나온 말이에요.
프로덕션 디자이너는 영화의 외양을 책임져요. 의상 빼고 전부요. 여러 부분을 모두 커버하죠.
다양한 일을 해야 하는 중대한 역할이죠. 로케이션 현장이 어때야 하는지 책임지고, 세트와 로
케이션 중 뭐가 좋을지 생각하고, 세트 디자인과 제작도 맡고, 세트 장식, 소품도 총괄하죠.
영화에서 미술팀이 하는 모든 게 프로덕션 디자이너의 지휘 아래에 있죠. 미술팀과 감독 사이에
프로덕션 디자이너가 있는 것이죠. 프로덕션 디자이너는 커뮤니케이션을 담당해요. 감독이 바
라는 바가 제대로 실행되는지 확인하죠. 세트 데코레이터, 소품 책임자, 제작 인부들, 페인트공,
영화의 갖가지 분야의 온갖 사람들로부터 얘기를 들어야 되죠.
아트디렉터는 프로덕션 디자이너와 나눈 이야기를 다른 모든 사람들에게 전달합니다. 그러니까
페인트공이나 목수가 특정한 어떤 것에 질문할 게 있으면 아트디렉터를 찾아가죠.

그럼 프로덕션 디자이너는 더 큰 그림을 생각하고 아트디렉터는 그 큰 그림을 실현할 방
법을 생각하나요?

    어떤 면에서는 맞습니다. 어떻게 보여야 하는지, 카메라 앞에서 어떻게 기능해야 하는지 등을
논의하죠. 동등하게 나누는 대화도 있어요. 비용과 스케줄. 이런 대화는 동시에 벌어져야 되죠.
비용 문제는 아트디렉터 소관입니다. 실행에 필요한 것을 프로덕션 디자이너한테 알리는 일은
아트디렉터의 몫이죠. '이것을 할 수 있나요?' 하고 하루에도 천 번씩 묻게 됩니다. 그 '이것'의
자리에는 뭐든 올 수 있죠. '이것은 비용이 얼마나 드나?', '이것은 시간이 얼마나 걸리나?' 이런
질문에도 답을 잘 알고 있어야 하죠.

프로덕션 디자인은 영화의 종류에 따라 달라지나요, 아니면 영화마다 달라지나요?

이 질문을 드리는 것은 웨스 앤더슨 영화들이 SF 영화 같기 때문입니다. 뭐든 다 창조해야 하는 영화라는 점에서 그렇다는 뜻입니다. 실제 현실 세계를 배경으로 하지 않죠. 그러면서도 실제 장소에서 촬영됩니다. 만들어지는 방식도 아주 실제적이죠. 웨스 앤더슨 영화 스타일의 이런 두 가지 면을 어떻게 조화시키나요?

SF 영화라, 아주 멋진 표현입니다. SF 영화를 만들 때에는 '로케 현장이 멋지니까 거기 가서 있는 그대로 촬영하면 돼!' 같은 말은 나올 수 없죠. 허구의 세계를 다루기 때문에 모든 걸 새로 만들어야 해요.

웨스의 영화들도 아주 비슷해요. 현실과 연결되어 있어도, 진짜 로케이션 현장에서 촬영이 이루어져도, 당연하게 받아들일 수 있는 보통의 현실은 어디에도 없죠. 프레임마다, 컷마다, 시퀀스마다 영화를 디자인해야 해요. 현실에 바탕을 두고 있어도, 다 새로 만들어지죠. SF 영화도 과정이 비슷해요. 아무것도 당연하게 여겨서는 안 되고, 모든 부분을 새로 디자인해야 하죠.

그런데 여기서 재미있는 점은, 어떤 영화에나 있는 디자인 과정을 극한으로 몰면 웨스의 영화 디자인이 된다는 사실입니다. 어떻게 보여야 하는지, 그렇게 보이려면 어떻게 해야 하는지 질문해야 하고, 세트를 지을 것인가, 로케이션 장소를 찾아낼 것인가, 로케이션 장소를 찾아서 그곳을 변형시킬 것인가, 선택해야 합니다.

이런 총체적인 과정은 영화마다 똑같다고 할 수 있죠. 그 컷에는 디자인을 100퍼센트로 할 것인가, 75퍼센트로 할 것인가, 아니면 50퍼센트만 할 것인가 말이죠.

그러면 영화 디자인에서는 '미술팀이 얼마나 더하고 변형할 것인가' 같은 질문을 늘 던져야 하는군요. 조명과 카메라 워크에도 늘 조정이 있는 건 당연할 텐데요. 그럼, 프로덕션 디자이너는 '장면이 더 균형 잡혀 보이게 소파를 다른 쪽으로 옮깁시다' 같은 말을 하겠군요.

네. 그렇지만 웨스 영화들에서는 소파를 옮기는 정도로 끝나지 않죠. 웨스가 원하는 디자인의 컷에 맞게 방 자체를 완전히 바꿔야 할 때가 많아요. 실제 방은 웨스가 바라는 모습과 맞지 않을 때가 많지요. 그래서 진짜 방에서 일부는 쓰더라도 나머지는 어울리지 않거나 맞지 않을 때가 많죠.

웨스 영화에서 예를 들 수 있을까요?

웨스가 〈문라이즈 킹덤〉의 오프닝 신에서 원한 비숍 하우스를 아주 확실한 예로 얘기할 수 있겠네요. 웨스를 만족시킬 만한 진짜 집은 어디에도 없어서 그 집을 완전히 새로 지어야 했어요. 그가 바라는 카메라 워크가 가능하도록 지었죠. 그 집을 설명하는 데 도움이 되도록, 움직이는 카메라 주위로 실제 공간을 만들었어요.

비슷한 장면들이 〈그랜드 부다페스트 호텔〉에도 전반에 걸쳐서 나옵니다.

예를 들어, 마담 D의 저택인 루츠 성에서 주방으로 갔을 때, 서지가 아이스픽을 들고 있고 구스타브와 제로는 물잔과 선인장이 놓인 방에 있는 장면이죠?

저희는 주방처럼 보일 수 있는 로케이션 장소를 찾아냈어요. 그런데 웨스는 그 창문에서 출입문까지 복도가 가로로 놓여 있기를 원했죠. 방을 쭉 따라서 뒤로 물러나면 그 방을 나가게 되는 것

으로 보이기를 원했어요. 그 공간은 그럴 만한 여유가 없었죠.

결국 작은 방을 만들고, 그 방에 맞춰 문을 정렬시키고, 카메라 달리 장치가 쭉 이어질 수 있게 노선을 복잡하게 만들었어요. 그 컷을 위해서 방을 새로 만들어야 했죠.

지금 말씀하신 이야기의 원점 같은 얘기를 웨스도 하더군요. 〈바틀 로켓〉에 관한 얘기였어요. 영화 처음에 앤소니가 정신병원을 나오면서, 웨스는 카메라가 이 방에서 저 방으로 움직이기를 원했는데, 촬영 장소가 실제로는 두 개의 방이 아니라, 하나의 큰 방이고, 거기에 파티션을 만들어서 방 두 개가 있는 것처럼 보이게 했다고요. 누가 그 방법을 제안하기 전까지는 어떻게 손쓸 수가 없다고 생각했다고 하더군요. 제안을 듣자 '아, 그래, 벽이 없던 곳에 가짜 벽을 세우고 이 방에서 다른 방으로 가면 되네' 했다는데, 그게 출발점이었나 봐요.

[아담 웃음] 네, 맞습니다.

그렇지만 설명하신 〈그랜드 부다페스트 호텔〉의 주방 장면은 훨씬 더 복잡하죠. 한 컷을 촬영하는 데에, 그 장면이나 카메라 워크에 맞춰서 전체를 바꾸는, 훨씬 더 고난이도의 요구를 말씀하신 것 아닙니까?

정확하게 지적하셨습니다. 그런데 난이도는 이미 아주 높아졌어요. 촬영할 장면을 생각하고, 거기 맞춰서 실제 공간을 변형하는 것은 '그 공간으로 들어가서 실제 모습을 있는 그대로 찍을 거야' 하고 말하는 영화 촬영과 대척점에 있죠. 그런 영화를 만들 때에는 방에 있는 소파를 다른 쪽으로 옮길 수는 있어도, 있는 그대로의 모습에 의문을 제기하지는 않죠. 실제 공간에 의문을 제기하는 것은 생각의 방향을 완전히 바꾸는 일이니까요.

그럼 웨스 앤더슨이 만드는 방식으로 영화를 만들 때, 현실은 카메라의 눈을 통해서 바뀌는군요.

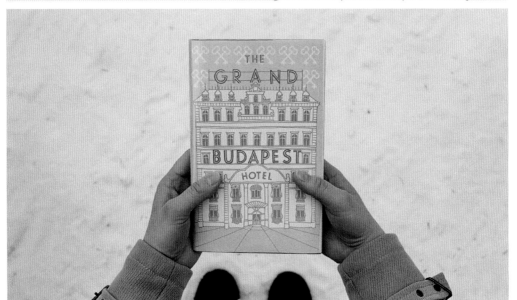

**위** 영화 스토리의 기본이 되는 것으로 상정된 가상의 소설책.
**아래** '작가'의 동상을 찾아오는 젊은 여자의 시점으로 찍은 영화의 한 장면. 자신이 소중히 여기는 책을 내려다보고 있다.

맞습니다. 그런데 재미있는 건, 카메라의 눈을 통하면 언제나 현실은 바뀐다는 사실입니다. 그건 영화의 본성이라고 말할 수 있죠. '그래. 그게 피할 수 없는 조건이야. 그러면 이제 실재하는 현실로 재미있는 걸 만들어보자' 하고 생각할 배짱이 있으면 그때는 작업이 정말 즐거워지죠.

웨스의 영화, 아니 어떤 영화라도, 영화를 디자인할 때에는 카메라를 통해 보이는 것에만 신경을 쓴다, 이렇게 말해도 맞을까요?

　　　맞아요.

카메라 앞에 있는 것은 촬영을 위한 것이고, 카메라를 살짝만, 가령 20퍼센트 정도만 뒤로 빼면 전선, 조명, 점퍼를 입고 주위에 서 있는 사람들이 보이겠네요.

　　　네, 당연히 그렇죠.

〈그랜드 부다페스트 호텔〉에서 실제 공간을 다르게 찍은 예를 하나 더 들려줄 수 있을까요? 특징적인 컷으로요.

　　　아주 재밌던 장면이 있어요. 두 컷에 기차역들이 나오는데 딱 맞는 곳을 찾아내려고 애쓰고 있었어요. 기차역을 찾아내기는 쉽지 않아요. 기차역은 큰 건물이기 마련이고, 외딴곳에 있기 마련이죠. 그리고 이 영화의 배경은 과거니까 1920년대나 1930년대에 지어진 기차역을 찾아야 했어요. 그런 기차역이 과일처럼 나무에 열리지는 않죠. 게다가 배경은 겨울이고, 눈을 온통 덮어야 했어요. 무엇보다 기차를 넣어야 했어요! 기차를 촬영에 쓰는 건 정말 비용이 많이 들어요. 다시 맞추는 데 시간이 많이 걸리고, 가고자 하는 곳으로 가게 만드는 것도 쉽지 않죠.
　　　기차역 하나는 시골에 있는 것이어야 했어요. 탈옥한 다음에 나오는 기차역이죠. 또 하나는 가벨마이스터 피크에 있는 역이죠. 저희는 돌아다니고 돌아다니고 또 돌아다녔어요. 갖가지 기차역들을 살펴보면서 느낌에 딱 맞는 기차역 두 곳을 찾으려고 애썼죠. 안 되더군요.
　　　이제 비용을 아주 많이 들이지 않으면 안 되겠구나 생각했어요. 어떤 기차를 이용할 수 있는가도 문제고, 그 기차로 어떤 일까지 할 수 있는가도 문제였어요. 숲을 눈으로 덮는 데 비용이 얼마나 들지도 문제였죠.
　　　웨스는 그 두 시퀀스에 정말 놀라운 해결책을 가져왔어요. 가벨마이스터 피크에는 버려진 열차 창고를 이용했어요. 열차가 역에 도착할 때 열차 문을 통해서만 역이 보이게끔 장면을 디자인했죠. 카메라를 달리에 놓고 움직이면서 달리에 설치한 조그마한 프레임으로 역이 보이게 해서 기차가 역으로 다가가는 모습을 살렸습니다. 역은 실제로 하나의 각도에서만 보이죠.

그러니까 이 컷에서 열린 문은 액자가 되는 거고, 기차가 역에 다가가면서 보이는 역의 이미지는 프레임 안의 프레임이 되는 거네요.

　　　그렇습니다. 이 기차역에서, 저희가 뭘 보는지, 어떻게 보고 있는지, 어떤 각도에서 보고 있는지 정확히 알고 있었어요. 그래서 저희가 미니밴에서 보는 것처럼 이 컷을 정렬할 수 있었죠. 한 각도에서 본 하나의 시선에 맞춰서 기차역을 짓는 것으로 일이 끝났습니다.
　　　그 컷은 눈에 덮인 나무 한 그루에서 시작돼요. 탱크 한 대를 지나 사람들이 기차를 기다리고 있

는 플랫폼으로 다가갑니다. 그리고 가벨마이스터 피크 역에 도착하죠. 카메라가 멈추면, 관객은 기차역에 도착해서 멈춘 듯이 느낍니다. 기차를 타거나 거대한 기차역을 다 짓거나, 그렇게 힘든 일은 전혀 하지 않고 그 컷을 완성했죠. 하나의 신으로 쭉 이어지면서 산 위에 있는 기차역을 잘 보여주죠. 그 신에서 말하고자 하는 바를 다 말할 수 있었던 것 같아요.

또 다른 기차역은, 빌 머레이가 연기한 인물이 제로와 구스타브를 내려주는 곳이죠. 가벨마이스터 피크로 가는 기차를 타는 역이요. 웨스는 그 장면을 다르게 찍을 아이디어를 생각해냈어요. 다리 아래로 지나가는 자동차를 보여주고, 카메라가 다리 위를 비추면 구스타브와 제로가 자동차에서 내려 열차를 타러 갑니다. 기차역을 따로 보여주지 않아도 되죠! 그래서 저희는 굴다리가 있는 언덕을 찾아냈습니다. 자동차의 액션이 맞아야 하니까 자동차 두 대를 구했어요. 자동차 한 대를 아래로 지나가게 하고 다른 한 대를 다리 위에서 나오도록 했죠. 하나의 컷에서 이걸 다 보여주는 겁니다.

다리가 장면에 들어가야 하니까 공간 여유가 없었습니다. 그래서 기차를 만들었죠. 기차는 진짜 기차가 아니었어요. 마분지와 테이프로 만든 기차죠. 별로 할 게 없었어요.

**연극에 소품으로 나오는 기차 같았나요?**

정말 그랬습니다! 마분지와 막대기로 만들어서 검은색으로 칠했어요. 위에서 연기가 나오게 했죠. 프레임 오른쪽에서 달리 트랙을 따라 밀어서 화면 안에 들어오게 했죠.

메이저 영화에서 이런 식으로 촬영하는 일은 없을 겁니다. 그렇지만 저희는 끝까지 밀어붙였죠! 효과가 좋았다고 생각해요. 그리고 재미있어요.

**해결책이 훨씬 옛날 영화에서 쓰인 방법들을 연상시키네요. 가령 〈사냥꾼의 밤〉에는 로버트 미첨이 연기한 인물 해리 포웰이 말을 타고 가는데, 아이들이 창을 내다보면 말을 타고 있는 미첨이 멀리 실루엣으로 보이는 멋진 장면이 있죠. 원근법을 넣은 그림을 배경으로 스튜디오 안에서 촬영된 장면이고, 로버트 미첨의 역할은 작은 조랑말에 탄 작은 사람이 연기한 게 분명하죠.**

다리 장면에서 저희가 시도한 게 바로 그겁니다. 웨스가 그렇게 한 이유는, 첫째, 오마주고, 둘째, 옛날 방식의 눈속임을 써서 제대로 효과를 낼 수 있으면 다른 방법으로는 결코 얻을 수 없는 매력을 그 장면에 넣을 수 있기 때문이죠.

**위** 배우 찰스 로튼의 유일한 연출작 〈사냥꾼의 밤〉(1955)의 한 장면. 원근법 효과를 내는 배경막과 카메라를 이용해 특수 효과를 냈다.

〈그랜드 부다페스트 호텔〉에서 단순한 기법으로 눈속임한 두 장면.
**위** 제로와 구스타브가 자동차에서 내려 '기차'에 올라타고 있다. 이 '기차'는 사실 바퀴에 기차 모습의 나무판을 올린 것이다.
**아래** 헨켈스(에드워드 노튼)가 가벨마이스터 피크 기차역에 도착하는 '화물 열차'의 '화물칸'을 들여다보고 있다. 실제로는 레일 위에 올린 카메라 앞에 문 모양의 벽을 두고 움직이며 촬영한 것이다. 이 과정에 대해서는 앤더슨 감독이 제2장에서 말했다(114쪽 참조).

**위** 전쟁 발발 직전인 가상의 유럽 국가에서 집으로 돌아가는 자매의 이야기를 다룬 잉마르 베리만의 1963년작 〈침묵〉의 장면들.

**위** 그랜드 부다페스트 호텔 로비를 조감으로 촬영한 장면. 카펫의 무늬와 전체 구성이 베리만의 〈침묵〉을 연상시킨다.
**가운데** 마담 D 저택 정문의 문장(왼쪽), 코박스의 보관증(오른쪽).
**아래** 멘들 빵집 디자인들.

웨스의 영화들에는 이게 실제라고 굳이 관객을 설득시키지 않는 특징, 동일시를 거부하게 만드는 특징도 있지 않나요? 말씀하신 기차 컷들에서는 관객이 기차를 진짜라고 믿어야 몰입할 수 있죠. 그렇지만 케이블카가 산등성이를 올라가서 호텔로 가는 컷 같은 데에서는 다른 느낌이 들어요. 그 컷에서는 모든 게 팝업북 같죠. 그런 것에는 리얼리즘을 생각하지 않게 되죠.

미묘한 균형의 문제죠. 그 케이블카 컷은 관객의 몰입을 막는 장치도 아니고, 인공적인 면을 관객에게 알리기 위해서 강조한 것도 아닙니다. 제가 다리 위의 자동차 신을 설명한 것은 기차를 언급하기 위해서 그랬어요. 자동차에서 내려서 달려가 기차를 타는 거죠. '이걸 얼마나 교묘하게 할 수 있을까?' 혹은 '어떻게 해야 장면을 돋보이게 할 수 있을까?' 같은 게 아닙니다. 스토리 전달의 문제죠.

그렇지만 미니어처를 이용한 테크닉들이나 복잡한 카메라 워크와 효과를 내는 갖가지 방법들을 쓰면, 예전에 이미 확립돼서 관객에게 받아들여진 어휘를 발전시키는 겁니다.

그래서 관객들은 〈그랜드 부다페스트 호텔〉을 보면서 그게 이 영화의 스타일이라는 것을 아주 빨리 받아들이게 되죠. 일단 영화를 받아들인 관객의 머리는 그대로 영화를 따라가죠. 이 영화는 그런 방식으로 스토리를 전달하기 때문에 관객이 스토리에서 빠져나가지 않죠.

스토리 전달 이야기가 나왔으니 말인데, 저는 이 스토리에서 '역사'가 하는 역할, 관객이 화면으로 보는 것에 역사가 끼치는 영향에 관심이 갑니다. 이 역사가 역사책에 나오는 진짜 역사는 물론 아니죠. 허구의 역사 같은 거죠. 하지만 이 왕조 국가 같은 나라가 결국에는 공산주의 위성 국가로 변합니다. 그런 변화를 전달하기 위해서 시도한 것은 무엇이 있나요?

주위에 있는 건축물을 최대한 활용하려 했어요.

괴를리츠에는 바로크 시대부터 내려온 독특한 건물들이 있고, 아르누보 양식의 건물도 있어요. 아마 당시에는 아르누보 스타일이 새로운 것이었겠죠. 말 그대로, 새로운 스타일요. 저희는 그랜드 부다페스트 호텔이 20세기 초에 지어졌다고 가정했어요. 저희 스토리는 그보다 뒤에 시작되지만, 그래도 당시에는 호텔이 비교적 새것이었겠죠. 그래서 주위에 있는 건물들을 저희한테 유리하게 이용할 수 있었습니다.

괴를리츠에 있는 괴를리체 바렌하우스 백화점 건물 외양을 호텔로 이용했죠. 그 위에 치장을 하고 소품을 더해서 특정한 시대와 역사, 말씀하셨듯이 허구의 역사 같은 거지만, 역사를 표현했어요. 그다음에는 그 위에 저희가 만들어낸 것들을 레이어로 입혔죠. 예를 들어서 주브로브카 화폐 단위인 클루벡 화폐 같은 거요. 거기서부터 영화 속 세계가 자체의 역사를 풍부하게 갖추게 되죠. 실제 로케이션 장소와 실제 역사에 뿌리를 두었지만, 그 영화에만 존재하는 세계가 나오기 시작하는 거죠.

웨스는 두 개의 다른 시대에 있는 호텔을 아주 확실하게 보여주기를 원했어요. 시대에 따라서 호텔이 완전히 바뀌기를 바랐죠. 그래서 한쪽에 미니어처를 만들었어요. 관객이 크고 넓게 호텔 전경을 확인할 수 있게 미니어처를 만든 거죠. 호텔의 출발점으로 1930년대의 미니어처를 디자인해서 만들고, 그다음에는 공산주의 시대인 1960년대로 완전히 변한 모습의 미니어처를 또 하나 만들었습니다.

우리가 있던 곳이 예전에 동독이었던 곳이어서 공산주의 건축물의 참고로 삼을 만한 것들이 주위에 아주 많았어요. 체코슬로바키아에도 많았죠. 그 시절 모습 그대로 남은 건물들도 있고, 이전부터 있던 건물인데 그 시절에 개조된 것들도 있었어요. 그래서 이런 건축 양식, 더 적당한 용어가 생각 안 나는데, '브루탈리즘' 스타일로 변형된 건물에 익숙해지죠. 그랜드 부다페스트 호텔도 그렇게 변형됐겠다는 게 저희 아이디어였죠.

옆에는 진짜 백화점 건물이 실제로 있었죠. 그 건물을 꾸미며 1930년대 모습을 만들었어요. 그다음에는 그 1930년대 모습 위에 1960년대 공산주의 시대 호텔의 모습을 새로 얹었죠. 1930년대의 호텔로 꾸민 것 위에 껍질을 더하고 장식을 입혔어요.

촬영은 거꾸로 했어요. 다시 말하면, 1960년대 장면을 촬영하고, 맨 위의 레이어를 다 벗겨서 그 밑에 있던 1930년대의 호텔 모습이 나오게 했죠. 그다음에 1930년대 장면을 촬영했어요.

**웨스는 애니메이션으로 스토리보드를 만들어서 영화를 실제로 촬영하기 전에 '사전 제작' 같은 걸 하죠. 웨스 영화의 시각화에 그런 애니메이션이 어떤 역할을 하나요?**

아주 중요한 역할을 합니다. 애니메이션 스토리보드는 실제로 편집해서 시퀀스를 만들어볼 수 있죠. 보통 스토리보드는 그저 프레임만 볼 수 있는데, 애니메이션 스토리보드에는 움직임이 있으니까 타이밍도 감을 잡을 수 있고, 영화 자체를 느낄 수도 있어요. 이런 영화에서는 아주 중요하죠. 각기 다른 장소, 다른 세트에서 촬영된 시퀀스를 모두 하나처럼 느낄 수 있게끔 맞추려면 어떻게 해야 하는지 초창기에 의논하죠. 처음에는 시나리오를 보고, 그다음 각기 다른 로케이션 장소를 이야기하죠. 그렇게 다른 곳들에서 찍은 촬영분들로 일정하게 시퀀스를 만들려면 그 과정이 아주 복잡해요. 이때 애니메이션 스토리보드가 지도 역할을 하죠.

**예를 들어볼 수 있을까요?**

영화 앞부분에 호텔을 처음 소개하는 장면이 있죠. 엘리베이터가 보이고, 화면은 풍경을 가로로 지나갑니다. 그다음에는 멀리서 보이는 호텔의 전체 모습이 나오죠. 그리고 조금 더 가까이에서 본 호텔 전경이 보입니다. 그 시퀀스는 각기 다른 미니어처들로 만들어졌죠. 실내에서 촬영했고, 배경까지 세트로 만들었죠.

그 요소들을 하나하나 나눠보기 전에는 머리로 다 이해할 수 없죠. 순서대로 스토리보드를 만들고, 그 스토리보드를 애니메이션으로 만듭니다. 애니메이션 스토리보드가 나오면, 미술에 관계된 사람들한테 이렇게 말하면 되죠. "자, 우리가 이렇게 할 겁니다. 이 세트를 만들어야 하고, 이 미니어처를 디자인해야 하고, 다른 요소들을 모두 만들어야 해요."

**그 촬영에서 소재에서나 과정에서나 뭐가 가장 힘들었나요?**

가장 힘든 건 호텔이었어요. 호텔을 짓는 거요. 정말로 큰 세트였어요. 짓는 데에도, 꾸미는 데에도 시간이 많이 들었죠. 1930년대 호텔 위에 1960년대 호텔을 만들어야 했어요. 그 작업 전체가 집중과 주의를 아주 많이 요구하는 일이었죠. 촬영 초반에 완성하고, 숨을 깊이 쉬었죠. 그다음에 돌아서서 '맙소사, 아직 영화 90퍼센트가 남았어!' 했죠.

그다음, 세트가 줄줄이 이어지는 게 힘들었어요. 저희는 아주 빨리 움직이고 있었죠. 세트를 다

짓고 완성해서 촬영해야 되니까요. 촬영이 아주 빨리 진행됐거든요. 그 일정에 맞춰서 세트를 만드는 것만으로도 힘들었어요. 아까 설명한 기차역 컷들 있죠? 2~3일에 그걸 만들어야 했어요. 촬영이 두세 시간에 끝나면, 곧장 촬영할 다음 세트를 준비해야 해요.

그러니까 가장 큰 문제는 스케줄을 보고 '어떻게 여기 맞춰서 세트를 준비하지? 다음 촬영에 맞춰서 세트를 늘 미리 준비하려면 어떻게 해야 되지?' 하는 거죠. 물론 이런 질문은 어떤 영화에서든 염두에 둬야 하는 거지만, 이 영화는 특히 빨리빨리 움직여야 했어요. 준비할 게 아주 클 때도 있었죠. 그래서 일반적인 영화 작업보다 훨씬 힘들었어요.

**영감을 위해서 특별히 본 영화나 다른 소스가 있나요?**

포토크롬 사진들을 보았습니다. 웨스가 인터뷰 때 그 이야기를 했죠? 의회 도서관에 방대한 포토크롬 컬렉션이 있어요.

'유럽' 하면 흔히 떠올리는 에펠탑 이미지 이상의 것들을 보여주는 사진들이죠. 언덕 꼭대기에 있는 호텔들, 아래 마을에서 언덕 위 호텔까지 올라가는 케이블카 등이 실제 사진으로 있어요. 그리고 포토크롬 기법으로 실제 모습에 필터가 하나 더 씌워져서 비현실적이면서도 멋진 이미지를 볼 수 있고, 이 영화에 정말 잘 맞았습니다.

위 구스타브는 좋아하는 향수 '레르 드 파나쉬'를 엄청나게 비축해두고 있다.

그다음에는 영화들을 봤어요. 〈그랜드 부다페스트 호텔〉이 참고한 영화는 아주 많아요. 히치콕의 〈찢어진 커튼〉에는 폴 뉴먼이 연기한 인물이 미행 당하는 시퀀스가 있어요. 호텔에서 나온 폴 뉴먼이 전차를 타고 박물관으로 가죠. 그리고 미행하는 남자를 따돌리려고 해요. 그게 우리 영화에서 박물관 장면이 됐어요. 조플링이 코박스를 뒤쫓는 장면요. 거의 그대로 가져왔어요. 잉마르 베리만의 〈침묵〉에서 사람들이 호텔 안을 돌아다니는 장면들도 봤습니다. 그 영화에서 복도가 저희한테 아주 중요했죠. 〈침묵〉에 나오는 호텔 복도를 참고해서 이 영화의 복도를 만들었어요. 〈블림프 대령의 삶과 죽음〉, 〈사느냐 죽느냐〉, 〈모퉁이 가게〉 등도 봤어요. 그 영화들의 세트가 아주 마음에 들어요. 세트라는 느낌을 주면서도 특별한 세상과 커뮤니케이션하는 느낌도 주죠.

웨스는 영화에서 영감을 얻는 데 그치지 않고 헌팅을 아주 많이 합니다. 로케이션 장소를 헌팅하는 것만 말하는 게 아니에요. 아이디어를 얻고 참고할 것을 찾아서 헌팅하죠. 온천 도시를 다 들렀고, 온천탕도 다 가봤어요. 그렇게 흥미로운 것들이라면 뭐든 다 봤어요. 저희가 만들 허구의 세계에 결국 정보가 될 것들이었죠. 아주 흥미로운 것들을 보면 실제로 그걸 구해서 영화에 넣기도 하죠. 어느 온천에서는 진흙 테라피를 하는데, 쓰레기통 같은 진흙 양동이들이 있었어요. 아주 보기 드문 모습이었고, 저희 마음에 쏙 들었어요. 그래서 그걸 구했죠! 어느 온천에는 파란색 욕조가 있었어요. 웨스가 정말 좋아했죠. 주인한테 전화해서 두 개를 구했어요. 저희 영화에 나오는 욕조가 파란색인 건 바로 그 때문이죠! 영화를 보면, 작은 것 하나도 어디서 구했는지 말할 수 있어요.

**멘들 빵집의 상자와 빵들이 궁금합니다. 음식은 어떻게 만들고, 패키지는 어떻게 만들었나요? 그런 요소들을 디자인하고 만들 때 바탕이 된 생각은 무엇이었나요?**

그 이야기를 꺼내주셔서 아주 고맙습니다. 덕분에 이 영화에서 아주 중요한 역할을 한 두 사람을 이야기할 수 있게 됐네요. 한 사람은 소품 책임자 로빈 밀러입니다. 빵을 만드는 데 핵심 역할을 한 사람은 바로 그예요. 제빵사와 함께 빵을 개발했죠. 그리고 '마술처럼 열리는' 상자의 완성품을 만들기까지 샘플을 8천 개쯤 만들기도 했어요. 또 한 사람은 영화 그래픽 디자이너 애니 앳킨스입니다. 상자의 겉모양을 책임졌고, 아주 뛰어난 결과물을 만들었죠.

두 경우 모두, 사실, 영화에서 그렇지 않은 게 없지만, 과정은 이렇습니다. 먼저 이런 생각을 하죠. '자, 멘들 빵집 상자가 있어야 되고, 멘들 빵집에 그래픽 요소가 필요해. 멘들 빵집 상자는 어떻게 생겼을까? '멘들'이라는 이름이 적혀 있겠지. 그러니까 그 단어를 넣은 디자인이 필요해.' 그다음에는 참고 자료들을 쭉 살핍니다. 이미 있는 빵집 상자들 중에 흥미로운 것들을 살펴보죠. '제일 멋진 빵집은 어디야? 그 빵집을 생각하면 뭐가 제일 먼저 떠오르지?' 거기서부터 또다른 질문이 떠오르죠. '20세기 초부터 1930년대까지 파리와 베를린의 큰 주방은 어떤 모습이었지? 그걸 찾아보고, 당시 큰 빵집 상자들은 어땠는지 알아보자.' 그런 과정을 통해서 상자들을 수없이 살펴보게 되죠. 그러다가 웨스가 와서 말합니다. "나는 이거랑 저게 마음에 들어. 아주 재미있네. 여기 기하학적 무늬를 넣은 방식이 아주 마음에 들어." 그러면 애니가—아니면 어떤 일이든 그 일을 하는 사람이라고 말할 수도 있겠군요. 애니가 그런 다른 디자인 작업이나 배경을 만드는 것이나, 어떤 일이든 이 과정은 기본적으로 똑같거든요—자료들을 다 참고해서 새로운 걸 만들죠. 새롭지만, 깊이 들어가면 참고 자료들에 뿌리를

두고 있는 것이죠. 새 버전, 또 새 버전, 또 새 버전…… 모두가 '이게 제대로 된 것'이라고 동의하는 것이 나올 때까지 계속 새롭게 발전시키죠.

멘들 빵집 상자가 최종적으로 나오기 전까지, 마음에 드는 리본을 만드는 데까지도 몇 주 동안 온갖 샘플들을 봤어요. 정말로 '백지로 다시 돌아가서 시작하는' 프로젝트였죠.

**영화에서 상자가 열리는 게 특이한데 어떻게 그렇게 만들었죠?**

탁자는 가짜예요. 사람이 그 아래에서 낚싯줄을 당기면 상자가 열리죠.

일단 리본 매듭을 풀면 상자가 펼쳐져서 열리기는 해요. 상자가 일본식 종이접기 작품처럼 만들어졌거든요. 그래도 당기는 힘이 약간 필요했죠. 낚싯줄이 없으면 상자 양옆이 곧장 내려가지 않고, 다른 양쪽도 천천히 넘어가요. 상자가 계속해서 변함없이 잘 열리게 하려면 도움을 조금 받아야 했죠.

**그럼, 상자가 실제로는 그렇게 열릴 수 없나요?**

그렇게 열리는 상자도 있을 수 있겠죠. 저희는 실제로 안 되는 것을 만들지 않습니다. 하지만 열리는 과정을 빨리, 또 반복해도 변함없이 이루어질 방법을 찾아야 했어요.

**위** 호세 지오바니의 1957년 소설을 원작으로 한 자크 베케르의 감옥 영화 〈구멍〉(1960). 앤더슨 감독은 〈구멍〉의 음식 검사 장면을 토대로 〈그랜드 부다페스트 호텔〉의 장면(옆)을 만들었다고 말한다. 후자의 장면이 속도가 더 빠르고 더 우스꽝스럽기는 하다.

목수이자 세트 담당인 로먼 버거가 체크포인트 19 교도소의 물품 검사원으로 출연했다. 그는 맡은 일을 가차없이 효율적으로 하지만, 예쁜 것에는 약한 모습을 보인다.

# 알곤퀸 호텔에서

옆 웨스 앤더슨이 〈그랜드 부다페스트 호텔〉 메인 세트에서 루츠 군인들에게 연기를 지도하고 있다. 호텔 안내원 역을 맡은, 자주색 옷을 입은 사람은 게오르그 리트만스페르거로, 괴를리츠에서 영화를 촬영하는 동안 감독과 배우들이 머물던 호텔 뵈르스 사장이다. 게오르그의 아내 사비네 에울러도 영화에 출연했다. 1968년 배경 부분에서 교사(화가) 역을 연기했다.

위 마담 D의 유언장을 이루는 증거물 더미로, 시나리오에는 '쪽지, 영수증, 서류, 봉투, 엽서, 편지, 갖가지 끈과 천 조각'이라고 묘사되었다.

뒤 1932년 시퀀스에서 구스타브가 제로에게 교육을 시작하는 장면을 촬영하는 현장의 랄프 파인스, 웨스 앤더슨, 토니 레볼로리.

세 번째이자 가장 긴 〈그랜드 부다페스트 호텔〉 대화는 2014년 2월에 이루어졌다. 웨스는 새 영화 개봉 행사로 뉴욕에 잠시 와 있었다.

우리는 알곤퀸 호텔에서 만났다. 가장 큰 목적은 슈테판 츠바이크에 대해 이야기하는 것이었다. 물론 다른 이야기도 더하기로 했다. 대화는 두 시간 남짓 계속됐다. 호텔 로비 작은 탁자에서 시작해서 옆에 있는 자리로 옮겨가며 이어졌다.

나는 츠바이크의 주요 작품들을 미리 읽었다. 『감정의 혼란』, 『두려움』, 「강박」, 『우체국 여자』, 『연민』, 「황혼에 전해진 이야기」, 「늦게 갚은 빚」, 『어제의 세계』 등이었다. 이번 대화에서는, 웨스가 츠바이크에게서 가져온 것과 가져오지 않은 것은 무엇인지, 츠바이크의 작품에 초점을 많이 두었다. 그리고 보이스오버 내레이션과 내레이션의 쓰임, 혹은 잘못 쓰인 내레이션 등 스토리 전달 장치, 중심 주제, 스타일처럼 반복되는 상황도 이야기했다. 시간이 흐르면서 대화는 추억의 영역으로 들어가기도 했다. 특히 웨스의 친구이자 동료로 몇 달 전 세상을 떠난 쿠마르 팔라나의 추억을 더듬었다.

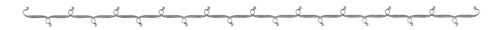

# The
# THIRD
## Interview

**매트 졸러 세이츠** 줄거리와 대사 외에 시나리오에 세부 사항을 넣는 문제는 어떻게 결정하나요?

**웨스 앤더슨** 전에는 시나리오에 뭘 많이 넣었어요. 제가 알고 있는 걸 전부 넣곤 했죠. 의상이나 세트 세세한 부분에 제가 아는 정보가 있으면, 각각의 팀들도 다 알 수 있도록 시나리오에 넣었어요.

그러다가 언제부터 그렇게 많이 넣는 일을 그만뒀어요. 스토리를 따라가는 데, 인물을 상상하는 데 도움이 될 만한 것만 넣으려고 애쓰기 시작했죠. 특정 음악을 시나리오에 명시하는 것도 그만뒀어요. 화면에 나오는 사람들이 부르는 그레고리오 성가처럼 장면에 정말 필수적인 것만 넣고, 특정한 곡을 지정하지 않아요.

**이유가 뭐죠? 저작권자가 시나리오를 읽고 '웨스 앤더슨이 이 노래를 정말 쓰고 싶은가 봐. 돈을 많이 받을 수 있겠지?' 이럴까 봐 그러나요?**

아니면 누가 시나리오를 손에 넣고 저희한테 기회가 오기도 전에 그 노래를 다른 영화에 쓸 수도 있어요. 그런 일은 비밀로 하는 것도 그다지 나쁘지 않아요. 그리고 시나리오에는 카메라 워크에 대해서 쓰지 않아요. 읽을 때 재미없으니까요. '카메라는 이러저러하게 움직여' 같은 말도 가끔 하지만, 어떻게 촬영해야 하는지 꼭 표현해야 할 때에만, 직접 카메라 워크를 언급하지 않으면 달리 설명할 방법이 없을 때에만 그런 말을 하죠. 〈다즐링 주식회사〉에는 카메라가 객차 안에서 이동하며 거기 있는 사람들을 보는 장면이 있어요. 그걸 '꿈 기차'라고 하셨죠? 그런 장면은 카메라 워크를 언급하지 않고는 설명할 수 없죠. 어떻게 촬영할지 사람들한테 말해야 하는 장면이죠.

**이 영화 시나리오에서는 내레이션이 아주 독특합니다. 스토리 진행을 돕는 정도에서 그치는 내레이션이 아니고, 내레이션 자체가 큰 역할을 하죠. 게다가 내레이션의 양도 많죠. 감독님은 영화를 어떻게 진행할지 미리 청사진을 아주 확실하게 짜 놓고 촬영을 시작하는 것으로 알려져 있고, 카메라 워크와 배우**

옆 애드리언 브로디(드미트리 역)가 호텔에 들어오는 장면을 촬영 감독 로버트 예먼(흰 티셔츠를 입은 남자)과 의논하고 있다. 이 장면으로 영화의 클라이맥스인 액션시퀀스가 시작된다.

의 동작이 내레이션과 특별한 방식으로 서로 맞물려 진행되도록 구성하신 것으로 알고 있습니다. 어떻게 그렇게 맞췄나요?

음.

**감독님의 시나리오를 보면, 보통 시나리오와 다릅니다. 문학 작품처럼 읽혀요. 내레이션과 화면 속 움직임의 경계가 완성된 영화에서 보는 것보다 시나리오에서는 좀 불분명합니다.**

아까도 말했지만, 시나리오는 읽히기 위해 쓰는 겁니다. 그러니까 저는 단편 소설에 더 가깝게 시나리오를 써요. 영화를 만들 사람들이 아니라 독자를 위해 쓴다는 생각으로 시나리오를 씁니다. 영화를 만들 때에는 어쨌든 제가 그 자리에 있을 테니까요.

**촬영장에 계신다는 말씀이죠?**

그렇습니다.

실제로 제가 촬영하려고 생각하는 것과 다르게 시나리오를 쓸 수도 있어요. 때때로 그렇게 씁니다. 시나리오에는 다르게 쓰지만, 그렇게 쓰면서도 '내가 촬영장에 가면 이 장면은 다르게 찍어야지' 하고 미리 생각할 때가 있죠. 어떤 장면을 시나리오에 적을 때, 제가 머릿속에 생각하는 실제 촬영 모습과 다르게 쓸 때가 많아요. 제 생각을 정확히 글로 묘사하면 글이 너무 길어지거나 혼란만 불러올 수도 있죠. 누가 시나리오를 읽고 헷갈리면 안 되죠.

저는 구두점에도 신경을 많이 쓰는데, 그런 건 영화에 안 나오죠.

**촬영을 마친 다음에 내레이션을 쓰면, 화면의 움직임에 맞춰서 내레이션이 흐르게 할 수 있죠. 그렇지만 이 영화는 그렇게 만들어지지 않았죠? 내레이션이 먼저 정해진 뒤에 촬영을 시작했죠?**

그렇습니다.

**그런데 화면과 내레이션이 딱 맞아 돌아갑니다. 내레이션이 조금 흐른 뒤 등장인물이 '그러자 그 사람이 말했다……' 같은 대사를 하면 그 인물의 대사에 맞춰 카메라가 회전하며 인물을 화면에 잡습니다.**

어떻게 그렇게 하시죠? 실제 촬영 때 어떻게 진행하는지 궁금합니다.

음, 머레이와 주드와 제이슨 등등이 모두 촬영장에 있고, 어떻게 되는가 하면, 각자 자기 파트를 연기하고, 제가 내레이션을 말하고, 배우들이 계속하고, 그런 식이죠.

그럼, 배우들이 연기하고 있을 때 감독님이 프레임 밖에서 내레이션을 크게 읽는 거군요?

네, 그런데 랄프랑 찍은 어느 신에서, 정확히 어떤 신인지는 기억이 안 납니다만, 그때도 제가 내레이션을 읽어야 할 부분이었어요. 첫 테이크를 찍고 있었죠. 랄프가 자기 대사를 하고, 제가 내레이션을 읽었어요. 늘 그렇게 해오던 일이었는데, 랄프가 나를 보면서 이러더군요. "뭐 하는 거죠, 달링? [매트 웃음] 꼭 이렇게 해야 돼요? 다른 방법은 없나요? 감독님 목소리를 그냥 상상하면 안 되나요?"

그냥 상상하는 것만으로 타이밍을 제대로 맞출 수 있었나요?

랄프는 아주 정확해요.
다른 곳에서, 이 대사와 저 대사 사이에 여유를 줄 수 없는 곳들도 있었어요. 그럴 때에는 '이걸 해결할 방법을 찾으려면 나중에 편집실에서 고생하겠군' 하고 생각하죠.
그렇지만 해결했어요. 요즘은 디지털이라는 대안이 있죠. 어떤 것을 아주 살짝만 속도를 늦추고 다른 것의 속도를 조금 올릴 수 있죠. 알아챌 수 없을 정도로 살짝 조정할 수 있어요. 전에는 쓸 수 없었던 방법이죠.

영화 학교나 시나리오 책에서는 '말로 설명하지 말고, 시각적으로 표현하라'고 가르치잖아요. 이렇게 내레이션을 쓰지 않는 풍조에서 이 영화는 내레이션을 썼어요. 그런 점이 흥미롭습니다. 〈어댑테이션〉에는 농담도 나오죠. 로버트 맥키 세미나에서 소심한 시나리오 작가가 관중 앞에 앉아서 혼자 '나는 끝났어, 나는 가치가 없어……' 하고 중얼거리는 소리가 보이스오버로 들리고 맥키가 소리치죠. "그 보이스오버를 작품에 써요! 하늘이 도왔네요, 친구!" 그 시점부터 영화의 보이스오버 내레이션이 멈추고 다시는 들리지 않죠.

영화에서 그런 내레이션을 처음 들은 게 언제일까요? 관객을 스토리에 끌어들이려는 출발점에만 있었던 게 아니라, 영화의 역사 내내 있었던 게 아닐까요? 1930년대 영화들 중에 내레이션이 있는 것을 말하라고 하면 떠오르는 게 없지만, 1940년대 영화에서는 아주 많이 얘기할 수 있습니다. 어때요? 1930년대 영화들 중에서 우리 영화에 나온 것 같은 내레이션이 들어간 영화를 말해보세요.

정말 생각이 안 나네요. 유성 영화가 막 나온 시기라서 그럴까요? 인물들의 말소리가 들리는 게 너무 좋아서 보이스오버의 필요성을 못 느꼈을까요?

그때는 생각이 못 미쳤을지도 모르죠. 뉴스 영화에서

는 이미 보이스오버를 하고 있었는데, 그 시절 워너 브라더스의 갱 영화에는 보이스오버가 없어요. 코미디나 루비치 스타일의 영화에도, 아니, 어떤 영화에도 없어요. 1934년 검열 시행 전 할리우드 영화들에는 보이스오버가 없어요. 그렇지만 필름누아르에는 있고, 전기 영화*에도 좀 있어요.

영상과 보이스오버가 복잡하게 상호작용하는 내레이션이 미국 영화에서 처음 크게 꽃핀 장르가 필름누아르였죠. 1940년대에 시작됐고, 저는 초기 최고의 작품으로 〈이중 배상〉을 꼽습니다. 그렇지만 누아르가 아닌 영화에서도 내레이션을 볼 수 있죠. 프랭크 카프라는 1946년 〈멋진 인생〉에서 이런 내레이션을 잘 이용했어요. 1946년에는 내레이션이 쓰인 필름누아르도 전성기를 이뤘죠. 카프라 영화를 보면, 사건이 보여진 뒤에 이야기가 들리는 것 같은 느낌까지 들죠. 다큐멘터리나 〈좋은 친구들〉 같은 영화에는 정지 화면도 많아요. 그래서 〈멋진 인생〉을 보다 보면, 관객은 주인공 조지 베일리의 삶에 관한 영화를 보고 있는데, 중간에 천사와 성 베드로가 영상을 정지시키고 이제 무슨 일이 벌어질지 의논하는 것 같죠.
제가 좋아하는 영화 〈이브의 모든 것〉에도 내레이션이 많이 나와요. 누가 옆에 앉아서 스토리를 들려주는 것 같죠. 그렇지만 1930년대에는 말씀대로 배우의 연기로만 스토리가 진행됐어요. 다시 처음으로 돌아가서, '말로 설명하지 말고, 시각적으로 표현하라'는 명제에 대해 어떻게 생각하시죠?

스토리의 문제점을 해결하려고 내레이션을 이용한 게 분명해 보이는 영화도 있죠. 그렇지만 내레이션 부분의 글을 잘 쓰면, 또 내레이션이 영화 전체에서 확실한 역할을 하면, 문제가 달라지죠.
큐브릭 영화를 보면, 내레이션의 아주 좋은 예를 확인할 수 있습니다. 〈롤리타〉에는 험버트 험버트가 스토리의 목소리, 혹은 영화의 목소리로 나오죠. 원작이 일인칭 소설인데, 원작 소설과 영화가 같은 거죠. 〈킬링〉에는 스토리에 연관되지 않은 게 확실한 내레이터의 입에서 나오는 멋진 내레이션이 있죠.

네, 누군가 읽는 범죄 기사를 듣는 것 같은 제삼자의 내레이션이 사건 뒤에 나오죠.

〈배리 린든〉에도 조금 변형된 제삼자의 내레이션이 나오죠. 그리고 〈시계태엽 오렌지〉에서 다시 아주 뛰어난 일인칭 내레이션이 나와요. 마이클 허가 쓴 〈풀 메탈 재킷〉에도 일인칭 내레이션이 나오죠. 허는 〈지옥의 묵시록〉에도 내레이션을 썼어요. 최고의 보이스오버 내레이션이죠.

레이먼드 챈들러 같죠. '베트남에 간 필립 말로' 같은 구석이 있어요. "이곳에서 살인죄를 구형하는 것은 인디 500 자동차 경주에서 속도위반 딱지를 건네는 것과 같다."

코엔 형제도 내레이션을 잘 쓰죠. 아주 놀라운 방식으로 쓸 때도 있어요. 〈위대한 레보스키〉에는 일종의 해설자 같은 사람의 내레이션이 나오는데, 그 내레이터가 영화에 등장하죠. 어떻게 나오게 되는지는 모르지만, 어쨌든 나와요. 〈허드서커 대리인〉에도 비슷한 장치가 있는데, 그 영화에서는 스토리에 내레이터가

───────
* 비평가이자 영화 역사학자인 데이비드 보드웰은 다음과 같이 말한다.
내레이션에 대한 매트와 웨스의 말은 옳다. 우리가 흔히 생각하는 내레이션, 특히 공공연히 혹은 은밀히 관객을 안내하는 보이스오버를 통해 각기 다른 인물의 스토리들 사이로 관객을 자유롭게 이동시키는 내레이션의 개념은 1940년대에 제대로 발전했다. 영화의 보이스오버 내레이션을 다룬 최고의 책은 사라 코즐로프의 《보이지 않는 스토리텔러들》이며 이 책에 나오는 내레이션이 많은 초기 영화의 예들은 대부분 1940년대의 것이다. 1930년대에는 그런 내레이션이 드물었다. 음향을 영상과 싱크하려면 음향이 간결해야 했던 것도 이유일 것이다. 그래도 두 가지 커다란 예외가 있다. 하나는 윌리엄 K. 하워드가 감독하고 프레스턴 스터지스가 시나리오를 쓴 《권력과 영광》(1933)이다. 다른 하나는 사샤 기트리의 〈어느 사기꾼의 이야기〉(1936)다.
더 올라가면 '보이스오버' 내레이터들이 있는 1920년대 영화들을 떠올려 볼 수 있다. 그러나 영상과 싱크된 음향이 없었으므로, 내레이션은 영화 중간에 끼어드는 자막으로 전달됐다. 이런 식으로 《칼리가리 박사의 밀실》(1920)에 연속적인 보이스오버가 존재한다. 등장인물 프란시스는 액자 속의 이야기처럼 주된 스토리를 관객에게 들려준다(《그랜드 부다페스트 호텔》의 스토리 전달과 비슷하다). 그 시기 자막을 내레이션의 예로 가장 유명한 영화는 빅터 소스트롬의 〈유령 마차〉일 것이다. 이 영화 역시 스토리 안에 스토리가 있다.
그러나 무성 영화에서는 내레이션이 쭉 이어지는 느낌을 받지 못한다. 적어도 유성 영화에서 느낄 수 있는 것과 같은 느낌은 없다. 무성 영화에서 영상이늘 내러티브에 끼어든다.
누가 다른 누구에게 스토리를 들려주는 것만 보이스오버가 아니라는 점이 매력적이다. 보이스오버는 순전히 주관적일 수도 있고("내 기억에는……"), 요즘에는 관객에게 곧장 말을 던지기도 하는─가령 〈제리 맥과이어〉(1996)의 오프닝이나 〈키스 키스 뱅뱅〉(2005) 전체, 《드래그넷》에피소드 중에서 웨스와 매트가 큐브릭의 《킬링》 내레이션을 설명할 때와 비슷한 내레이션을 택한 에피소드들─한다. 1950년 《이브의 모든 것》에 이르면, 아주 복잡하게 얽힌 내적 시점을 보이스오버를 통해 보고 들을 수 있다(그렇게 복잡해진 것은, 영화사 사장 대릴 F. 자눅이 작가이자 감독인 조셉 맨케비츠에게 영화의 몇 부분을 들어내라고 강요했기 때문이기도 하다).
이 문제에 있어 나에게 흥미로운 점 또 하나는, 보이스오버 테크닉이 액자식 구성 역학에 잘 맞는 이유다. 액자식 구성은 파졸리니의 《아라비안 나이트》나 플래시백 속 플래시백이 들어 있는 1940년대 영화에서 볼 수 있듯 아주 복잡해질 수 있다.

위 1968년 식사 장면에서 F. 머레이 아브라함과 주드 로를 연출하는 웨스 앤더슨.

웨스가 츠바이크로부터 배운 것이 나는, 액자식 구성의 힘이다. 새로운 인물이 나올 때마다 내레이터가 바뀌며, 보이스오버는 플래시백을 넘어서(플래시백도 액자식 구성 같은 역할을 한다) 더 자체적인 역할을 한다(이 책 235쪽으로 가면 〈그랜드 부다페스트 호텔〉에서 화면 비율 변화를 분석한 보드웰의 글을 볼 수 있다).

** 구스타브 (보이스오버)
로비 보이는 누구인가? 로비 보이는 전혀 눈에 띄지 않으면서도 항상 보여야 한다. 로비 보이는 손님이 싫어하는 것이 무엇인지 알아야 한다. 로비 보이는 손님에게 필요한 것이 생기기 전에 필요한 것을 알아야 한다. 무엇보다 로비 보이는 잘못된 것을 보고 들었을 때 입이 무거워야 한다.

더 연관되어 있죠.

〈문라이즈 킹덤〉에서도 그런 것을 시도했죠? 밥 발라반이 맡은 '해설자' 역의 인물이 처음에는 스토리와 상관없는 듯이 보이지만 몇 장면이 지나가면 스토리에 들어오잖아요.

〈위대한 레보스키〉와 〈허드서커 대리인〉, 두 영화가 내레이션에 있어서는 비슷하죠. 〈분노의 저격자〉에도 그런 게 나오죠? 그렇죠? 〈분노의 저격자〉에서는 누가 보이스오버를 하죠?

**M. 엠멧 월쉬가 연기한 사립탐정 비죠.**

M. 엠멧 월쉬가 직접 내레이션하는군요.

아마 무덤에서 했겠죠.

〈선셋 대로〉 같은 아이디어군요.

〈롤리타〉와 〈배리 린든〉, 〈킬링〉 등 큐브릭 영화를 언급하셨어요. 모두 적극적인 내레이션의 예죠. 영화를 보는 관객에게 정보를 제공할 뿐더러 더 많은 것 혹은 다른 것도 제공하죠. 관객이 지금 보고 있는 것을 어떻게 받아들여야 할지 설명하는, 즉, 영화의 어조를 더 명확하게 뒷받침하는 내레이션도 있고, 관객을 다른 방향으로 끌어가서 화면에서 벌어지는 사건에 대한 관객의 반응을 더 복잡하게 만드는 내레이션도 있습니다.

큐브릭의 〈롤리타〉는 후자의 내레이션이죠. 소설의 부분 부분을 들려주는 제임스 메이슨의 내레이션이 없다면 아주 다른 영화가 될 겁니다. 유머 감각이 사라지고, 전체적으로 순전히 야한 영화가 되겠죠.

제 기억이 정확하지 않을 수도 있지만, 제가 〈그랜드 부다페스트 호텔〉에서 내레이션을 떠올린 데에는 〈롤리타〉의 제임스 메이슨 내레이션도 한몫했습니다. 그래서 '작가'라는 인물을 영국인으로 정했던 것 같아요. 〈롤리타〉의 제임스 메이슨을 생각할 때 주드 로가 떠올랐고요.

어쨌든 주드 로와 같이 일하고 싶었어요. 〈헨리 5세〉에서 주드 로를 봤는데, 아주 뛰어났어요. 스티븐 소더버그의 〈사이드 이펙트〉에도 나왔죠. 그 영화 보셨어요?

**네. 아주 과소평가된 영화죠.**

주드가 아주 뛰어났어요.

어쨌든 〈문라이즈 킹덤〉에도 내레이션이 나오는데, '관객에게 알리고 싶은 정보가 있다, 그리고 그 정보를 전달할 방법은 내레이션뿐이다' 같은 역할밖에 하지 않았어요. 스토리 진행에만 이용했죠.

그렇지만 이 영화에서는 슈테판 츠바이크 같은 걸 시도하려고 생각하고 있었어요. '어떤 남자가 누구를 만나서 이야기를 들으면서 이야기가 펼쳐지기 시작한다' 이런 거요.

영화에서 관객에게 이야기를 들려줄 인물이 있으면, 내레이션을 넣게 되죠. 이 영화의 내레이션은 좀 특이하게 가지를 치고 레이어를 이루기는 하죠.

어떤 부분에서는 랄프 파인스도 내레이션을 하는 것 같아요. 구스타브가 제로에게 가르침을 줄 때도 있고, 몽타주 장면에서 보이스오버가 나올 때도 있죠.

**네, 보이스오버 대사 같은 거죠. 저는 '은밀한 내레이션'이라고 부르곤 합니다.** **

## #1 이중 배상 (1944)

**감독**
빌리 와일더

**시나리오**
빌리 와일더, 레이몬드 챈들러
원작: 제임스 M. 케인

**내레이터**
월터 네프(프레드 맥머레이)

**내레이션 기능**
네프는 필리스 디트리히슨(바바라 스탠윅)이 남편을 살해하는 것을 돕지만 그 계획이 어떻게 실패했는지 사건이 일어난 뒤 설명한다.

**내레이션 예**
월터: 더운 오후였고 그 길에서 나던 인동꽃 냄새가 아직도 기억난다. 살인이 때로는 인동꽃 같은 냄새를 풍길 수 있다는 것을 내가 어떻게 알 수 있었겠나.

*Cine·Star*™

## #2 멋진 인생 (1946)

**감독**
프랑크 카프라

**시나리오**
프란시스 굿리치, 알버트 해킷, 프랑크 카프라
보충 장면: 조 스월링
스토리: 필립 반 도렌 스턴

**내레이터**
클레란스 오드바디(헨리 트래버스), 천사 조셉(조셉 그랜비), 수석 천사 (모로니 올젠)

**내레이션 기능**
마을금고를 운영하는 조지 베일리(제임스 스튜어트)가 심한 좌절에 빠졌을 때 그를 구하려는 천사 클레란스를 위한 스테이지를 만든다.

**내레이션 예.**
클레란스: 이봐, 쟤는 누구야?
조셉: 쟤가 바로, 네 숙제야. 조지 베일리.
클레란스: 저 아이가?
조셉: 열두 살이던 1919년 모습이야. 이제 벌어지는 일을 잘 기억해둬.

*Cine·Star*™

## #3 이브의 모든 것 (1950)

**감독**
조셉 L. 맨키비츠

**시나리오**
조셉 L. 맨키비츠

**내레이터**
애디슨 드위트(조지 샌더스), 카렌(셀레스트 홈)

**내레이션 기능**
이브 해링턴(앤 백스터)이 뉴욕 연극계에서 떠오르게 된 과정을 회고하며 말한다.

**내레이션 예**
애디슨: 책을 읽지도 않고, 연극을 보지도 않고, 공영라디오 방송을 듣지도 않고, 자신이 살고 있는 세상에 대해 아무것도 알지 못하는 사람을 위해 제 소개를 하지 않을 수 없군요. 제 이름은 애디슨 드위트고, 고향은 연극 무대죠. 그렇지만 무대에서 힘을 쓰지도, 몸을 움직이지도 않습니다. 저는 평론가입니다. 연극에 꼭 필요한 사람이죠.

*Cine·Star*™

## #4 선셋대로 (1950)

**감독**
빌리 와일더

**시나리오**
찰스 브래킷, 빌리 와일더, D.M. 마쉬맨 주니어

**내레이터**
조 길리스(윌리엄 홀든)

**내레이션 기능**
내레이터 조 길리스가 한물간 스타 노마 데스몬드(글로리아 스완슨)의 저택 풀장에서 시체로 떠오르기까지 상황을 죽은 뒤에 설명한다.

**내레이션 예**
조: 나는 풀장이 있는 집을 늘 바랐다. 그 풀장에 이렇게 들어왔다. 이제 해질 무렵이고, 나는 사진을 천 번쯤 찍었다. 그리고 사람들이 정원에서 쓰는 갈고리로 나를 끌어낸다, 아주 부드럽게. 우습다. 죽은 뒤에야 사람들이 이렇게 부드럽게 대하다니……

*Cine·Star*™

## #5 킬링 (1956)

**감독**
스탠리 큐브릭

**시나리오**
스탠리 큐브릭
대사: 짐 톰슨
원작: 라이오넬 화이트, 「클린 브레이크」

**내레이터**
내레이터(아트 길모어)

**내레이션 기능**
경마장 강도 계획을 세운 도둑들, 그들의 열정과 곤경에 철저히 등을 돌린 운명. 도둑들과 운명 사이에서 냉소적인 관찰자의 시선을 만든다. 내레이션 대부분은 아주 건조하고, 신문기사나 헤밍웨이 소설에서 나왔을 법하게 들린다.

**내레이션 예**
내레이터: 9월 마지막 주 토요일, 정확히 오후 3시 45분, 다섯 번째 경주가 벌어지는 경마장에 있는 수만 명의 사람들 중에서 아무 흥분도 느끼지 않는 사람은 마빈 웅어뿐이었다. 웅어는 경마에 전혀 흥미가 없었고, 평생 도박을 경멸해왔다. 그럼에도 불구하고 다섯 번째 경주에 달리는 모든 말에 5달러씩 걸었다. 이런 특이한 베팅은 손해를 볼 확률이 높은 것도 알고 있었지만, 상관하지 않았다. 20이나 30달러를 잃는다 해도 나중에 얻을 큰돈을 생각하면 그 손해는 아무것도 아닐 테니까.

## #6 히로시마 내 사랑 (1959)

**감독**
알랭 레네

**시나리오**
마르그리트 뒤라스

**내레이터**
그녀(엠마누엘 리바), 천사 조셉(조셉 그랜비), 수석 천사(모로니 올젠)

**내레이션 기능**
과거의 강렬한 사건들(역사적 사건이건 개인적 사건이건)로 입은 감정적 신체적 영향을 언어로 제대로 표현할 수 없다는 사실을 상기시킨다.

**내레이션 예**
그녀: 이 도시가 사랑에 맞춰진 것을 내가 어떻게 알 수 있었겠어요? 당신이 내 몸에 맞춰진 것을 내가 어떻게 알 수 있었겠어요?
당신은 훌륭해요. 어쩌면 이렇게 멋진지. 당신은 훌륭해요.
어쩌면 이렇게 갑자기 천천히. 어쩌면 이렇게 부드럽게. 당신은 몰라요. 당신은 나를 파괴해요.

## #7 (1962)

**감독**
스탠리 큐브릭

**시나리오**
블라디미르 나보코프, 스탠리 큐브릭(크레디트에는 밝히지 않음)
원작: 블라디미르 나보코프

**내레이터**
험버트 험버트 교수(제임스 메이슨)

**내레이션 기능**
소설의 일인칭 시점 서술을 영화에도 제공한다. 묘사되는 사건의 기이함과 그 사건을 낭만적으로 묘사하는 내레이터의 태도 사이에서 긴장을 만들어낸다.

**내레이션 예**
험버트: 나를 미치게 만드는 것은 이 조숙한 소녀, 노련하게 조숙하다고 말할 수 있을 소녀의 양면적 본성, 내 사랑스러운 롤리타의, 황홀한 순진무구하면서도 기이하게 천박한, 뒤섞인 성격이다. 이렇게 일기를 적는 것은 미친 짓이다. 나도 안다. 하지만 일기를 적고 있으면 기묘한 스릴을 느낄 수 있다. 그리고 이 세밀한 글은 사랑이 넘치는 부인들만 이해할 수 있을 것이다

## #8 시계태엽 오렌지 (1971)

**감독**
스탠리 큐브릭

**시나리오**
스탠리 큐브릭
원작: 앤서니 버저스

**내레이터**
알렉스(말콤 맥도웰)

**내레이션 기능**
살인을 일삼는 악한 주인공의 복잡한 내면에 관객을 집중시킨다.

**내레이션 예**
알렉스: 갑자기 내가 해야 할 일, 내가 하고 싶었던 일이 보였다. 자살. 뒈지기. 이 사악하고 잔인한 세상에서 영원히 벗어나기. 순간 아플지도 모르지. 그다음에는 잠드는 거야. 아주 아주 영원히.

## #9 (1973)

**감독**
테렌스 맬릭

**시나리오**
테렌스 맬릭

**내레이터**
홀리 사기스(시시 스페이섹)

**내레이션 기능**
사이코패스 청소부 키트 커러더스(마틴 쉰)과 10대 소녀의 광기를 담은 스토리에 아이러니를 더한다. 처음에 홀리는 로맨스 소설 같은 말로 관계를 설명한다. 끝부분에 왔을 때에는 더 '성숙'해지지만, 그래도 자신이 저지른 범죄를 제대로 직면하지 않는다.

**내레이션 예**
홀리: 해가 질 때 출발했다. 서스캐처원 주의 산맥으로 향했다. 키트에게는 법의 손길이 닿지 않는 마법의 땅이었다. 키트에게 내가 어느 때보다 필요했지만, 우리 사이에 무언가 있었다. 나는 키트에게 눈길도 주지 않고 있었다. 차에 앉아서 지도를 보며 혀를 입천장에 대고 글을 모두 읽었다. 아무도 읽을 수 없는 곳에서.

*Cine·Star*™

## #10 배리 린든 (1975)

**감독**
스탠리 큐브릭

**시나리오**
스탠리 큐브릭
원작: 윌리엄 메이크피스 새커리

**내레이터**
내레이터(마이클 호던)

**내레이션 기능**
새커리 소설 속 인물들의 감정과 생각을 객관적으로 설명하고 해설한다. 3인칭의 내레이션은 소설에서 그대로 따온 것이다. 스크린에 보이는 인물들의 열정과 불행에 차갑고 객관적인 내레이션이 조금 기묘하게 충돌하곤 한다.

**내레이션 예**
내레이터: 남자들은 기사도 시대를 이야기하지만, 기사들이 이끈 농사꾼, 밀렵꾼, 소매치기 들을 생각하라. 위대한 전쟁 영웅들과 왕들이 세상에서 살인으로 업적을 세운 것은 이 사람들을 비참한 도구로 썼기 때문이다.

*Cine·Star*™

## #11 지옥의 묵시록 (1979)

**감독** 프란시스 포드 코폴라

**시나리오**
존 밀리어스, 프란시스 포드 코폴라
원작: 조셉 콘래드, 「어둠의 심장」

**내레이터**
벤자민 L. 윌라드 대위(마틴 쉰)

• 베트남 회고록 〈보고서〉의 저자인 언론인 마이클 허가 후반 작업에서 윌라드 대위의 보이스오버 내레이션을 썼다.

**내레이션 기능**
조셉 콘래드의 「어둠의 심장」을 20세기에 맞추는 방법. 윌라드의 내레이션으로 다른 누구에게 들려주는 이야기 속의 이야기.

**내레이션 예**
윌라드: 내가 그 빌어먹을 군대에 있지도 않았는데 그 일로 나를 소령으로 진급시키려 했다. 모두가 바랐다. 누구보다 그가 바랐다. 그는 내가 자신의 이름을 없애기를 기다리며 저기 있다고 느꼈다. 그는 한심하고 부패한 변절자가 아니라 군인으로 꼿꼿이 나가기를 바랐다. 정글조차 그가 죽기를 원했다. 그리고 그 정글이 바로, 그에게는 명령을 받는 상관이었다.

*Cine·Star*™

## #12 베를린 천사의 시 (1987)

**감독**
빔 벤더스

**시나리오**
빔 벤더스, 페터 한트케
도움: 리처드 라이팅저

**내레이터**
셀 수 없이 많음

**내레이션 기능**
이 영화에 직설적인 보이스오버가 많지만, '은밀한 내레이션'이라고 불릴 만한 예도 있다. 분단된 베를린 시민들의 생각을 천사들이 엿듣는 언급한다. 그 조각조각난 생각과 계시들이 시적인 태피스트리를 만든다.

**내레이션 예**
다미엘(브루노 간츠): 아이가 아이일 때,
무엇에도 아무 의견이 없고,
아무 습관이 없다.
다리를 꼬고 앉고,
달려가고,
머리를 딱 붙이고,
사진을 찍을 때에는 아무 표정도 짓지 않지.

*Cine·Star*™

**#13** 좋은 친구들 (1990)

**감독**
마틴 스콜세지
**시나리오**
니콜라스 필레지, 마틴 스콜세지
**원작:** 니콜라스 필레지, 『와이즈가이』
**내레이터**
헨리 힐(레이 리오타), 카렌 힐(로레인 브래코)

**내레이션 기능** 마피아의 삶을 인류학적으로 회상한다. 나중에 밝혀지지만, 힐의 내레이션은 증인 보호 프로그램에 들어가기 앞서 정부 요원에게 증언하는 내용이다. 헨리가 증인석에서 나와서 카메라를 보며 말할 때 밝혀진다. 화면에서는 헨리가 잔인함에 충격을 받은 표정을 보이지만 보이스오버의 목소리는 쾌활하고 초연할 때가 있어서, 이런 부조화가 호기심을 자아낸다. 헨리의 내레이션이 주를 이루지만, 그의 아내 카렌의 내레이션도 중간쯤 나와서 다른 시각을 관객에게 제공한다. 스콜세지의 다음 갱 영화인 1995년작 〈카지노〉에는 여러 내레이터가 나온다.

**내레이션 예** 헨리: 원하는 건 뭐든 전화 한 통이면 해결됐다. 자동차들. 도시 곳곳에 쉰여 곳의 은신처 열쇠들. 주말이면 2만, 3만 달러를 도박에 걸고, 딴 돈을 일주일 안에 다 써버리거나, 잃은 돈을 갚으려고 고리대금업자한테 갔다.

Cine·Star™

**#14** 위대한 레보스키 (1998)

**감독**
조엘 코엔
**시나리오**
에단 코엔, 조엘 코엔
**내레이터**
낯선 남자 (샘 엘리엇)

**내레이션 기능** 내레이터가 생각을 처음부터 끝까지 이어가며 레보스키(제프 브리지스)의 어이없는 모험을 설명한다. 영화 초반, 내레이터는 화면에 비치지 않고 목소리만 들리는 인물이지만, 나중에 아무 준비 없이, 특별한 이유 없이, 화면에 모습을 드러낸다.

**내레이션 예** 낯선 남자: 간혹 이런 사람이 있어요. …… 음, 그때 그 장소에 맞는 사람. 네, 거기 딱 맞아요. 로스앤젤레스에 사는 듀드가 그런 사람이죠. 게으른 사람이라 해도, 아, 듀드는 정말 게으른 사람입니다. 로스앤젤레스 카운티에서 가장 게으를 겁니다. 세계 게으름뱅이 대회에 나가도 될 겁니다. 하지만 간혹 그런 사람이 있어요…… 간혹, 그런 사람이 있어요……. 이런, 전철을 놓쳤네요.

Cine·Star™

**#15** (1999)

**감독**
알렉산더 페인
**시나리오**
알렉산더 페인, 짐 테일러
**원작:** 톰 페로타
**내레이터**
짐 매칼리스터 교장(매튜 브로데릭), 트레이시 플릭(리즈 위더스푼), 폴 메츨러(크리스 클라인), 태미 메츨러(제시카 캠벨)

**내레이션 기능** 학교 선거 스캔들에 주요한 역할을 한 인물들의 시점으로 갈등을 전달한다. 다큐멘터리처럼 만들어진 스토리 안에 별도의 정보처럼 내레이션이 등장한다. 코믹한 정치 영상으로 내레이션 화자가 바뀌는 것을 알리기도 한다.

**내레이션 예** 트레이시 플릭: 사랑하는 예수님, 예수님한테 자주 말하거나 뭘 요구하지는 않지만, 정말이지 내일 있을 선거에서는 저를 도와주셔야 해요. 예수님도 잘 아시겠지만, 저는 그럴 자격이 있으니까요. 그리고 폴 메츨러는 자격이 없으니까요. 태미 메츨러가 자격 미달로 떨어진 것도 예수님께서 하신 일이라는 걸 저는 깨달았어요. 이제 한 걸음만 더 나아가서 제가 있어야 할 곳에 저를 넣어주세요. 하늘에서 뜻이 이루어지듯 이 땅에서는 제가 예수님의 뜻을 받들게요. 아멘.

Cine·Star™

**#16** 뉴 월드 (2005)

**감독**
테렌스 맬릭
**시나리오**
테렌스 맬릭
**내레이터**
포카혼타스(코리안카 킬처), 존 스미스(콜린 파렐), 존 롤프(크리스찬 베일) 등등

**내레이션 기능** 맬릭에게 큰 영향을 미친 〈히로시마 내 사랑〉처럼 이 영화의 내레이션은 언어로 포착할 수 없이 복잡한 감정을 표현하려 한다. 맬릭의 1998년작 〈씬 레드 라인〉에서는 단독 내레이션이 나오지만, 이 영화에서는 스타일을 바꿔서 여러 사람의 내레이션이 나온다.

**내레이션 예** 포카혼타스: 어머니, 어디에 사시나요? 하늘에? 구름에? 바다에? 얼굴을 보여주세요. 계시를 주세요. …… 우리는 솟아올라요. 저 자신이 무서워요. 저한테는 그 사람이 신 같아요. 어머니 가까이에 있지 못하면 삶이 무슨 소용인가요. 의심받나요? 저는 어머니에게 바친 몸. 어머니는 저. 어머니에게 충성을 다할게요 정말이에요. 둘이면 돼요. 하나. 하나. 저는 그래요…… 저는 그래요.

Cine·Star™

여러 내레이터가 나와서 멋진 효과를 냅니다. 내레이션 안에 내레이션이 있죠.

저는 오프닝 시퀀스를 많이 생각했어요. 아가씨가 나와서 동상으로 가죠. 이 동상의 주인공인 작가가 쓴 책이 영화의 스토리가 되죠. 또한 그 스토리는 작가가 다른 사람한테서 들은 것이고요. 그러면 그 아가씨는 감독님과 비슷한 역할을 하는 셈이죠. 〈그랜드 부다페스트 호텔〉을 두 번째로 보았을 때, 저는 그 오프닝 시퀀스의 마지막 컷을 다시 생각했어요. 그러면서 스스로에게 질문했죠. '여기서 우리가 보고 있는 것은 뭘까?' 저는 그게 영화의 핵심이라고 생각합니다. 열면 작은 인형이 계속 나오는 러시아 인형처럼 스토리 안에 스토리가 있고, 그 안에 또 스토리가 있고, 또 스토리가 있죠. 관객은 제로한테 일어난 스토리를 보죠. 제로한테는 아주 개인적인 이야기이고, 또 사건과 감정의 면에서 제로에게는 아주 사실적인 이야기지만, 그 이야기가 전해지고 또다시 전해져서 결국 사실이 아닌 전설이 되죠. 오프닝 시퀀스의 아가씨는 손에 책을 든 채 작가의 동상을 쳐다보죠. 묘하게도 제 머릿속에는, 그 순간이 우화에 아주 가까운 이 영화의 톤을 정당화한다는 생각이 들었어요. 감독님은 오프닝 시퀀스를 통해서 그 과정을 관객에게 드러낸 거죠.

그렇지만 교훈을 주는 우화로 느껴지는 것은 아닙니다. 두 주인

공은 달리고, 산을 오르고, 점프하고, 숨고, 얼굴을 숨기려고 빵상자들을 높이 듭니다. 우스꽝스러운 순간에도 죽음의 위협이 두 주인공 위에 계속 떠다니죠.

이 영화는 조금 이상합니다. 아주 부드럽게 나가다가 갑자기 꽤 빨라지고, 나머지 부분은 정말 빨리 진행됩니다. 그러다가 또 갑자기 다시 느려지죠. 머레이 아브라함과 주드 로가 나오는 장면들은 완전히 다른 영화죠. 그 장면들은 리듬이 완전히 다르다는 뜻입니다.

그리고 이 영화는 제가 생각한 것보다 조금 잔인해졌어요. 시나리오를 쓰는 동안에는 사람 사지가 얼마나 잘려나가는지, 총이나 칼이 얼마나 쓰이는지 알아채지 못했어요. 그런데 파리에서 영화 전편을 볼 때 친구를 초대했는데, 친구가 딸을 데려왔어요. 친구 딸이 영화를 보는 내내 눈을 가리고 있더군요. 그래서 생각했죠. '릴리가 보기에는 너무 잔인한 영화구나!' 그런 방향으로는 전혀 생각하지 않았거든요. 피가 나오는 게 그냥 웃길 거라고 생각했어요. 비명을 지르고 있는 여자 머리를 머리카락을 잡고 들어올리는 것도, 지금은 그게 왜 역겨운지 알 수 있지만, 시나리오를 쓰고 촬영할 때만 해도 심각하게 무서운 장면을 만들겠다는 생각은 없었어요.

잔인하기는 하지만 〈이블 데드 2〉처럼 잔인하죠. 관객들이 그걸 보고 '아, 비인간적이야' 하지는 않아요. 거슬러 가면 〈판타스틱 Mr. 폭스〉에서 조금 실험한 로알드 달 스타일의 유머도 있죠. Mr. 폭스의 꼬리가 넥타이로 쓰이지만, 관객이 무서워하는 반응을 끌어내기 위한 것은 아니고 그냥 심한 농담이죠.

『웨스 앤더슨 컬렉션』 책에서 〈판타스틱 Mr. 폭스〉를 이야기할 때, 폭스의 꼬리를 떼는 것은 로알드 달의 아이디어였지만 영화에서는 거기에 꼬리를 넥타이로 바꾸는 터치를 더했다고 말하

위 영화 프롤로그에 등장하는 루츠 묘지의 '작가' 동상.

아래 왼쪽 〈그랜드 부다페스트 호텔〉 스토리를 공동 집필한 휴고 기네스가 그린 슈테판 츠바이크 캐리커처.

아래 오른쪽 프랑스 파리 뤽상부르 공원에 있는 츠바이크 동상.

옆 〈그랜드 부다페스트 호텔〉의 스틸 세 장. (위) 루츠 저택의 서재 벽난로 위 '사과를 든 소년'이 늘 걸린 자리에서 그림이 사라졌음을 깨달은 드미트리가 바라보는 카탈로그 페이지. (가운데) 그림을 바꿔 치기 한 자리에 걸린 '마스터베이션하는 두 레즈비언'은 웨스 앤더슨을 주제로 팬아트를 그린 바 있는 리치 펠레그리노가 의뢰를 받아서 그렸다. (아래) 구스타브(랄프 파인스)가 '사과를 든 소년'의 포즈를 취하고 있다("비슷해 보여?").

## Lot 117

### "Boy With Apple"

JOHANNES VAN HOYTL THE YOUNGER
*(1613-December 1669)*

Van Hoytl, native son of the Murkish Low-lands, worked
his bright pigments in slowest solitude. Remarked
especially for his light and shade; and his attraction to
the lustrous and the velvety. Extremely unprolific and
therefore a financial failure, he nevertheless produced
perhaps a dozen of the finest portraits of the period.

**A RARE AND IMPORTANT VAN HOYTL**

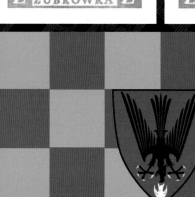

면서 감독님이 덧붙인 말이 있는데, 저는 그 말이 좋았어요. "그게 이 협동 작업을 기본적으로 정의합니다."

네.

그래서 슈테판 츠바이크 이야기로 돌아와서, 그 협동 작업을 정의해보죠. 슈테판 츠바이크 작품을 처음 읽은 게 언제인지 기억하시나요?

어디서 슈테판 츠바이크에 대한 글을 읽은 건 틀림없는 것 같은데, 정확히 무슨 글인지는 기억나지 않아요. 그러다가 몇 년 전에 파리에 있는 서점에서 우연히 책 한 권을 발견하고 몇 쪽 읽었죠. 읽자마자 푹 빠졌습니다.

처음 읽은 작품은 『연민』이었습니다. 처음에는 그 책을 그냥 각색할 수도 있겠다고 생각했어요. 그 책의 영화판을 만드는 거죠. 그다음에 츠바이크 책을 더 읽고, 생각하기 시작했습니다. '전체 작품의 느낌을 가져오자.'

츠바이크의 문장과 스토리에서 받은 느낌은 무엇이었죠?

첫 느낌을 말하자면, 그 책 『연민』이 독자를 끌어들이는 방식이 좋았어요. 모르는 사람이 자기 이야기를 들려주고, 그걸 들은 사람이 또 이야기를 전달하죠. 츠바이크의 단편 소설에는 그런 방식이 많아요. 츠바이크의 기본 방식이라고 말할 수도 있죠.

다른 사람의 이야기를 말로 설명하거나, 『낯선 여인의 편지』의 경우처럼 발신인 주소도 서명도 없이 도착한 낯선 편지로 이야기가 펼쳐지거나, 그런 방식으로 전개되는 츠바이크의 소설

을 쭉 생각해보고 있어요. 셀 수 없을 만큼 많군요.

이런 전개 방식을 생각하니 『웨스 앤더슨 컬렉션』에서 얘기했던 주제가 다시 떠오릅니다. '스토리에 액자를 씌우는 것'이요. 〈그랜드 부다페스트 호텔〉에서는 정말 말 그대로 스토리에 액자를 씌웠어요. 인물들이 관객에게 스토리를 전달하게 하는 문학적 액자도 있고, 시각적으로는 액자의 형태도 바꿨죠.

그래서 말인데, 화면 비율을 이야기하지 않을 수 없군요. 화면에 연도도 숫자로 나오고, 프로덕션 디자인도 시대에 따라 달라집니다. 그러니까 굳이 화면 비율을 그렇게 하지 않아도 되지 않나요?

그렇습니다. 스토리 중에서 어느 시대에 있는지는 등장인물들을 보면 알 수 있죠. 그리고 시대가 바뀌면 시각 요소들도 달라지죠. 그런데 그 변화가 은근하기를 바랐죠. 색상이나 요소들이 그냥 낡아 보이는 데 그치지 않고, 전체적으로 변화된 느낌을 주려고 했어요. 화면 비율을 바꾼 것은, 정말로 그냥 재미로 했어요. 흥미로울 것 같았어요. 늘 1.33 비율의 영화를 만들고 싶었는데, 이번에 기회가 왔죠.

구스타브의 죽음에서는 왜 흑백이 되죠? 영화 다른 곳에서는 흑백 장면이 없지 않나요?

네, 흑백 사진을 빼면, 없을 겁니다. 죽음 장면이 유일한 흑백이죠. 글쎄요, 왜 그렇게 했는지 분석하고 싶지는 않아요. 그냥 그대로 두고 싶어요.

로알드 달의 『헨리 슈거』 읽어보셨어요?

그럼요! 『기상천외한 헨리 슈거 이야기』. 어릴 때 그 책에 푹 빠졌죠.

옆과 위 〈그랜드 부다페스트 호텔〉 미술팀에서 만든 주브로브카 우표, 국기, 신분증, 여행 허가서 등등. 이 가상의 국가 이름은 16세기에 처음 나온 폴란드 바이슨 그라스 보드카 이름을 딴 것이다. 나치 친위대 에스에스의 배지(옆의 아래 왼쪽)는 웨스 앤더슨이 처음 스케치한 지그재그 배지(옆의 아래 가운데), 최종 지그재그 배너(옆의 아래 오른쪽)와 비슷하다.

아동용 책으로는 이상하죠. 그 책 이야기를 꺼낸 것은, 츠바이크처럼 레이어가 겹쳐져 있기 때문입니다. 책 안에 책이 있죠. 열면 또 나오고, 또 나오고, 또 나오는 것이죠. 긴 단편에 이야기를 들려주는 사람이 층층이 있어요.

제가 『연민』을 보자마자 사로잡힌 것도 그 때문이죠. 『연민』은 아주 기묘하고 강렬한 스토리예요. 기병대 경험뿐 아니라 오스트리아 헝가리 제국 전체의 경험을 아름답게 묘사하죠. 츠바이크는 제가 별로 읽어보지 못한 시대와 장소를 배경으로 글을 썼어요. 그런데 읽으면서 실제로 거기 있는 기분이 들었죠.

**그러면서 그 시대와 장소를 설명하는 데에 아주 간결하고 시적인 문장을 썼죠.**

『연민』은 이런 메모로 시작하죠. "장교의 규칙, 당시 군 생활의 규칙을 아는 게 중요하다."* 그런 식의 짧은 메모가 소설의 실제 머리말의 역할을 해요.

**츠바이크는 해설자처럼 독자에게 자세한 목록을 펼치기까지 하죠.**

**머리말에서요?**

아뇨, 스토리가 전체적으로 진행되면서요.
그 점이 츠바이크의 거의 모든 작품에서 두드러진 특징이라고 저는 느꼈어요. 츠바이크는 목록의 장인이죠.

**재밌네요. 예를 들어보세요.**

『어제의 세계』에서는, 인류학적 탐방이라고 할 만한 것을 보여주는데, 그걸 예로 삼을 수 있겠군요. 빈의 커피숍에 대해서 한 장을 다 할애하죠. 츠바이크는 커피숍이 커피 한 잔 값으로 들어갈 수 있는 '특별한 형태의 교육 기관'이자 '정치 클럽'이라고 말합니다. 그다음에는 커피숍에서 할 수 있는 것들을 모두 나열합니다. 대화, 글쓰기, 카드놀이, 편지 받기, 커피숍에 있는 신문과 정기 간행물 읽기. 츠바이크는 이렇게 썼죠. "빈에 있는 좋은 커피숍에는 빈에서 나오는 신문이 모두 갖춰져 있다. 그뿐 아니라 독일 제국 전체를 비롯해서 프랑스, 영국, 이탈리아, 미국 신문 들도 있다. 그리고 문예지와 예술 잡지도 있다."
그리고 다음 장에서는 빈 커피숍에서 이루어지는 온갖 지적인 경쟁들을 나열합니다. 그리고 가장 저평가되었거나 묻힌 철학자로 누구를 생각하는지 이야기하며 경쟁하는 모습을 묘사합니다.

**맞아요.**

**츠바이크는 분류 학자 같아요.**

츠바이크는 자기가 쓰고 있는 자신의 현재와 아주 다른 세상에 대해서 이야기하죠. 빈에 있던 신문들이 어땠는지 묘사합니다. 신문 같지 않죠. 오히려 일간으로 발행되는 문예지 같아요. 철학 글도 있고, 소설과 시도 있어요. 그게 아침마다 현관문 앞에 놓이죠. 그렇지만 츠바이크는 새로운 것에 사로잡히는 게 아니라, 과거의 것에 사로잡혀 있어요.

『어제의 세계』에서 학생들을 묘사한 게 무척 마음에 들어요. 커피숍에 모인 학생들은 모두 자기가 가장 돋보이려고 하죠. 누가 니체를 이야기하면, 니체는 한물갔다고 하면서 키르케고르를 부르짖는 사람이 나오죠. 다른 사람들은 손에 넣지 못한 것을 읽을 수 있는 것이 승리로 여겨져요. 〈사랑도 리콜이 되나요〉에 나오는, 음반 가게에서 서로 잘난 체하는 음악광들 같죠. 음반이 아니라 철학이 주제인 게 다르고요.

**맞습니다. 그러다가 아주 뜬금없이 스포츠를 이야기합니다.**\*\* 신체에 대한 갑작스러운 관심. 국수주의가 부상하던 그 시기에 국수주의와 손잡는 것을 그렇게 묘사하고 싶었겠죠. 츠바이크는 세상이 팀으로 갈렸다고 말하면서, 예술가들 사이에서는 그런 일이 없다고 하죠. 예술가들 사이에 경쟁은 있지만, 예술에서 예술가들이 경쟁하는 것은 코스모폴리턴이 되고 싶기 때문이며, 보통 사람들이 팀으로 경쟁하는 것과 완전히 다르다고 말합니다. 츠바이크가 보기에, 스포츠와 국수주의에 대한 갑작스러운 관심은 종말의 시작이었죠.

〈그랜드 부다페스트 호텔〉이라는 제목을 '어제의 세계'로 바꿔도 될 것 같습니다. 과거를 돌아보며, 객관적인 세상의 모습이 아니라 한 사람의 시각으로 본 세상, 과거부터 현재까지 그 사람이 안고 있는 모든 추억과 기억들, 궁극적으로는 한 무더기의 단편일 뿐인 것들로 이루어진 세상을 설명하죠.

츠바이크의 수집품에 대해서 읽어보셨어요? 혹시 보셨나요? 츠바이크는 『어제의 세계』에서 결국 그 얘기를 하려고 빙빙 돌아온 것 같아요. 어쨌든 츠바이크는 육필 원고와 악보를 모았대요. 수집광이었어요.

네. 그리고 사실, 츠바이크는 수집가인 자신의 모습을 여러 소설에서 등장인물에 투사했죠. 츠바이크가 누구의 아파트에 있는 물건들이나 옷장에 있는 옷가지를 강박적으로 나열하는 것에서 그런 심리를 느낄 수 있죠.

오스트리아에서 떠날 때 자기 물건을 모두 버려야 했던 것을 아주 크게 아쉬워했죠.

그리고 츠바이크의 인물들은 도망을 아주 많이 치는 것 같아요. 역사에서, 전쟁에서, 그리고 많은 경우 그냥 개인적인 불행에서 도망치죠. 어둠을 틈타서 들키지 않고 도망쳐야 할 때가 많죠.

『우체국 여자』에도 아주 비슷한 게 나와요. 그 책의 마지막 부분은 그런 형식을 취하죠. 『우체국 여자』는 후기작이에요.

**『감정의 혼란』은 읽었나요?**

학생과 교수, 교수의 젊은 아내가 나오는 거죠.

**네. 교수의 아내가 화자인 학생과 사랑에 빠지죠.**

좋은 소설이죠. 주인공이 베를린 학교에 들어가서 방탕한 생활에 빠지고, 그 아버지가 아들을 보러 와서 아들의 방탕을 목격하죠. 그래서 마음을 굳게 먹고 하이델베르크로 가요. 그곳은 순수한 곳이고, 정말 면학의 분위기로 충만한 곳이죠.

네, 저는 『감정의 혼란』에서 츠바이크의 화자가 학식이 많고 매력적인 나이 든 남자한테서 들은 이야기를 묘사하는 것에 정말

ZIG-ZAG
ZZ
DIVISION

옆 플롯에서 중요한 정보를 전달하는 동시에 영화 속 가상의 유럽을 확립하는 신문들.

뒤 영어, 불어, 독일어로 출간된 츠바이크의 소설, 단편집, 수필집 등의 표지 모음.

---

* "우리 정신의 많은 부분은 오래전에 우리에게 만들어진 인상과 영향을 자동으로 받아들인다. 어린 시절부터 군대식 훈육을 심하게 받으며 자란 남자는 상관의 명령에 지대한 심리적 영향을 받으며 절대 복종하게 된다. 그는 군대의 명령이라면 어떤 것에도 좌우되는데, 논리적으로는 설명하기 힘든 일이지만, 자신의 의지는 사라진다. 명령받은 일이 무의미하다는 사실을 잘 알고 있을 때에도 군복이라는 구속복 속에서, 그는 반항하지 않고 거의 무의식적으로 몽유병 환자처럼 명령을 따른다."

** "예전에 겨울은 산에서 보내기에 형편없는 계절로, 선술집에서 카드놀이를 하거나 난방이 지나친 방에 지루하게 앉아 있는 때였다. 그러나 이제 사람들은, 피부 바로 아래까지 피를 보내는 폐에 맛있는 과즙이 되는, 뜨겁지 않은 햇빛을 받을 수 있는 곳으로 겨울 산을 발견했다. …… 일요일이면 밝은색 스포츠웨어 차림의 수천만 명이 스키나 터보건을 타고 눈 쌓인 경사면을 미끄러져 내려온다. 스포츠 센터와 수영장이 곳곳에 생겼다. 수영장의 변화도 확실히 볼 수 있다. 내가 젊을 때에는 온통 턱살이 늘어졌거나 배가 튀어나왔거나 어깨가 좁은 종족뿐이고, 그 속에 몸매가 괜찮은 남자 하나가 무척 돋보였지만, 오늘날에는 햇빛에 그을리고 온갖 스포츠 활동에 다져진 탄탄하고 늘씬한 젊은이들이 그리스 로마 시대 미술품에서 보듯 서로 활기차게 경쟁한다." 슈테판 츠바이크, 『어제의 세계』(푸시킨 프레스), 216~17.

# Trans-Alpine Yodel

February 17th, 1936    ALL THE NEWS FROM ACROSS THE NATION IN TWO DAILY EDITIONS    ½ kl-. Zubrowka nr. 546

# MMIGRANT CLAIMS FORTUNE

## RO MOUSTAFA OF THE      FREE LUTZ UNDERGROUND

r is over. Not merely he battlefields from o Pfeiffelstaad, but a the chambers of gh financial court Mr. Zero Moustafa, , of the Lutz Under-, won the decisive ent that will now tionably lead to nsfer of the vast

into his two small hands. It was a fight from which he was absolutely determined and perhaps pre-destined to emerge victorious. "No, I can't say I deserve a penny or a square foot of any of it -- but it's mine, just the same." His comments, as always, were succinct. "My plans, at the moment,

Thank you for your time, gentlemen." When offered condolences for the recent deaths of his wife and child, his response was merely a sad smile, a nod, and a hasty exit out the back doors of the House of Justice. He sped away on a loud, black motorcycle. Sources within the in-

council revealed his intention to travel immediately to the Maltese Riviera where the most remote of his properties sits, mothballed, on a low peak at the end of the ancient promontory made familiar to all Zubrowkans in the great poem of Mr. Darrellman: "Under

---

WEATHER—CLOUDY
ed, cooler tonight and Thursday

# THE CONTINENTAL DRIFT

PUBLICATION OFFICE
Lutz, Zubrowka
Telephone LZ 1234

## VOICE OF FREE EUROPA

64. № 333    COMPLETE EDITION     MONDAY 24TH MARCH 1940     EIGHTEEN PAGES    PRICE   In Alpine Sudetenwaltz ½ Kl. Elsewhere 1 Kl-.

# ERO CORNERS MARKET

The acts and actions ro Moustafa are now and wide. Ten years s a mere page work-fringes of the lobby and Budapest Hotel. s ago, he inherited y of the Desgoffe fortune and became re in an afternoon. ago, he led a fringe f the Lutz Under-an historic victory

the Occupation. Last week, he cemented his monopoly in Eastern European Coal. Yesterday afternoon, during a quiet ceremony at an unknown and undisclosed location in the Zubrowkan-Alpine extremities, he politely accepted the current administration's highest honor: Medal of Valor, Republic of Zubrowka. Inspector A.J. Henckels, once of the Lutz Police Militia

of the Government-in-Exile, read a few brief words to the assembly. We reproduce them verbatim in his own words: "We were introduced on a train, a decade and a lifetime ago. In the interim we have all suffered losses which can never be regained -- but our dignity and our future will not be among them. I share the viewpoint of our friend the late Gustave H. in esteeming

of this singular young man. With respect: please, accept this symbol of our crippled nation's gratitude and respect. It is a mere trifle."

Moustafa's has been a discreet but resounding advance through the corridors of industry and commerce. Reared on the mean streets of Aq-Salim-al-Jabat, he survived the genocide of his people and the devastation of his country. He

his own two, shoeless feet. The story of his apprenticeship with the late Gustave H. has been described in these pages previously. M. H's death was a great blow to the young Lobby Boy, but it was the loss of his wife and infant child fourteen months later that, some say, permanently and irrevocably crushed his spirit. Perhaps this was, in its infinite sadness and mystery, to the benefit and

browka. He emerged from this tragedy fearless and bent on self-sacrifice, gave his life to the liberation of his adopted nation -- and lived.

On Tuesday morning Moustafa's chess game with Eastern European Goal came to a decisive conclusion. It is estimated that his personal wealth will increase by a quarter over the next fiscal term due to the radically favorable

---

TRUTH AND WISDOM
★
r the Workers of the World

# DAILY ⟨LUTZ ★⟩ FACT

TRUTH AND WISDOM
★
For the Workers of the World

SDAY (SREDA), NOVEMBER 28, 1950     ZUBROWKA     (NUMBER) 232

# PACT WITH COMMISSAR

## COMRADE ZERO M.

GRAD — In acdgement of his bravery during cupation and his ess to share his tional assets and ties with his com-in our new and homeland, the ariat of Lands reasures has for-granted Mr. Zero fa all rights of

propriety and ownership to the Grand Budapest Hotel. It will be a place of refuge to all the People of Zubrowka.

Due to the abolition of private property within our commonwealth, negotiations between

the administration and Moustafa's legal team have been exceedingly complex and peculiar. Records of the discussions between the parties are said to run to over eleven hundred pages and will now be

censored and sealed in the state vaults where they are expected to remain in deep storage indefinitely.

The Grand Budapest Hotel contains 228 rooms. Mr. Moustafa has agreed that the grand suites of the lower floors will be divided and partitioned in a democratic fashion.

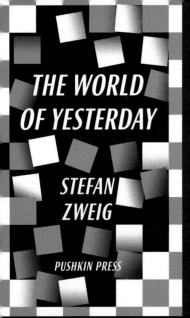

THE WORLD
OF YESTERDAY

STEFAN
ZWEIG

PUSHKIN PRESS

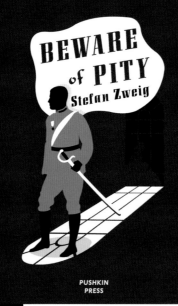

BEWARE
of PITY
Stefan Zweig

PUSHKIN
PRESS

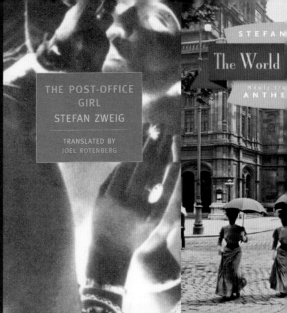

THE POST-OFFICE
GIRL
STEFAN ZWEIG

TRANSLATED BY
JOEL ROTENBERG

STEFAN
The World

ANTHE

PUSHKIN PRESS

FEAR

STEFAN ZWEIG

STEFAN ZWEIG

DIE WELT
VON GESTERN

ERINNERUNGEN
EINES EUROPÄERS

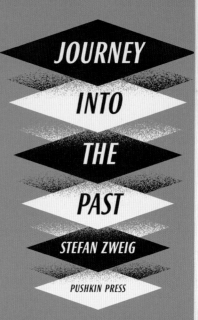

JOURNEY

INTO

THE

PAST

STEFAN ZWEIG

PUSHKIN PRESS

LE JOUEUR
D'ÉCHECS

NOUVELLE
DE
STEFAN ZWEIG

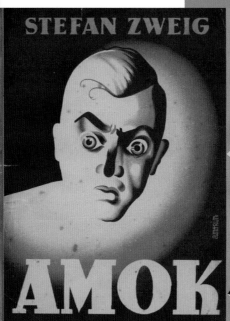

STEFAN ZWEIG

AMOK

LETTER
FROM AN
UNKNOWN
WOMAN

STEFAN
ZWEIG

PUSHKIN
PRESS

Stefan
**Zweig**
La Confusion
des sentiments

*Le Livre de Poche*

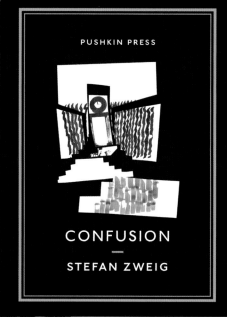

PUSHKIN PRESS

CONFUSION

STEFAN ZWEIG

STEFAN ZWEIG
SCHACHNOVELLE

WEIG
ULD
ZENS
AN
ER

Stefan
**Zweig**
Vingt-quatre
heures
de la vie
d'une femme

*Le Livre de Poche*

Stefan Zweig
Die Welt von Gestern
Erinnerungen
eines Europäers

Stefan
Zweig
Die Welt
von
Gestern

G B. Fischer

fan Zweig
ndes Geheimnis

Bücherei Nr. 122

STEFAN ZWEIG
Ungeduld des Herzens

FISCHER KLASSIK

STEFAN ZWEIG

Angst

Novelle

RECLAM

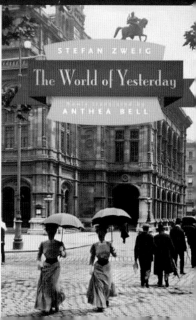

STEFAN ZWEIG
The World of Yesterday
ANTHEA BELL

큰 감명을 받았어요. 〈그랜드 부다페스트 호텔〉의 구조도 이렇게 스토리가 전달되는 것으로 이루어지는데, 이 영화를 못 봤더라도 저는 『감정의 혼란』의 이야기에 빠려들었을 겁니다.

*더 젊은 사람에게 이야기를 들려주는 나이 든 사람.*

츠바이크는 이렇게 썼죠. "이 시간을 어떻게 설명할 수 있을까? 나는 종일 기다렸다. 오후가 되자, 나의 참을성 없는 정신에 무겁고 불쾌한 초조가 따갑게 내려앉았다. 저녁이 올 때까지 시간을 견딜 수 없었다.
저녁을 먹은 뒤에는 그의 서재로 곧장 올라갔다. 나는 그에게서 등을 돌리고 책상에 앉아 있고, 그는 방을 계속 어슬렁거렸다. 그러다가 리듬을 찾았다. 즉, 목소리를 높여서 전주를 시작했다. 이 놀라운 사람은 감정의 음악성에서 모든 것을 만들기 때문이었다. 그는 생생한 음표가 있어야만 생각을 끄집어냈다. 대개 그것은 이미지, 강렬한 은유, 극적인 장면으로 시각을 확장한 3차원의 배경으로, 그는 빠르게 이야기하면서 스스로 부지불식간에 그것을 떠올렸다. 이 즉흥 이야기에서는 아주 자연스러운 창의력의 결정체라 할 만한 것이 흔들리며 빛나곤 했다."

그 부분은 교수가 강의하는 모습을 묘사한 거죠. 하지만 사실, 교수가 하고 있는 것은, 자기 연구를 리프 연주하고 자기 생각과 개념을 소설 속 화자에게 전하는 것뿐이죠. 그렇죠?

네. 리프 연주. 여기서는 일대일의 강의지만, 강의실에서도 마찬가지죠. 『감정의 혼란』이 전통적인 연애소설이라면, 이 소설의 '유레카!' 순간은 남자가 여자와 사랑에 빠졌음을 깨닫는 때가 되겠죠. 하지만 '유레카!' 순간, 그러니까, 주인공을 스토리로 깊이 끌어들이고 독자도 역시 끌어들이는 순간은 강의실입니다. 교수가 셰익스피어를 서양 문학의 맥락 안에 넣는 것을 우리 주인공이 듣고 있죠.

네, 맞습니다.

그리고 츠바이크는 그것을 결합점으로 삼아서 나머지 스토리 전체를 집어넣고 내보내죠.
거기서 저는 슈테판 츠바이크라는 기차에 올라타게 됐습니다. 사람이 다른 사람의 지성에 반하면 어떻게 되는지 생생하게 포착했어요. 〈그랜드 부다페스트 호텔〉에서도 같은 일이 벌어지죠. 1968년 시퀀스에서 젊은 작가는 다른 사람의 지성에, 그 사람의 이야기 능력에 반합니다. 그리고 그 작가는 이 사람의 이야기를 세상에 들려줘야 한다는 생각까지 품게 되죠.

『감정의 혼란』의 주인공이 교수의 책을 돕게 되죠? 지금 말씀하시는 게 그 부분이죠?

네.

그때 두 인물이 조금 더 싸우기 시작하죠. 교수가 자신감을 잃고 오랫동안 글을 쓸 수 없기 때문이죠. 그러다가 교수가 제자의 도움으로 회복하죠. 그런데 그때 모든 게 엉망이 됩니다.
『감정의 혼란』은 흥미롭고 특이한 작품입니다.

지금 우리가 얘기하는 것과 연관시키면, 청춘의 이상화인데, 제가 읽은 츠바이크 작품들 거의 모두에 그게 나옵니다. 무분별한 이상화가 아니라 아주 열정적인 모습을 보여주는 거죠.
단편 소설 「묻힌 꿈」에서는 회상에 잠기려 하는 여자가 나오는데, 츠바이크는 이렇게 썼죠. "갑자기 얼굴 전체에 행복한 빛이

돌았다. 이제 거의 묻힌, 오래전에 지나간, 젊은 시절을 생각하며 눈이 행복으로 빛났다." 늙은 제로가 작가에게 자기 이야기를 들려주기 시작할 때도 비슷한 일이 일어나죠. 연극에서 배우의 얼굴을 비추는 조명이 바뀌는 것처럼, 제로의 얼굴에 비치는 조명도 달라져요. 츠바이크의 글 전체에는 그런 분위기가 있어요. 젊음을 낭만적으로 그리는 분위기요. 피상적인 아름다움으로 육체의 젊음을 이상화하는 데에 그치지 않죠. 젊은 사회라는 개념도 이상화합니다. 이제 막 시작하는 사회, 혹은 어떤 면에서는, 시작될 수 있는 사회죠. 새로 시작해서 자신을 바꾸는 것. 그게 츠바이크의 글에서 중요하고, 츠바이크 자신에게도 중요했어요.

츠바이크가 브라질에 관한 책을 썼는데 거기에도 그런 생각이 들어 있는 것 같아요. 아직 읽지는 않았는데 제목이 『미래의 나라』죠. 제가 생각하기에는 열정과 가능성과 순수를 간직한 젊은 사회에 관한 책 같아요.

츠바이크가 묘사하는 1920년대 유럽 모습 중에서 시사하는 바가 가장 큰 것은, 당시 유럽에 여권이 없었다는 점이죠. 여권 발부가 없었어요. 필요가 없었죠. 츠바이크에게 여권은 최악을 상징하는 것이었어요. 갑자기 자신의 정체를 증명해야 하고 자신의 존재를 정당화해야 했죠. '너는 선을 넘어갈 수 없어. 우리가 통제해' 같은 말을 하는 권력이 나타난 거죠. 그게 끝이 아니었죠.

감독님이 어떤 인터뷰에서 이런 말을 했죠? 유럽을 여행하다 보면 제2차대전이 아직도 많이 존재하고 있다고 하면서 이렇게 말했죠. "제2차대전은 아직 우리 삶의 한가운데에 있다." 그 말은 무슨 뜻인가요?

단지 유럽에만 있는 것은 아니죠. 미국도 그렇다고 생각합니다. 거의 날마다 한 번은 제2차대전과 홀로코스트를 연상시키는 것을 보게 돼요. 나폴레옹이나 조지 워싱턴을 연상시키는 것은 그렇게 많이 보게 되지 않죠. 제2차대전은 아직도 바로 저기, 아니, 바로 여기 있을 만큼 엄청나고 끔찍하고 미친 사건이죠. 정말 말도 안 되게 엄청난 사건이에요.

유럽을 여행하다 보면 제2차대전의 존재를 확실히 느끼죠. 그렇지만 미국에는 별로 없지 않나요? 미국은 진주만을 빼면 제2차대전에서 직접적인 피해를 받지 않았지만, 유럽에는 그 시기 잔해가 아직 남아 있죠. 아직도 폭탄이나 지뢰에 발이 걸리는 사건이 있죠.

맞습니다. 〈판타스틱 Mr. 폭스〉를 만들 때 저희가 있던 스튜디오 옆에 있는 운하에서 폭발 사건이 있었어요. 두들버그*가 터졌대요. 폭탄 종류 이름인가 봐요. 불발탄이 거기 있었는데 폭파시켜야 한대요. 폭발이 어마어마했어요. 어떻게 폭탄을 발견했는지는 기억이 안 나는데, 뭘 건설하려고 운하 물을 뺐다가 폭탄이 나왔을 겁니다.
며칠 동안 영화 작업을 중단해야 했는데 큰일이었죠. 저희는 폭발 소리를 녹음했어요. 영화에서 두 번 썼죠. 영화에서 폭탄이 두 번 나오는데, 두 번 다 그 두

옆 가장 널리 사용되는 슈테판 츠바이크의 사진.

―――――――――

* 브이 병기는 제2차 세계대전 때 독일이 사용한 로켓으로, 뒤에 각종 유도탄의 원형이 되었다. 브이 1호(V-1)는 '두들버그(doddlebug, 곤충 개미귀신을 뜻함)'로도 불린다.

들버그 폭발 소리를 썼어요.

**그건 처음 듣는 얘기군요.**

폭스 가족의 나무가 폭파되고, 나중에는 Mrs. 폭스도 폭파하죠. 그래서 똑같은 폭발음을 다시 썼습니다. 그곳에서 나온 폭탄이었죠.

어쨌든 전쟁은 다른 방식으로도 살아 있어요. 전후의 국경이죠. 제1차대전 때 많은 나라들이 갈라졌죠.

**제2차대전으로도 많이 갈라졌죠.**

그리고 이제 세계대전 이전으로 다시 돌아간 국경도 있죠.

독일에서 일어난 일은 정말 놀랍죠. 당시 세상을 두려움에 떨게 하던 나라가 인류 역사상 가장 큰 전쟁에서 패하고, 파이처럼 조각조각 갈라졌어요. 게다가 가장 중요한 도시는 네 토막이 났죠. 이런 일은 독일 사람들한테 막대한 영향을 끼쳤습니다. 영화에서도 아주 중요하죠. 그 시기 동안 동독 예술 영화와 서독 예술 영화가 각각 독자적인 전통을 만들었어요. 라이너 베르너 파스빈더, 리나 베르트뮐러, 베르너 헤어조크, 폴커 슐렌도르프, 마가레테 폰 트로타, 빔 벤더스. 놀라운 목록이죠. 이런 감독들이 배출된 이유는 무엇일까요. 심리적 영향을 끼치는 온갖 경험이 실재하고 있기 때문이죠.

이제껏 나온 유럽 예술 영화들 가운데 가장 중요한 작품으로 꼽을 수 있는 〈베를린 천사의 시〉는 역사적 경험과 사적 경험을 담고 있죠. 정치적인 시 같죠. 분리된 의식에 관한 영화라 할 수 있어요. 그런데 이제 그 영화는 과거를 담은 것이 됐어요! 오늘날 그 영화를 보면, 지금은 존재하지 않는 세계를 보게 되죠. 그렇지만 처음 나온 당시에 그 영화는 정치적인 논평이었죠. 아주 생생했죠. 저는 고등학생 때 그 영화를 봤어요. 그렇게 현실적인 것이 영화 스크린에 비칠 수 있다는 사실에 정말 놀랐죠. 그런데 그 영화가 나온 지 5년 만에…….

…… 지나간 것, 사라진 삶의 양식에 관한 영화가 됐죠. 거기가 어디인지 계속 생각하고 있는데 정확히 안 떠오르네요. 포츠담 광장인가요? 〈베를린 천사의 시〉에서는 넓은 폐허처럼 나왔죠. 이제는 베를린 영화제가 열리는 소니 센터가 됐죠. 그 구역에 새 건물들이 꽉 들어섰어요. 〈베를린 천사의 시〉에서 피터 포크가 브루노 간츠와 걷던 그 텅 빈 공터가 그렇게 됐어요.

**"담배 피우기. 커피 마시기. 그리고 그 둘을 동시에 할 수 있으면 환상이지."**

그 장면에서 피터 포크가 한 대사죠?

네. 〈그랜드 부다페스트 호텔〉이 츠바이크에 충실한 면이 또 있죠. 인물들의 개인적인 삶을 가로막는 아주 잔인하고 거대한 방해물로 역사를 그리는 것이죠.

우리 영화를 언급하자면, 역사의 큰 움직임이 개인의 작은 줄거리를 간섭한다고 말할 수도 있죠. 일상의 아주 작은 것도, 그림을 훔치고 노파가 죽은 것 같은 개인적으로 보면 큰 스토리도, 전쟁이라는 맥락에서는 그저 아주 작은 에피소드일 뿐이죠. 벌어지고 있는 거대한 일에 비하면 전혀 중요하지 않아요.

그 얘기를 들으니, 테렌스 맬릭의 〈천국의 나날들〉에서 제가 좋아하는 장면이 떠오릅니다. 리처드 기어가 총에 맞을 때, 영화는 곧장, 시체가 하류에 떠 있는 모습을 잡은 와이드 숏으로 넘어가죠. 그리고 강둑에 모여서 시체를 보는 사람들이 보입니다.

**좋은 장면이죠.**

그때 관객은 갑자기 깨닫게 되죠. 관객은 주인공의 삶에 90분을 투자했는데, 강둑에 있는 사람들한테는 그 주인공이 그저 시체일 뿐이라는 점을 깨닫는 거죠. 그 사람들한테 리처드 기어는 아무 의미도 없어요. 그리고 미국이 참전하기 직전인 제1차대전의 맥락에서 보면, 그 전체 순간 역시 아무것도 아니죠. 〈그랜드 부다페스트 호텔〉에도 이런 예가 두 가지 있습니다. 구스타브와 아가사의 죽음이죠. 관객은 두 사람을 무척 아끼게 되지만, 두 사람은 운명처럼 사라집니다. 죽음은 스크린 밖에서 일어나죠. 두 죽음에 관여하는 사람은 아무도 없습니다.

그런 걸 가장 잘 전달한 영화로 〈블림프 대령의 삶과 죽음〉을 꼽을 수 있죠. 개인의 스토리에 끼치는 거대한 역사의 힘이라는 지금 이야기의 맥락에서 말이죠. 전쟁에서 전쟁으로 관객을 이끌죠.

의도하지는 않았고, 별로 의식하지도 못했는데, 생각하니 제가 그 영화에서 많은 것을 가져온 것 같습니다.

〈그랜드 부다페스트 호텔〉을 두 번째 볼 때, 영화에 구스타브와 아가사의 죽음이 알려지기 전부터 저는 이미 상실감을 느꼈습니다. 죽음을 이야기하는 내레이션도 흥미롭습니다. 1932년 이야기는 젊은 작가가 전달하는데, 늙은 제로는 모든 사건을 자세히 이야기하면서도 아가사에 대해서는, 특히 아가사와 자신의 관계에 대해서는 말을 아낍니다. 아가사 이야기를 꺼낼 때도 '아가사 이야기는 털어놓은 적 없다' 같은 말을 하죠. 아가사에 대해서는 말을 돌립니다.

늙은 제로가 아가사 이야기를 꺼내려면 마음이 너무 아플 거라고 생각했어요. 하지만 결국 말하지 않을 수 없죠.

**늙은 제로가 젊은 작가에게 자기 이야기를 들려주는 1968년 시퀀스의 마지막에서 제로는 여전히 마음의 상처를 달래고 있는 중이라고 말해도 될까요?**

자신이 겪은 일들, 그 사람들을 모두 잃은 것, 그런 경험을 제로가 과연 극복할 수 있을까요? 그럴 것 같지는 않습니다.

**구스타브의 죽음까지 흑백으로 처리한 것도 그 때문인가요? 늙은 제로가 상세하게 기억하기에는 너무 괴로워서 돌려서 말하는 것처럼, 색이 흑백으로 처리된 것으로 보입니다.**

그 장면에 어울려서 좋아요. 흑백이 조금 더 엄숙해 보이죠.

[웨스 앤더슨이 필자의 음료를 살펴본다.]

뭐예요? 그라파 같은 건가요?

**삼부카입니다.**

안에 떠 있는 게 커피 원두죠?

옆 테렌스 맬릭의 두 번째 영화인 1978년작 〈천국의 나날들〉 클라이맥스 세 장면. 리처드 기어가 맡은 극중인물이 경찰의 총에 죽고 사람들이 무심하게 바라본다.

뒤 (왼쪽 위) 기차를 멈춘 경찰을 바라보는 구스타브의 표정은 이것이 마지막 순간임을 깨닫고 있는 듯하다. (왼쪽 아래) 구스타브와 호텔 직원들의 사진. 제로가 말한다. "그렇지만 구스타브는 늙는 데 실패했죠. 사랑하는 아가사도 그랬습니다. 아가사와 아기는 2년 뒤에 죽었죠. 프로이센 독감이었어요(어이없이 가벼운 병이죠. 오늘날에는 일주일이면 치료되지만, 당시에는 수백만 명이 죽었죠)." (오른쪽 위) 구스타브가 아가사에게 주는 십자 열쇠 협회의 펜던트 클로즈업. (오른쪽 아래) 구스타브의 진행 아래 아가사와 제로의 결혼식.

맞아요. 마침 삼부카가 마시고 싶었어요. 왠지는 모르겠어요.

디팍을 아세요?

쿠마르 팔라나의 아들, 디팍 팔라나요? 물론 알죠.

디팍이 삼부카를 마셨어요. 아, 아니, 디팍이 자주 가던 나이트클럽 이름이 삼부카였나.*

지난가을 댈러스에서 디팍 아버님 장례식을 치를 때 저도 디팍과 함께 놀러갔죠.

디팍은 어땠나요? 많이 슬퍼하던가요? 아니면 괜찮았나요?

괜찮은 것 같았어요. 댈러스에서 저자 사인회를 할 때 디팍을 만났어요. 11월에는 텍사스 극장에서 〈바틀 로켓〉을 35밀리미터 필름으로 상영했어요. 저도 거기 패널로 참석했죠. 쿠마르가 특별 초대 손님으로 참석하기로 했는데 그 얼마 전에 세상을 떠났죠.
패널들이 묵념을 올렸죠. 저는 디팍과 함께 무대에 있었어요.
〈데이브 알렌 앳 라지〉 같은 분위기가 됐죠. 저와 디팍 그리고 로버트 윌론스키가 있었어요. 로버트 윌론스키는 〈댈러스 옵저버〉지에 저와 같이 있었는데, 지금은 〈댈러스 모닝 뉴스〉로 옮겼죠. 어쨌든 로버트와 저는 디팍에게 아버지 이야기를 물어보며 인터뷰했어요. 그러다가 제가 이렇게 말했어요. "나는 아버님을 연세보다 훨씬 젊게 봤다. 90대 초반인지 전혀 몰랐다. 외모가 정말 젊고, 웨스 앤더슨 영화에 처음 출연했을 때만 해도……."

쿠마르가 〈바틀 로켓〉에 출연했을 때, 여든 살쯤이었나요?

정확히는 일흔여덟 살이었어요. 그래서 디팍한테 물어봤어요. "아버지의 비결은 뭔가? 쿠마르 팔라나의 장수와 건강의 비결로 알려줄 만한 게 없나?" 그러자 디팍이 이런 말을 했어요. "하고 싶은 대로 하는 것. 우리 아버지는 요가를 하는 사람으로서 지킬 것을 하나도 안 지켰어. 먹고 싶은 것은 뭐든 먹었고, 운동을 하는 모습을 본 적 없어. 어떻게 장수했는지 모르겠어! 더 좋은 대답을 들려주고 싶지만, 들려줄 게 없군!"

눈에 선하네요. 쿠마르와 요가를 하면, 아주 편할 겁니다. '강아지 밑으로 점프해' 같은 게 아니었어요. 운동 같지 않았어요. 아주 부드럽고 정적이었어요. 포즈도 그때그때 달랐죠. 쿠마르의 요가에서는 명상, 호흡, 집중이 무엇보다 중요했죠.

쿠마르가 집중력이 좋았는지는 모르겠지만, 쿠마르와 함께 있으면, 침착해져야 하죠. 쿠마르는 항상 활기가 넘쳤어요.**
제 말은, 쿠마르가 쉽게만 살아온 사람이 아님에도 활기찼다는 얘기죠. 이혼을 했고, 여기저기 옮겨다니며 살아야 했죠.

쿠마르가 세상을 떠난 뒤에 알았는데, 젊은 시절 쿠마르는 전쟁을 피해 달아났고, 가족은 죽임을 당했더군요.

인도를 떠나기 전에 걸어서 인도 여기저기를 돌아다녔답니다. 그 얘기를 많이 하지는 않았어요. 베이루트와 라스베이거스에서 일한 얘기, 〈에드 설리번 쇼〉에 출연한 얘기는 들을 수 있었지만, '자, 이게 내 인생 여정이야' 하는 얘기는 못 들었어요.
그렇지만 서서히 알게 되죠. 쿠마르가 엄청난 여정을 겪었구나. 서사극이죠. 오크론에 있는 커피숍에 앉아 있는 쿠마르를 보면, 분명하게 느껴져요. 저 사람은 오크론에 있는 커피숍에 앉아 있는 다른 사람들, 아마도 오클라호마시티에서 자라서 댈러스로 온 사람들과 아주 다른 세계관을 가지고 있구나. 쿠마르는 완전히 다른 경험을 겪었죠.

**쿠마르를 처음 만날 때, 혹은 처음 대화를 나눈 때를 기억하나요?**

디팍을 만난 다음 날이었을 겁니다. 오웬이 디팍을 데려왔어요. 디팍은 스록모튼에 있는 우리 아파트 위인지 맞은편인지 여하튼 가까이 사는 남자와 친구였어요. 이름이 대런이었나? 오웬이 대런과 체스를 뒀는데, 대런이 디팍을 소개했대요. 대충 그런 사연이었어요. 이튿날 코스믹컵에 갔는데 쿠마르가 있었어요. 위층은 요가 학원이었죠. 그곳이 쿠마르 가족의 집이었고, 요가 학원도 그 집안 것이었어요. 그러다가 디팍이 그 건물에 커피숍을 열기로 마음먹었는데, 그냥 커피숍은 아니고, 스무디와 사모사도 팔았죠.

**쿠마르를 보고 '이 사람을 영화에 출연시켜야지' 하고 생각하게 된 이유는 뭔가요? 쿠마르가 젊을 때 배우였다는 사실을 미리 알고 있었나요, 아니면 나중에 알게 됐나요?**

아래 왼쪽 〈로얄 테넌바움〉을 촬영할 때 진 핵크만과 쿠마르 팔라나.

아래 오른쪽 아버지와 마찬가지로 웨스 앤더슨 영화들에 출연한 쿠마르 팔라나의 아들 디팍 팔라나가 〈맥스군 사랑에 빠지다〉에 나온 모습.

옆 아들 디팍 팔라나가 제공한 쿠마르 팔라나의 사진과 설명들. 오래된 사진들이어서 설명은 불완전하다. (왼쪽) '30대 시절, 미국에 오기 전이니까 1947년 이전 푸에르토리코일 것이다.' (가운데 위) '남아프리카 더번에서 찍은 것. 미국으로 오기 직전이다. 남아프리카에서 아르헨티나로 가는 독일 화물선을 탔다.' (가운데 중앙) '어디서 찍은 사진인지는 모르겠지만, 아버지가 홍보용 사진으로 썼다. 라스베이거스 어디일 것이다.' (가운데 아래) '이건 확실히 아는데, 미국 어디다.' (오른쪽 위) '1940년대 말 뉴욕이다.' (오른쪽 아래) '아버지가 〈미키마우스 쇼〉에서 공연할 때. 아버지는 〈미키마우스 쇼〉에 두 번출연했다. 1959년 〈캡틴 캥거루〉에도 출연했다.'

---

* 삼부카는 텍사스 주 댈러스 맥킨니 가에 있는 재즈 클럽의 이름이기도 하다. 웨스 앤더슨은 댈러스에서 〈바틀 로켓〉을 촬영했다. 이 책 저자의 아버지인 데이비드 즐러는 삼부카에서 자주 연주한다.

** "내 영혼이 내 스승이다. 내 경험이 내 스승이다." 〈쿠마르 팔라나의 장례〉라는 단편 영화에 나오는 쿠마르 팔라나의 말이다. 이 영화는 홀푸드마켓의 온라인 잡지 '다크 라이'에서 제작했다. "명상은 아주 중요하다. 집중력이 없으면 아무것도 할 수 없기 때문이다."

**KUMAR**

Sensational and really funny . . . Juggling and spinning plates simultaneously in nothing less than a masterpiece of suspense and comedy. Tops in entertainment.

**KUMAR**

쿠마르가 연기를 할 수 있다고 딱 깨달은 게 언제인 지는 모르겠어요. 기억나는 건, 오웬이랑 제가 대화 를 나누다가 〈바틀 로켓〉의 금고털이 역을 쿠마르가 할 수 있겠다고 뜻을 모은 일입니다. 그러면 재밌겠 다고 생각했어요. 어떤 영화를 만들지 느낌이 왔죠. 그전까지 갖고 있던 생각을 바꾼 거예요. 그때 영화 의 톤이 정해졌다고 할 수 있죠.

**쿠마르가 영화 촬영 현장에서는 어땠나요?**

모든 사람들하고 친했어요. 〈맥스군 사랑에 빠지다〉를 찍을 때에는 아주 친했죠. 벌써 몇 년째 가까이 지 낸 사이였고, 쿠마르는 촬영장에서 내부 측근 같은 인 물이었어요. 〈로얄 테넌바움〉을 촬영할 때도 모두와 친구였어요. 진 핵크만이 쿠마르를 좋아했죠. 서로 아 주 잘 맞았는데, 처음부터 그랬던 것은 아니었어요.

**어떻게요?**

진과 쿠마르는 서로 상승 작용이 뛰어났어요. 진이 쿠 마르와 아주 잘 지냈죠. 그렇지만 진은 자기 일을 하 고 집에 가기를 바랐죠. 일을 똑 부러지게 마치기를 바랐어요. 진은 그래야 만족하는 성격 같아요. 그런데 경험이 부족한 사람과 작업하면, 한 장면을 몇 번 더 촬영해야 하죠. 그 사람이 어떻게 할 수 있는지 알아 내야 하니까요. 그 사람의 방식을 알아내야 해요.

**그런 얘기를 들으니, 진 핵크만이 쿠마르와 함께 촬영해야 하는 장면, 일부러 쿠마르가 자유의 여신상을 가리게 세운 장면을 촬 영하는 것은 진 핵크만에게는 힘든 날이었겠군요.**

음, 그건 첫날이었어요. 진한테 연출한 건 별로 없었 어요. 제 생각을 잘 전달하지 않았죠. 그래도 그 장면 은 좋았어요. 쿠마르가 나온 장면은 따로 찍었거든 요. 진은 쿠마르와 함께하지 않아도 됐죠. 진은 아마 이렇게 생각했을 겁니다. '이 사람, 연기를 못하잖아!' 그렇지만 진은 인간적으로는 쿠마르를 아주 좋아했 어요. 나중에 완성된 영화를 보았을 때에는 진이 쿠 마르의 연기를 좋아했을걸요.

**쿠마르한테서 인생 이야기를 들은 적 있나요?**

서커스 같은 데에서 접시 돌리기와 마술을 했다는 얘 기를 했어요. 그런 묘기를 하면서 곳곳을 다녔대요. 유럽 전역과 중동에도 갔어요.

장례식 때 감독님의 추모사 비디오를 튼 뒤에 영화를 틀었어요. 제목이 〈쿠마르 팔라나의 장례식〉이고, 디팍이 내레이션을 했 죠. 홀푸드에서 제작비까지 댄 영화였어요. 그 영화는 비메오에 서 볼 수 있어요. 비메오에 〈쿠마르 팔라나와 함께하는 삶의 비 밀〉이라는 멋진 단편 영화도 있어요.

저도 쿠마르에 대한 짧은 다큐멘터리 같은 걸 만들었 는데, 쿠마르가 자기 인생을 이야기하는 것은 아니었 어요. 쿠마르가 제 앞에서 다른 연기들을 한 거죠. 쿠 마르의 다른 모습들을 보고 싶었어요. 제가 모르는 쿠마르의 모습이 많았을 겁니다.

**다른 얘기로 넘어가볼까요. 지난 반년 동안 독자들이 저한테**

위 〈터미널〉(2004) 촬영 중간에 쿠마르 팔라나가 캐서린 제타 존 스와 감독 스티븐 스필버그(가운 데)를 크게 웃기고 있다.

가운데 〈맥스군 사랑에 빠지다〉에 서 리틀 진으로 분한 팔라나.

아래 팔라나의 고향 인도를 배 경으로 한 웨스 앤더슨 2007년 작 〈다즐링 주식회사〉의 한 장면. 팔라나는 영화가 끝날 무렵 열차 트래킹 숏에서 명상을 하는 모습 으로 잠깐 출연한다.

옆 웨스 앤더슨의 〈로얄 테넌바 움〉(2001) 마지막 숏 스틸. 허울 뿐인 가장이 묻힌 묘지에서 테넌 바움 일당이 흩어지고 있다. 마지 막으로 떠나며 문을 닫는 사람은 로얄의 오른팔이자 믿을 만한 친 구인 파고다(쿠마르 팔라나)다.

옆 〈사악한 침입자들의 심야 집
회〉라는 기발한 제목으로 웨스
앤더슨 영화들을 패러디한 공포
영화 예고편. 2013년 SNL에서
방영되었다.

이 단편 영화는 브루클린 네이비
야드 안에 위치한 촬영 스튜디오
인 스타이너 스튜디오에서 제작
했다. 감독 라이스 토마스와 아트
디렉터 안드레아 푸치글리오티
는 웨스 앤더슨이 집착하는 여러
스타일들을 한곳에 모아놓았다.
대칭 구도로 시작해서 대칭 구도
로 끝나도록 카메라가 이동할 수
있게 특별히 지은 방들은 각기
다른 앤더슨의 영화에서 가져온
색조들로 칠해졌다. 앤더슨 특유
의 화면 비율인 2.40:1에 맞춰 애
너모픽 와이드스크린 비디오로
촬영되었다.
SNL에서 특수 소품을 담당하는
댄 카스텔리가 앤더슨의 2009년
애니메이션 〈판타스틱 Mr. 폭스〉
스타일을 차용해 스톱 모션 애니
메이션으로 쥐를 만들기도 했다.
SNL 촬영 감독 알렉스 부노의 말
에 따르면, SNL 스태프들은 모두
'웨스 앤더슨의 진정한 전문가들'
이라고 한다.

위 촬영장에서 주드 로와 함께 있
는 웨스 앤더슨.

질문을 보냈어요. 감독님한테 대신 물어봐달라는 질문들이죠.
몇 가지를 가져왔어요. 제가 독자를 대신해서 질문하면, 답하
시겠어요?

물론이죠.

첫 질문입니다. "시나리오를 쓸 때 특별한 습관이 있나요?"

특정 브랜드의 작은 스프링 노트를 씁니다. 저만의
형식이 있어요. 하지만 시나리오를 노트에 다 써서
완성한 다음에 타자하지는 않아요. 노트에 조금 쓴
뒤에 그걸 타자하고, 다시 노트에 쓰고……. 그렇게
계속합니다.
〈문라이즈 킹덤〉을 쓸 때는, 처음에 열두 쪽인가 열
세 쪽을 쓰고 '이제 타자해야지' 생각했는데, 그냥 계
속 노트에 썼어요. 그래서 끝까지 노트에 쭉 적었죠.
그래서 갑자기 '이제 영화 전체를 타자해야 하는군'
하는 상황이 됐죠.
저는 다른 작가의 글쓰기 습관에 대해 듣는 걸 아주 좋아합니다.
작가마다 독특한 습관이 있어요. 배우들이 각자 몸 푸는 비결이
있듯이, 작가에게도 의식처럼 중요한 의미를 가진 습관이 있죠.
다음 질문. "이번 영화는 시나리오 작가 이름에 웨스 앤더슨만 올
라가 있습니다. 혼자 쓴 시나리오는 처음이죠. 다른 작가들과 함
께 시나리오를 쓸 때와 혼자 쓸 때, 어떻게 다른지 궁금합니다."

음, 이 영화를 만드는 과정이 이전 영화들과 다르지
는 않았어요. 영화마다 각기 다른 부분에서 두 요소
가 다 있죠. 〈스티브 지소와의 해저 생활〉은 노아 바
움백과 정말로 나란히 앉아서 전체를 같이 썼어요.
〈바틀 로켓〉도 〈맥스군 사랑에 빠지다〉도 시나리오
작업 동안 오언과 함께 썼어요.

하지만 한편으로는 저 혼자 작업한 부분이 어느 시
나리오에나 있어요. 시나리오마다 그 부분은 다르죠.
그러니까 이 영화에도 '이건 나 혼자 쓴 거야' 같은 느
낌은 없어요. 사실, 초반에는 스토리를 같이 쓴 친구
가 있어요. 엄청나게 재밌고 무지하게 똑똑한 휴고
기네스라는 아주 오래된 친구죠.

"공포 영화를 쓰고 감독할 생각이 있나요?" 연관된 질문도 있군
요. "〈사악한 침입자들의 심야 집회〉를 보셨나요? 보셨다면 감
상은 어떤가요?" 2013년에 〈새터데이 나이트 라이브〉에서 감
독님 영화를 패러디한 것을 말하는 거죠. 에드워드 노튼이 오웬
윌슨으로 분장하고 나왔죠.

먼저 첫 번째 질문부터 대답하면, 공포 영화를 하고
싶습니다. 그리고 제가 만드는 공포 영화는 〈새터데
이 나이트 라이브〉에 나온 것과 전혀 상관없을 겁니
다.

〈새터데이 나이트 라이브〉 패러디물에 아이디어를 얻으려고
한 건가요?

그렇죠. 무슨 일 때문인지는 에드워드가 설명을 안
했어요. 저는 앞으로 할 작업 아이디어를 의논하는
줄 알았어요. 어쨌든 그 결과물을 보고 아주 즐거웠
습니다. 돈도 꽤 들어서 만든 것 같더군요.

감독님이 에드워드 노튼한테 말한 제목이 그것이었나요?

아뇨.

감독님이 제안한 제목이 기억나세요?

'스토킹 당하는 위스펜' 같은 것이었어요. 그냥 단어
를 지어내고 있었죠.

웨스 앤더슨의 공포 영화는 어떨지, 전반적으로 어떤 분위기일지 생각해보셨나요?

모르겠어요. 〈에일리언〉이랑 비슷할지도 모르죠.

좋습니다. 다음 질문. "뮤지컬을 왜 안 만드나요?"

뮤지컬을 아주 좋아한 적이 없기 때문이죠. 요즘은 전보다 좋아하게 된 것 같아요. 그렇지만 제가 연구하던 장르는 아닙니다. 그래도 지금은 뮤지컬을 만들어도 괜찮을 것 같아요. 적어도 여기저기에 춤추고 노래하는 곡을 넣어도 괜찮겠어요.

영화에 뮤지컬 요소를 넣을 수도 있겠다고 생각하지만 처음부터 끝까지 뮤지컬인 영화를 만들 것 같지는 않다는 뜻인가요?

네. 그렇습니다.

"'길티 플레저' 영화가 있다고 생각하세요? 있다면, 감독님의 '길티 플레저' 영화는 뭔가요?"

제 길티 플레저 영화의 문제는, 제가 그 영화들에 죄책감을 느끼지 않는 겁니다. 죄책감이 따르는 쾌감 같은 느낌은 정말이지 경험한 적이 없어요. 그렇지만 〈고질라〉 같은 영화가 그 범주에 맞겠네요. 〈딥 임팩트〉나 〈나는 전설이다〉 같은 영화라면 뭐든 저한테는 그 범주에 맞겠죠. 지구가 사라지거나 얼어붙거나 뉴욕이 뿌리째 흔들릴 위기에 처한 영화는 뭐든 그 범주에 맞아요. 저는 그런 데 끌려요.

저는 쓰나미가 도시를 덮치는 영상을 보면서 죄책감을 느낍니다. 그런 영상을 본 적 있나요?

본 적 있죠. 그런 걸 보면 눈을 못 떼죠.

현실이 완전히 뒤집어지고 뒤엎어진 것을 보는 거죠. 너무 심하고 크게 변하죠. 그게 제 길티 플레저라고 할 수 있겠군요. 그렇지만 너무 죄책감이 크게 느껴져서 거기에 쾌감이라는 말을 붙이기는 정말이지 내키지 않아요.

무슨 뜻인지 알겠습니다.

네, 다음 질문.

"어머님이 고고학자였는데, 거기서 어떤 영향을 받았나요?"

음, 〈로얄 테넌바움〉의 어머니가 고고학자죠. 그거 빼고는, 어머니의 일에 대해서 많이 안다고 말할 수 있을지 모르겠군요. 물론 다른 사람이 보면 여기저기서 작은 영향을 볼 수 있겠죠.

"영화에서 왜 동물을 어려운 상황에 처하게 하죠?"

동물을 딱히 그렇게 그린다고 생각한 적은 없어요. 어쨌든 사람과 비교해서 그렇죠. 삶과 죽음은 순환이죠. 모든 존재는 그 순환 고리 안에 들어가요.

"직접 패션 사업을 시작할 생각을 해보셨나요?"

스토리에 따르는 의상 작업이 더 좋겠군요.

"다른 사람의 시나리오로 영화를 감독할 생각이 있나요?"

영화를 만들어야 할 때, 그럴 만한 제 시나리오가 없거나 각색할 것이 없으면 다른 사람의 시나리오를 쓰겠죠.

"영화에서 어떤 코믹한 장면이 먹힐지 안 먹힐지 어떻게 아시나요?"

모릅니다. 관객이 웃지 않으면 영화 전체가 곤란해지는 농담이 있죠. 한편으로는, 관객이 처음에는 웃지 않아도 나중에 '아, 그거 웃겼어' 하고 말하는 농담도 있어요. 또, 확실하게 웃기지는 않아도 그냥 재미있는 농담도 있는 것 같아요.

"실제로 우주에서 촬영하는 SF 영화를 만들고 싶다고 인터뷰한 적이 있죠? 그냥 농담이었나요?"

아뇨, 그럴 의향이 있습니다.

네, 이제 큰 질문이 남았군요. "감독님의 영화 세계에서 신이 존재하나요? 만약 존재한다면, 그 신은 위에서 지켜보고 있나요, 아니면 직접 간섭하나요?"

[긴 침묵]

신이 간섭합니다.

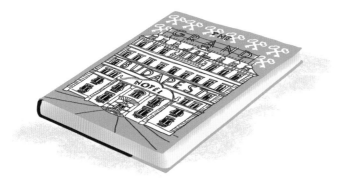

옆 멘들 빵집 상자들이 달린 아가사의 분홍 자전거를 탄 웨스 앤더슨.

뒤 그랜드 부다페스트 호텔 연회장 뒤쪽 벽에 걸린 큰 그림. 화가 마이클 렌즈가 카스파르 다비드 프리드리히의 '바츠만 산'을 모델로 그렸다.

# the grand budapest hotel

# worlds of yesterday

## ali arikan

# Worlds of Yesterday

# 어 제 의 세 계 들

## 알 리 아 리 칸

슈테판 츠바이크가 태어난 세계, 사라진 것을 아쉬워하는 세계. 이 두 세계는 별개의 독립체다. 전자를 '현실', 후자를 '환상'이라고 부를 사람도 있겠지만, 그래서는 안 된다. 여기에 나오는 것처럼 주제가 '스토리 전달'일 때 그 두 세계의 경계는 흐릿해지기 쉽다. 왜 그렇게 되는지, 두 이미지를 보자.

첫 번째 이미지는 여러 츠바이크 책에 나오는, 작가의 유명한 얼굴 사진이다(190쪽 참조). 카메라 쪽으로 얼굴을 45도 돌리고 집게손가락을 볼에 댄 채 후세 사람들을 향해 수수께끼의 미소를 던지고 있다. 장난스러우면서도 우울해 보인다. 잘 다듬은 콧수염, 풀 먹인 셔츠 옷깃, 무늬 있는 넥타이, 넥타이핀, 머릿기름으로 잘 넘긴 머리카락. 꽤 멋을 부린 모습이기도 하다.

두 번째 이미지는 〈그랜드 부다페스트 호텔〉 극장 예고편과 동시에 공개된 스틸들 중, 동명의 호텔에서 일하는 구스타브로 분한 랄프 파인스의 모습이다. 파인스의 외모는 츠바이크와 꽤 비슷하다. 처음에는 이것이 재미있는 우연인 줄 알았다. 그러나 영화를 본 뒤, 그렇지 않음을 깨달았다. 영화는 '츠바이크-에스크(Zweig-esque)'한 아우라, 발랄한 위트와 우울한 갈망이 섞인, 또한 상실에 집착하는 아우라를 발산한다. 웨스 앤더슨도 〈그랜드 부다페스트 호텔〉의 맨 앞에서 시인한다('츠바이크-에스크'라는 신조어도 내가 아니라 웨스 앤더슨이 만든 것이다). 허구의 나라 주브로브카에 사는 어느 애서가가 그저 '작가'로 불리는 그 나라 국보의 흉상이 있는 묘지를 찾아온다. 그 흉상은 말년의 슈테판 츠바이크와 닮았다. 1985년 장면에 등장하는 '작가'는 츠바이크의 사진들과 희미하게 비슷하며, 젊은 '작가'(크레디트에는 '젊은 소설가'로 나온다)와 구스타브 역시 비슷하다. 구스타브는 '사과를 든 소년'의 흉내를 내며 제로에게 묻는다. "비슷해 보여?" 이어지는 스토리에 과연 츠바이크가 기여했는지 의구심을 품을 법하다. 앤더슨은 영화 마지막 타이틀에서도 '슈테판 츠바이크의 글들에서 영감을 받았다'고 확인시킨다. 앤더슨은 헌정 작업에 만족하지 않고 , 푸시킨 출판사에서 츠바이크 선집을 기획하기도 했다. 감독이자 시나리오 작가인 앤더슨과 영화의 스토리를 도운 휴고 기네스가 그 선집에 서문을 썼다.

텍사스 출신 영화감독이 자신의 새 영화가 나오기 72년 전에 죽은 빈 출신 멋쟁이 작가, 아무리 사랑받았더라도 아직 대중문화에 깊이 침투하지는 않은 글을 쓴 작가에게 과연 어떤 연대감을 발견했을까?

그 대답은 오스트리아와 슈테판 츠바이크의 역사를 살펴보면 찾아낼 수 있지 않을까.

빈은 여러 세기 동안 동양에 맞서 유럽의 이상을 보호했다. 알프스 산맥의 동쪽 끝에 위치한 빈은 비교적 쉽게 정복되는 유럽 평원과 다가오는 사라센 제국 사이에 서 있는 도시였다. 동쪽에서 전진하는 게르만 족에 대항해 로마가 성벽을 강화한 도시이자 1529년과 1683년에는 이교도 오스만 제국의 진출을 막은 도시다. 터키의 위협이 잦아들고 계몽 운동이 퍼지기 시작하자, 빈은 마침내 숨을 쉬고 자신을 드러낼 기회를 갖게 되었다. 나폴레옹 전쟁 시기인 1804년에 빈은 오스트리아 제국의 수도, 새롭게 왕관을 쓴 합스부르크 왕가 제국의 수도가 되었다. 그리고 63년 뒤인 1867년에 맺어진 조약으로 오스트리아 헝가리 제국의 수도가 되고, 재능 넘치는 자들과 천재들의 등대가 되었다.

새로운 주민들이 유입되고 장대한 '링 슈트라세' 즉, 환상 대로의 건설로 교외였던 곳이 도시 안으로 들어오며 1870년 9만 명이던 인구는 1910년에 2백만 명을 넘었다. 수도 빈이 지닌 가능성의 기운이 커지면서, 오스트리아 헝가리 제국의 요소들이 그곳으로 흘러왔다. 오스트리아 헝가리 제국은 15개 나라로 이루어져 있었지만, 오스트리아와 헝가리만 나라의 지위를 누려 '국가들의 감옥'이라는 개념이 나오게 됐다.

츠바이크의 도시는 그렇지 않았다. 갈등은 늘 있었지만, 도시 소요는 아주 적었다. 빈은 평화로웠다. 초국가적인 무질서에서 코즈모폴리턴 단일체의 느낌을 만들어내는 능력을 타고났다. 19세기 마지막 몇십 년 동안, 자유주의, 세속주의, 자본주의, 도시화, 민족주의, 사회주의 등이 다소 충돌하며 발달했고, 이전에는 비난받던 집단의 일원들, 특히 유대인들이 몇 세기에 걸친 배척에도 불구하고 성공을 거두게 되었다.

빈의 문화 공간들 중에는 커피숍도 있었다. 이곳은 모두에게 열려 있었다. 사람들이 전통적인 대리석 상판 테이블에 모여서 의견을 나누고, 카드놀이를 하고, 신문과 책을 읽었다. 츠바이크는 빈의 코즈모폴리턴 분위기에 일익을 담당하

는 요소로, 문화에 대한 의견과 빠른 국제 정보를 커피숍에서 날마다 풍부하게 섭취하는 것을 꼽았다. 히틀러, 트로츠키, 티토, 프로이트, 스탈린이 모두 한동네에서 어울렸다. 어쩌면 같은 커피숍에서 커피를 마셨을지도 모른다. 프로이트는 꿈의 도시에서 일하며 꿈의 해석을 과학으로 바꾸었다. 유겐트스틸(아르누보)의 에로틱한 곡선은 클림트의 회화, 말러와 휴고 볼프의 폴리포니, 오토 바그너의 건축에서 꿈틀거렸다. 문학에서는 아르투어 슈니츨러, 헤르만 바르, 페터 알텐베르크가 혁신적인 에세이, 소설, 논문을 내놓았다. 이런 움직임은 낡은 양식뿐 아니라 유겐트스틸의 라인도 뭉개는 표현주의 물결에 도전을 받았다. 음악에서는 쇤베르크와 알반 베르크가 서양

음악의 조성 법칙을 깨뜨렸다. 같은 일을 회화에서는 오스카어 코코슈카, 에곤 실레 등의 화가가, 건축에서는 아돌프 루스, 문학에서는 칼 크라우스, 철학에서는 비트겐슈타인이 했다.

세기말 빈이 미래에 대한 긍정적이고도 확고한 신념을 가진 활기찬 도시였다고 믿는 것은 순진한 일일 것이다. 빈의 지성인들은 대개의 경우 행복하게 들떠 있었지만, 한편으로는 과연 이 세계가 얼마나 오래갈 수 있을지 의문시했다. 그 시대와 접합된 배경에서는 비이성과 난폭한 지배의 힘이 들끓고 있었기 때문이다.

19세기 말에 벌어진 빈의 변모, 그 한가운데서 츠바이크의 삶이 펼쳐졌다.

츠바이크는 1881년에 빈에서 태어났다. 아버지는 부유한 직물 공장 대표였고, 어머니는 유대인-이탈리아인 은행가 가문 출신이었다. 슈테판 츠바이크의 부모는 자연히 빈 사교계의 일원이 되었고, 반유대주의의 노골적인 징후들을 다행히 피해갈 수 있었다. 그렇다 해도 여파는 느꼈다. 츠바이크 부부는 오스트리아 귀족이나 그다음 계층에도 결코 속할 수 없음을 잘 알고 있었다. 그 시대 관용구로 표현하자면 '자기 위치를 알았다'. 그래서 유대인이 아닌 엘리트 집단에서 츠바이크 부부를 받아들였던 것이다. 다른 유대인 작가들은 자신이 이렇게 비유대인 엘리트들에게 받아들여지는 것이 아이러니라 생각하며 의문을 품었다. 하지만 츠바이크는 그러지 않았다. 츠바이크도 그 아이러니를 물론 알고 있었지만 그것에 연연하지 않았다. 츠바이크는 말했다. '우리는 개개인의 개성에 맞게 각자 존재의 틀을 만들 수 있었다. 코즈모폴리터니즘에 더 충실하게 살 수 있었고, 우리 앞에 세계가 열려 있었다.' 19세기 말 빈에서 보낸 젊은 시절의 경험은 츠바이크의 자긍심을 온통 수놓았다. 츠바이크가 말했다. '유럽에서 문화적 이상을 빈처럼 열정적으로 추구하는 도시는 드물었다.' 그리고 세기가 바뀔 무렵, 예술에 대한 새로운 이해가 꽃피었다.

'예술에서 새로운 무엇, 우리 부모 세대와 우리 주위 세계를 만족시키던 예술보다 훨씬 열정적이고 난해하고 매혹적인 무엇이 발전하는 것이야말로 우리 젊은 시절의 진정 위대한 경험이었다.'

빈의 젊은이들에게 이런 일들이 어찌나 매혹적이었는지 그들은 이러한 '예술적 변화가 안전한 세계, 우리 아버지들의 세계를 뒤흔들고 결국 파괴할 훨씬 더 먼 변화의 전조일 뿐이었음'을 알아채지 못했다.

**츠** 바이크는 애국자였지만 제1차 세계대전이 발발했을 때 총을 들지 않았다. 국방부 기록 보관소에서 근무하며, 평화주의를 주장하고 유럽 통합을 지지했다. 츠바이크의 비폭력 지지에 정부가 놀라자,

츠바이크는 빈을 떠났다. 처음에는 취리히로, 전쟁이 끝난 잠시 동안은 베를린으로 갔다. 그리고 잘츠부르크 주 근처 카푸치너베르크 산에 있는 별장에 정착했다. 츠바이크의 별장은 유럽 지식인들의 문화 메카가 되었다. '알곤퀸 원탁'의 '플레이보이 맨션', 유럽 상류 문화의 스타와 거기 붙어 다니는 사람들이 모이는 곳이었다. '로맹 롤랑, 토마스 만이 우리 집에서 지냈다. 우리가 맞은 손님들 중에는 H. G. 웰스, 호프만슈탈, 야코프 바서만, 판론, 제임스 조이스, 에밀 루드윅, 프란츠 베르펠, 게오르그 브란데스, 폴 발레리, 제인 애덤스, 숄렘 애시, 아르투어 슈니츨러 등이 있다. 라벨, 리하르트 슈트라우스, 알반 베르크, 브루노 발터, 버르토크 등의 음악가들을 비롯하여 화가, 배우, 학자 등 세계 곳곳에서 많은 손님이 왔다.'

별장 테라스로 나가면, 국경 너머 독일 남부가 보였다. 츠바이크는 『어제의 세계』에서 말했다. '손님들과 즐겁게 지낼 때가 아주 많았다. 테라스에 앉아서 아름답고 평화로운 풍경을 내다보았다. 바로 맞은편, 베르히테스가덴에 있는 산에, 모든 것을 파괴할 남자가 살고 있다는 생각은 전혀 하지 않았다.'

츠바이크의 알프스 별장은 히틀러가 절멸하려고 마음먹은 것들 모두를 대표했다. 집주인이 유대인이기 때문만은 아니었다. 나치가 짓밟으려 한 코즈모폴리터니즘, 평등주의, 사회주의 유럽의 이상이었기 때문이다.

제1차 세계대전의 여파로 국경이 명확해졌다. 츠바이크는 이 '현대적 경향'을 몹시 싫어했다. 여권의 등장을 이 질병의 매개체로 보고, 씁쓸하게 말했다. '제1차 세계대전 세계의 병증이 무시무시하게 악화되었음은 개인의 이동할 권리와 자유가 제한된 것으로 선명하게 증명된다. 1914년 전에는 세계가 인류 전체의 소유였다. 누구라도 원하는 곳에 가서 내키는 만큼 머물 수 있었다. …… 허가증도 없었고, 비자도 없었다. 골치 아픈 것은 아무것도 없었다. 예전에는 지도의 상징적 선일 뿐이었으며 그리니치에서 자오선을 건너듯 아무런 생각 없이 건널 수 있던 국경이 오늘날에는, 모두가 다른 모두에게 느끼는 병적인 불신 때문에, 뒤엉킨 빨간색 테이프 담장이 되었다.' 츠바이크는 국수주의가 이른바 '대전쟁'이 일어난 뒤에만 세계를 교란시키려 나타난다고 믿었다. 이 지성의 유행병 때문에 퍼지는 현상으로 처음 눈에 보인 것은 인종주의였다. 외국인을 병적으로 싫어하는 것. '이전에는 범죄자 때문에 만들어진 온갖 차별이 어느새 여행 전과 여행 동안 모든 여행자에게 가해지기 시작했다.' 독일에서 히틀러가 권력을 잡기 시작한 뒤 1934년 츠바이크는 오스트리아를 떠났다. 처음에는 잉글랜드의 런던과 요크로 갔다가, 미국 뉴욕으로, 마지막에는 브라질 페

트로폴리스로 갔다. 그는 늘 여행을 좋아했고, 'femweh(페른비, 말 그대로 옮기면 '먼 곳에 대한 동경')'라는 독일어밖에 적당한 말이 없는 병에 걸려 있었다.

잉글랜드와 뉴욕에서, 츠바이크는 '외국인이라는 비참한 느낌'이 싫다고 적었다. 외국에서는 자긍심이 줄어드는 경향이 있다고 표현했다. '기본적으로 낯선 서류나 여권을 지니고 살아야 했던 첫날 이후 나는 더 이상 완전한 나 자신으로 느낄 수 없게 되었다고 망설임 없이 고백할 수 있다. 나의 타고난 정체성이 본래의 진짜 나와 함께 영원히 파괴되었다.'

역사는 더 젊은 시절의 츠바이크에게 미래에 대한 믿음을 주어 자신감이 넘치고 글쓰기에 몰두하도록 만든 뒤, 츠바이크에게서 이상주의와 장밋빛 사상을 빼앗고, 매몰차게 달아나버렸다. 츠바이크는 역사가 남긴 추억이라는 달콤쌉쌀한 위안만 안은 채 추억을 되풀이하기에 점점 더 빠져들었다. 츠바이크가 자신의 젊은 시절 빈에 대해 쓴 글들 중에는 생의 말년에 가까운 1930년대 말, 파시즘의 유령이 유럽을 뒤덮을 때 적은 것이 많다. 츠바이크는 뒤죽박죽된 기억 속 세계를 기반으로 디오라마와 미문을 만들어 밥벌이를 했지만, '문화를 영혼의 구슬 놀이로 여기는' 자신의 감상적 경향을 잘 알고 있었다. 사라진 빈에 대한 그의 회상은 사실이나 현실과 거리가 멀었고, 자서전 『어제의 세계』에서 그 자신도 인정했다. '엄청난 폭풍우가 그곳을 파괴한 지 오래되었고, 이제 결국 우리는 그 안전한 세계가 허공에 뜬 성이었음을 잘 알게 되었다.'

츠바이크의 기억이 주관적인 것은 사실이지만, 그 핵심에는 진실이 있는 것도 사실이다. 영예롭고 선량한 무엇이 제1차 세계대전에 짓밟혔고, 제2차 세계대전에 재가 되었다. 나치 집권 여파로 새로운 세기로 전환되는 시기의 장식적 풍부함은 대부분 사라졌고, 그것이 낳은 문화도 함께 사라졌다. 두 번째 아내 옆에서 자살한 1942년 말이 되기 전까지 츠바이크는 유럽과 유럽 문화의 미래에 절망하며 오랜 시간을 보냈다. 츠바이크가 칭송한 과거는

유럽의 고급 문화와 선한 인간성의 황혼기, 소멸하기 직전의 시기였다. 영원히 사라진 순수였다.

글쎄, '영원히'는 아니다. 젊은 츠바이크의 빈은 『어제의 세계』에서 다시 살아난다. 또한 소설이나 다른 단편에서도 시인, 철학자, 교양을 좋아하는 사람, 문학 애호가 들이 벌인 지성 경쟁과 토론을 회상하는 부분, 그 빛나는 곳을 오래 전에 떠난 화자가 회상하는 부분에서 다시 살아난다.

츠바이크 작품 속 화자들은 믿을 만한가? 그들 스스로도 의심한다. 츠바이크의 산문은 등장인물이 무엇을 기억하려 애쓰는 순간, 무엇을 잘못 기억하고 있지는 않은지 의심하는 순간, 무의식으로부터 상세한 기억을 끌어내기까지 잠시 시간이 걸리는 순간 들로 채워져 있다. 우리가 종종 깨닫듯, 우리는 무엇을 볼 때, 그것을 있는 그대로 보기보다 그것이 불러일으키는 주관적이고 서정적인 기억—사실에 필적하는, 아니, 어떤 면에서는 사실보다 더 중요한 느낌—을 본다. 이야기를 들려주는 사람이 경험한 느낌이 더 중요하다. 그리고 그보다 더, 가장 중요한 것은, 그것을 읽는 사람의 속에서 싹트는 느낌이다.

이렇듯 플롯 안에 플롯을 넣는 다층 구조의 효과에 대해 〈그랜드 부다페스트 호텔〉은

잘 알고 있다. 첫 번째 층은, 젊은 제로가 구스타브로부터 인생과 사랑과 호텔 운영을 배우는 스토리다. 화려한 시절의 호텔은 유럽 고급 문화의 현신이다. 『어제의 세계』에서 아름답게 회고되는 오스트리아를 압축하여 영화로 변신시킨 모습이다. 이것이 이 영화의 큰 부분이다. 우리의 주인공 구스타브는 카리스마 넘치는 멋쟁이로, 츠바이크가 생각한 옛 유럽의 모든 것이 체화된 인물이다. 개성 있는 스타일 감각, 유머 감각, 지혜로 단련되고 남에게 전파되는 낙관주의, 단순히 전통에 구속되지 않으면서도 제대로 실행하는 전통에 대한 이해, 탈옥해서 시골로 도망치고 '사과를 든 소년'을 되찾으려 적을 습격하는 적응력.

두 번째 층은, 장치로 만든 프레임 안에 들어 있는 채로 전달되는 1968년의 상황으로, 자신의 스토리를 젊은 '작가'에게 들려주는 늙은 제로의 모습이다. 30년도 더 지난 사건들의 감상적인 회고이자 혹은 츠바이크의 소설 제목을 떠올리게 하는, 황혼에 들려주는 이야기다.

세 번째 층은 늙은 '작가'가 차지한다. 이 늙은 '작가'가 1985년에 앞의 두 층을 '소개'한다. 그리하여 구스타브와 젊은 제로의 모험은, 어느 노인이 몇십 년 전 다른 노인에게서 들은 스토리를 회상하는 것으로 자리매김된다.

묘지 장면이 네 번째 층을 구성한다. 2014년

에 '작가'의 책을 읽고 감동한 나머지 그 무덤까지 찾아오는 젊은 여인이 상상하는 것이라는 프레임 안에 이 모두가 들어가게 된다.

그런데 다섯 번째 층도 있다. 진짜 삶에 기초한 진짜 예술에 대한 자신의 사랑을, 존재한 적 없는 유럽을 배경 삼아 허구의 영화로 바꾸며 감독이 이용한 메커니즘이 무엇인지 이해하려면 이 다섯 번째 층을 확인하면 된다.

츠바이크가 쓴 전기와 논문 들의 구조는 확고하고 직설적인 반면, 소설들은 러시아 인형 같다. 다양한 화자들이 들려주는, 먼 나라들에서 다른 시기에 벌어진, 이야기 속의 이야기다. 〈그랜드 부다페스트 호텔〉은 이런 면을 이용한다. 앞서 말한 화자들이 모두 스토리를 진전시키고, 그 과정에서 관념적 사건들은 전설이 된다. 〈그랜드 부다페스트 호텔〉은 단순히 젊은 제로, 늙은 제로, 젊은 '작가', 늙은 '작가' 혹은 작가를 존경하며 묘지에 있는 젊은 여인의 심상만이 아니다. 그 모두의 융합체다. 또한 이것은 웨스 앤더슨의 심상이다. 그리고 가장 두드러진 덕목은 겸손이다. 미국 영화감독이 츠바이크에게 바치기 위해 80년의 시간, 대양의 공간을 거리로 둔 사건들을 상상했다. 이 화려한 장편 극영화의 시나리오를 쓴 사람은, 츠바이크를 사랑하지 않았다면 이 영화를 만들지 않았을 지적인 작가이며, 그러면서도 자신이 '이미지 메이커'임을 잘 알고 있는, 현실에 근접한 현실, 뉴욕은 뉴욕은 아니며 대양이 전적으로 대양은 아니며 인도가 정확히 인도는 아닌 곳에서 스토리가 펼쳐지는 영화의 결에 글을 하나의 부분으로만 사용하는 이야기꾼이다. 〈그랜드 부다페스트 호텔〉은 츠바이크 작품에 대한 암시와 오마주로 적절히 채워져 있지만, 어느 작품을 직접 각색한 것은 아니다.

그럼에도 불구하고 〈그랜드 부다페스트 호텔〉은 츠바이크 같은 면을 포착하고 있으며, 간접적으로 드러나도록 잘 계산되어 있다. 돌아보면, 그런 면은 츠바이크의 아주 많은 글들에서 원천이 되는 상실감에서

비롯된다. 츠바이크의 소설들과 특히 회고록에서는 우리가 지금 읽고 있는 것이 벌어지자마자 죽어버린 경험들, 스토리를 들려주는 사람의 기억에서만 살고 있는, 종이에 적지 않으면 사라지지 않을까 두려운 경험들을 되살리려는 노력이라는 느낌을 받는다. 영화 속 층들의 연금술로 슈테판 츠바이크의 글쓰기와 웨스 앤더슨의 영화 만들기는 하나로 합쳐지고, 그것을 통해 스토리의 필요성에 대한 스토리가 나온다. 1985년 '서문'에서 '작가'는 카메라를 향해, '필경사 열병'으로 산속 동명의 호텔에서 요양하며 지낸 8월을 이야기하기 시작한다. 철거할 폐허에 가까운 호텔에는 외로운 손님 몇 명만 있을 뿐이다. 어느 저녁, 젊은 '작가'는 '감지할 수 없는 슬픈 분위기'를 안고 로

비에 앉아 있는 노인을 발견한다. 그 노인은 호텔의 주인인 제로 무스타파로, '이 매혹적인 폐허'의 이야기를 들려준다.

처음 전주곡에서 앤더슨은 각각의 시대에 따라 1.37:1, 1.85:1, 2.35:1의 화면 비율로 연주한다. 공간을 넓히고 좁혀서, 이야기 속의 이야기가 거듭되는 이 이야기의 속성을 영화적으로 표현한다. 스크린의 사각 경계를 변형하는 것은 글자 그대로 '프레임 장치'다. 그리고 영화 프레임 속의 사각형들, 즉, 호텔 방들, 엘리베이터들, 창문과 문들, 그림들, 빵 상자 등에 부차적 의미를 부여한다. 물론 이 역시 츠바이크 소설들에 대한 은밀한 암시다. 츠바이크의 소설들에는 비밀을 숨긴 채 고통받는 인물이 자주 등장하고, 이 인물들은 사건 뒤에 다시 회상하는 추억, 혹은 일기와 편지에 보존된 추억을 '프레임' 삼아 자신을 가두곤 한다.

이렇게 층 위에 층, 프레임 안에 프레임, 스토리 안에 스토리가 있지만, 이야기의 핵심 감정은 전혀 파묻히지 않는다. 모든 장치들은 스토리에 관한 스토리인 이 영화에

기여한다. 츠바이크는 늙은 '작가'이자 젊은 '작가'이자 늙은 제로이자 젊은 제로다. 그리고 이 모두는 에른스트 루비치, 빌리 와일더, 막스 오퓔스를 비롯한 영화감독들이 이상화한 유럽의 정수를 양식화한 인물들이다. 웨스 앤더슨은 뮤즈 츠바이크와 더불어 이 영화감독들에게 경의를 표한다. 전쟁의 발발과 지역적 폭력성으로 호텔의 화려함은 사라지고, 구스타브의 구세계 매력이 있던 자리는, 한때 환대의 궁전이었으나 어느새 인적 없는 빈껍데기가 된 곳을 뛰어다니는 불행한 '월급 노예'인 M. 장이 차지하게 된다.

츠바이크의 알프스 별장과 그랜드 부다페스트 호텔은 분명히 연결된다. 이 연결은 꼬리를 무는 연상 작용을 선언한다. 유럽의 사라진 과거를 찬양하고 자신의 과거를 전하는 데 열중한 츠바이크, 자신이 사랑하는 호텔이 '빌어먹게 추잡한 곰보 파시스트 개자식'의 손에 넘어가거나 폭력에 재가 될지 모를 가능성을 미리 막으려는 구스타브, 구스타브의 스토리를 적당한 때에 전달하려는 늙은 제로, 프롤로그를 방해하다가 옆에 서 있는 손자로 대표되는 미래 세대에게 다시 스토리를 전달하려는 '작가'. 이 모든 노력이 멘들 빵집의 분홍색 상자에 담겨 묘지 시퀀스에서 리본으로 묶인다. 영화는 책이고, 책은 제로의 스토리고, 제로의 스토리는 구스타브의 스토리고, 구스타브의 스토리는 그랜드 부다페스트이고, 그랜드 부다페스트는 츠바이크의 알프스 별장이고 오스트리아고 유럽이고 모든 것이다. 그리고 사라지고, 사라지고, 사라졌다. 모두 다. 스토리만 남는다.

# STEFAN ZWEIG
*Excerpts*

# 연민

서문 '무릇 있는 자는 받아 풍족하게 되고'라는 성경 구절의 진실을 작가라면 다 알고 있으며, '무릇 많이 말한 자는 더 많이 들어 풍족하게 되고'라는 사실을 인정할 수 있을 것이다. 흔히 사람들은 작가의 상상력이 늘 잘 돌아가고 작가가 사건과 스토리를 끝없이 계속 지어낸다고 생각하는데, 이보다 잘못된 생각은 없다.

사실, 작가는 스토리를 지어내지 않아도 된다. 인물과 사건이 제 발로 작가를 찾아오도록 두기만 하면 된다. 그리고 작가가 보고 듣는 능력을 잘 유지하고 있으면, 인물과 사건은 자신을 전해줄 사람을 찾아올 것이다. 무릇 다른 사람들의 이야기를 전달하려 많이 애쓰는 자는 많은 사람들의 이야기를 듣게 되리라.

앞으로 이어질, 여기 적힌 사건들은 내가 들은 바 거의 그대로다. 그리고 아주 우연히 듣게 된 이야기다.

지난번 빈에 갔을 때, 나는 사업에서 큰일을 처리한 뒤 지쳐 있었다. 어느 저녁, 빈 교외에 있는 식당으로 갔다. 이미 오래전에 유행에 뒤떨어져 사람이 그다지 많지 않으리라 여긴 식당이었다. 그러나 들어가자마자 짜증스럽게도 내 예상이 틀렸음을 발견했다.

맨 앞 테이블에서 지인 한 명이 아주 반가운 기색을 온몸으로 드러내며 자리에서 일어섰다. 내가 그만큼 다정하게 대응할 수 있을지 염려될 정도였다. 지인은 자기 테이블에 와서 앉으라고 말했다. 이 과하게 다정한 남자는 함께 있기에 영 마뜩찮은 사람이라고 말할 수는 없지만, 인맥을 넓히는 데에 강박적으로 몰두하는 부류로, 우표 수집을 하는 아이처럼 열광적으로 지인을 모으고 자기가 수집한 것들을 자랑하기 좋아했다. 악의는 없는 이 특이한 사람─박식하고 유능한 기록 보관인이 그의 직업이다─에게는 가끔 신문에 이름이 오르내리는 사람들을 허물없이 자랑하는 것이 자기 삶의 의미를 가득 채웠다. '아, 그 사람, 나랑 친해' 혹은 '아, 그 사람, 바로 어제 만났어' 혹은 '내 친구 A가 나한테 말했고, 내 친구 B도 자기 의견을 나한테 들려주었는데, 그 일은……' 등등, 이런 예를 알파벳 순으로 쭉 나열할 수 있다.

그는 친구들의 첫 연극 공연 때마다 객석에서 박수를 치고, 이튿날 아침에 주연 여배우에게 전화하여 축하한다. 지인의 생일을 잊어버리는 법이 없고, 누구의 작품에 대한 혹평이 신문에 나오면 당사자에게 절대로 언급하지 않지만 호평이 나오면 크게 전한다. 불쾌한 사람은 아니다. 그의 다정한 성격은 진짜이며, 작은 선의라도 받으면 기뻐하고, 자신의 선별된 지인 컬렉션에 새 수집품을 추가하게 되면 더욱 기뻐했다.

어쨌든 이 '붙어 다니는 사람'─출세를 바라는 갖가지 사람들 중에서도 선의의 빈대라 할 수 있는 이들을 빈에서는 흔히 이렇게 부른다─인 친구에 대해 더 말할 필요는 없다. 누구나 이런 '붙어 다니는 사람' 한두 명은 알고 있지 않은가. 또, 이들이 보내는 선의의 관심을 쫓을 방법은 무례해지는 길밖에 없다는 사실도 누구나 알고 있지 않은가. 그래서 나는 그 지인의 옆에 앉아서 한담을 나누었다. 그때 한 남자가 식당으로 들어왔다. 큰 키, 아직 젊어 보이는, 혈색 좋은 얼굴, 관자놀이 부근이 은발인 외모는 눈에 확 띄었고, 아주 꼿꼿이 선 자세를 보아 군인이었음을 금방 알아챌 수 있었다. 나와 함께 앉아 있던 지인은 벌떡 일어나서 늘 하던 다정한 인사를 건넸지만, 그 신사는 예의를 차렸다기보다 무관심에 가깝게 대꾸했다. 친절한 웨이터가 그 새 손님에게 황급히 달려가서 주문을 받기도 전에, 유명인 사냥꾼인 내 친구는 나한테 몸을 기울이고 속삭이며 물었다.

"누구인지 알아요?"

나는 그가 자기 수집품을 자랑할 때 얼마나 자부심을 느끼는지 잘 알고 있었고 이 야기가 길어지는 게 싫었으므로 나는 간단하게 '모른다'고 대답한 뒤 자허토르테(초콜릿과 살구 잼을 넣은 오스트리아 케이크—옮긴이)를 계속 잘랐다. 그러나 내가 관심을 보이지 않자, 유명인 수집가는 오히려 더 열중하여 단정적으로 속삭였다.

"이런, 호프밀러 장군이잖아요. 전쟁 때 마리아 테레지아 훈장을 받았잖아요."

그 말에 바랐던 만큼 내가 반응하지 않자, 그는 애국적인 교과서처럼 열성적으로 이 호프밀러 장군의 위업을 설명하기 시작했다. 처음에는 기병대 이야기, 다음에는 피아베 강에서 정찰하며 혼자 적군 비행기 세 대를 총으로 격추시킨 유명한 일화, 마지막으로 포병 부대를 이끌고 사흘 동안 최전선을 점령한 일까지, 황제로부터 오스트리아 군 최고 훈장을 직접 받은 이 위대한 사람에 대해 전에 들어본 적 없는 경탄의 표현을 많이 섞으며 아주 상세하게 이야기해서 여기에는 일일이 옮기지 않았다.

그 역사적 영웅의 모습을 잘 보라는 지인의 말에 나는 그 테이블을 흘깃 보았다. 그러나 불쾌한 표정을 짓고 있는 그 신사와 눈이 마주쳤다. 마치 '내 얘기를 하고 있었소?' 하고 말하는 듯했다.

쳐다볼 것까지 없지 않소! 동시에 그 신사는 확연히 불쾌해진 분위기로 의자를 옆으로 돌리며 보란 듯이 우리에게서 등을 돌렸다. 나는 조금 부끄러워져서 고개를 돌린 뒤, 어떤 일에도, 식탁보에도 호기심 어린 표정은 짓지 않았다. 그리고 수다스러운 지인에게 곧 작별 인사를 했다. 나가면서 보니, 그 지인은 곧장 자신의 영웅인 장군이 앉아 있는 테이블로 갔다. 나에게 호프밀러 이야기를 했을 때처럼 열성적으로 내 이야기를 호프밀러에게 하겠지.

그게 전부였다. 두어 번 슬쩍 보았을 뿐이고, 나는 그 짧은 만남을 분명 잊어버렸을 것이다. 하지만 바로 다음 날, 작은 파티에서 나는 그 비사교적인 신사와 또 마주치게 됐다. 덧붙이자면, 턱시도를 입은 그의 모습은 캐주얼한 트위드 재킷을 입었던 전날보다 훨씬 눈길을 끌고 우아했다.

우리는 둘 다 작은 미소를 참기 어려웠다. 깊이 감춘 비밀을 서로 알고 있는 두 사람 사이에 오고 갈 미소였다. 그도 나처럼 쉽게 나를 알아보았다. 아마도 우리는 어제 우리를 한자리에 모으는 데 실패한 공통의 지인을 생각하며 똑같은 즐거움을 느꼈을 것이다. 처음에는 서로 대화는 피했고, 대화할 기회도 별로 없었다. 열띤 토론이 주위에서 벌어졌기 때문이다.

때가 1938년이었다는 말로 그 토론의 주제는 충분히 드러날 것이다. 나중에 우리 시대 역사가들은 1938년이라면 망가진 유럽 대륙의 모든 나라에서 이루어진 거의 모든 대화가 두 번째 세계대전이 일어날지 아닐지를 둘러싼 것이었다고 입을 모을 것이다. 어떤 모임에서나 반드시 나오는 주제로, 두려움과 상상과 희망은 말하는 사람들보다는 분위기로, 말에 담아 표현하고 싶은 비밀스러운 긴장과 불안으로 꽉 찬 그 시대의 기운으로 더욱 크게 표현되었다.

그 주제를 처음 꺼낸 사람은 집주인이었다. 변호사인 집주인은 변호사들이 흔히 그렇듯 아집이 셌다. 집주인은 흔한 난센스를 증명하기 위해 흔한 논법을 펼쳤다. 이제 더 젊은 세대도 전쟁을 알고 있으니 또 눈이 멀어 또 다른 전쟁에 휘말리지 않을 것이라고 말했다. 모병의 순간에는, 총을 쏘라고 명령하는 사람들에게 총이 겨누어질 것이라는 말이었다. 집주인은 말하기를, 특히 자기 같은 사람들, 지난 전쟁 때 전선에서 싸운 사람들은 전쟁이 어떤 것인지 잊지 않고 있다고 했다. 무기 공장에서 폭탄과 독가스가 수만씩─아니, 수십만씩─만들어지는 시기에, 그는 담뱃재를 떨듯 쉽게 전쟁의 가능성을 무시했고, 그 확신에 찬 어조가 내 귀에는 짜증스럽게 들렸다. 나는 우리가 원하는 바를 믿어서는 안 된다고 강하게 되받아쳤다. 전쟁과 직접 연관된 민간 조직과 군대가 아직 잠들지 않았고, 우리가 유토피아적 생각으로 머리를 채우고 있는 동안 그들은 평화 시기를 최대한 이용하여 더 많은 사람들에게 영향력을 행사하고 있다고 말했다. 이미 전쟁은 조직되었으며 발발할 준비가, 말하자면, 정점에 이르렀다고, 이제 정교한 프로파간다 기계 덕분에 사람들은 아주 크게 순종적이 되었으며 거실에 있는 라디오에서 전쟁에 참가하라는 말이 나오면 아무 저항도 일어나지 않을 것이라는 사실에 직면하지 않을 수 없다고 말했다. 오늘날의 사람들은 자신의 의지라고는 남아 있지 않은, 먼지 같은 존재일 뿐이라고 했다.

당연히 다른 사람들은 모두 내 말에 반대했다. 인간은 자기기만에 빠지는 경향이 있고, 그래서 마음속으로는 위험이 실재한다는 사실을 느낄 때에도 위험이 없다고 선언하기 좋아한다는 사실을 우리는 경험으로 모두 알고 있다. 그리고 값싼 낙관주의에 대한 경고는 옆방에 차려진 성대한 저녁 식탁에서 환영받지 못할 것이 분명했다.

마리아 테레지아 훈장을 받은 영웅은 나의 적일 것이라고 생각했지만, 뜻밖에도 그가 내 편을 들면서 말했다. 오늘날 보통 사람들이 원하는 것 혹은 원하지 않는 것이 조금이라도 중요하게 여겨진다고 생각한다면 전혀 터무니없는 생각이라고 그는 말했다. 다음 전쟁에서는 기계가 진짜 임무를 맡을 것이고, 인간은 기계의 부속으로 격하될 것이라고 했다. 지난 전쟁 동안에도 전장에 나와 있으면서도 자신이 전쟁에 찬성하는지 반대하는지 분명히 알고 있는 사람은 별로 볼 수 없었다고 그는 말했다. 대부분은 먼지바람 같은 적개심에 사로잡혀 있었고, 사건의 소용돌이에 휘말려 큰 봉지에 든 마른 콩처럼 무력하게 흔들릴 뿐이었다. 모든 것을 고려하면, 전쟁에서 달아난 사람보다 전쟁으로 도망온 사람이 더 많았을 것이라고 했다.

나는 놀라며 들었고, 흥분한 다음 이야기에 특히 흥미를 느꼈다.

"자기기만에 빠지지 맙시다. 지구 다른 곳에 있는 어느 나라, 가령 폴리네시아나 아프리카의 먼 구석에서 오늘 전쟁이 일어나서 도와야 한다고 알리면, 수천수만이 이유도 제대로 모른 채 지원할 겁니다. 그저 자기 자신으로부터 혹은 자신의 불만스러운 삶에서 달아나려는 욕망에서 그러는 거죠. 그러나 전쟁에 진짜 반대하는 움직임이 일어날 확률은 0보다 높지 않을 겁니다. 조직에 반대하는 것은 군중을 따라가는 것보다 훨씬 큰 용기를 필요로 하죠. 조직에 맞서려면 개인주의가 필요한데, 조직화와 기계화가 발전하는 이 시대에 개인주의자는 죽어가는 종족입니다. 전쟁 중에 제가 만난 용기는 집단 용기, 계급 안의 용기라고 부를 수 있습니다. 그 현상을 면밀히 보면, 아주 이상한 요소들을 볼 수 있을 겁니다. 허영, 경솔함, 권태까지 있죠. 하지만 가장 큰 것은 두려움입니다. 뒤처질지 모른다는 두려움, 놀림받을지 모른다는 두려움, 자주적인 행동을 취해야 할지 모른다는 두려움, 그리고 무엇보다 동료들의 통일된 의견에 반대해야 하는 두려움입니다. 제가 다시 민간인 신

218

분으로 돌아와서 생각할 때, 전장에서 제가 알던 가장 용감한 사람들 대부분이 과연 진짜 영웅인가 의심스럽습니다. 그리고 저에 대해서도 부디 오해하지 않으시기 바랍니다."

그는 얼굴을 찌푸리고 있는 집주인을 향해 공손하게 덧붙였다.

"진짜 영웅인가 의심스러운 데에는 저 역시 전혀 예외가 아닙니다."

나는 그가 말하는 방식이 좋았고, 잠시 그와 대화를 나누고 싶었다. 그러나 그때 옆방에서 저녁을 먹자고 불렀고, 우리는 좀 떨어져 앉아서 대화할 기회가 없었다. 모두 떠날 때가 되어서야 옷을 보관하는 방에서 그와 함께 있을 수 있었다.

그가 미소를 지으며 나에게 말했다.

"공통의 친구 덕분에 이미 서로 소개를 받은 것 같죠?"

나도 미소를 지었다.

"꽤 긴 소개를 들었을 겁니다."

"그 친구가 심하게 과장했겠지요. 제가 훈장을 받은 아킬레우스가 되었을 것 같군요."

"그런 셈이었죠."

"네, 그 친구가 제 훈장을 아주 자랑스러워하죠. 선생의 책도 자랑스러워하더군요."

"특이한 친구죠? 그렇지만 더 형편없는 사람들도 있죠. 잠시 함께 걸어도 될까요?"

나가면서 그는 갑자기 나를 향해 몸을 돌리고 말했다.

"이건 정말입니다만, 마리아 테레지아 훈장은 몇 년 동안 저한테 성가신 물건일 뿐입니다. 너무 화려해서 좋아할 수 없습니다. 물론 솔직히 말해, 전장에서 훈장을 받았을 때, 처음에는 당연히 기뻤죠. 어쨌든 군인으로서 훈련을 받고, 군사 학교에서 지내며 그 전설의 훈장에 대해, 그 훈장을 받은 사람이 열두 명 정도밖에 안 된다는 말을 듣다 보면, 천국에서 별이 무릎에 떨어진 것 같죠. 스물여덟 살 젊은이에게는 그런 것이 큰 의미를 갖죠. 가슴에 반짝이는 무엇을 달고 있고 그것을 모두가 작은 태양처럼 바라보고 있는데, 그 앞에 서 있다고 생각해봐요. 그리고 황제와 악수하고 황제한테서 축하를 받는다고 생각해봐요. 그렇지만 군대라는 세계를 나오면 아무것도 아닙니다. 그리고 전쟁이 끝난 뒤, 제가 20분 동안 진짜 용기를 보였다는 이유로 평생 공인된 영웅으로 사는 것은 우스꽝스럽다는 생각이 들었습니다. 사실, 제가 보인 용기는 수만 명의 다른 군인이 보인 용기보다 크지도 않았을 겁니다. 제가 그 사람들과 달라 보인 것은 주의를 끌었기 때문이죠. 그리고 더 놀랍게도, 제가 살아서 돌아왔기 때문일 겁니다. 모두가 그 작은 금속 조각을 뚫어져라 보고, 감탄하는 눈으로 저를 뜯어보는 일이 일 년 동안 계속됐습니다. 그러자 저는 움직이는 동상처럼 돌아다니는 일에 신물이 나고 지쳤습니다. 그 법석이 전부 싫었습니다. 전쟁이 끝난 뒤 아주 빨리 군복을 벗은 이유 중 하나죠."

그는 조금 더 빨리 걷기 시작했다.

"이유 중 하나라고 말했죠. 그런데 주된 이유는 개인적인 겁니다. 그리고 아마 선생이라면 더 쉽게 이해할 겁니다. 훈장으로 장식될 권리가 저한테 과연 있을지, 아니, 적어도 영웅으로 대접받을 자격이 있을지 스스로를 의심한 것이 가장 주된 이유였습니다. 입을 벌리고 훈장을 보는 그 어떤 사람들보다 저는 잘 알고 있었습니다. 그 훈장 뒤에 있는 사람은 영웅과 거리가 먼 사람, 영웅은 확실히 아닌 사람, 절망적인 상황에서 벗어나려고 전속력으로 전쟁에 뛰어든 많은 사람들 중 한 명일 뿐이었습니다. 의무를 다하는 영웅이 아니라 책임을 버린 사람. 선생이 어떻게 볼지는 모르겠습니다만, 영웅이라는 아우라에 묻혀

사는 삶이 부자연스럽고 참을 수 없는 것임을 겪은 저는 군복을 입고 영웅담을 퍼뜨리는 것을 포기할 수 있었을 때 정말 안도감을 느꼈습니다. 누가 저의 옛날 영광을 캐내는 것이 들리면 지금도 저는 짜증이 납니다. 솔직히 말하면, 그래서 어제 선생이 있던 테이블로 가서 우리의 수다스러운 친구한테 나 말고 다른 사람 이야기를 하라고 분명하게 말할 뻔했습니다. 선생의 괴로워하는 표정을 보고, 우리의 친구가 선생에게 강요하듯 들려주는 이야기, 제가 명성을 얻게 된 과정의 이야기가 얼마나 틀린 것인지 알리고 싶었습니다. 사실은 아주 기묘한 이야기이고, 용기란 약함의 다른 면일 뿐일 때가 많다는 것을 확실히 보여주는 이야기입니다.

그런데 말입니다, 저는 선생에게 그 이야기를 들려주는 데에 거리낌이 없습니다. 사반세기 전에 한 남자에게 일어난 일은 더 이상 그 사람에게 문제가 되지 않죠. 그 일을 겪은 사람은 지금 이 사람과 다른 사람이니까요. 그 이야기를 듣고 싶은 마음과 시간이 있습니까?"

물론 나는 시간이 있었다. 그리고 우리는 이제 한적해진 거리를 한참 오갔다. 이후 며칠 동안 우리는 아주 많은 시간을 함께 보냈다. 나는 호프밀러의 이야기를 거의 바꾸지 않았다. 기껏해야 경기병 연대를 창기병 연대로 바꾼 정도, 정체가 드러나지 않도록 요새의 위치를 지도에서 조금 옮긴 정도, 이름을 모두 조심스레 바꾼 정도다. 내가 덧붙인 중요한 부분은 전혀 없으며, 이 이야기의 작가는 내가 아니다. 이제 자신의 이야기를 들려주기 시작할 진짜 화자가 작가다.

## 어제의 세계

서문      시대는 그림을 제공한다. 나는 그것들과 함께 갈 단어를 말할 뿐이다. 그리고 내가 말하는 것은 내 이야기라기보다 한 세대 전체, 역사의 어떤 때보다 무거운 운명의 짐을 짊어졌다고 할 만한 우리 독특한 세대의 이야기라 할 수 있다.

제1장      몇 세기 동안 오스트리아와 그 왕조는 정치적으로 야심차지도 않고 군대 양성에 딱히 성공하지도 않은 이유로 자부심을 특별한 예술 유산에 가장 크게 집중해왔다. 모두가 알고 있듯, 빈은 쾌락주의 도시였다. 어쨌든 삶이라는 날것을 재료로 삼고, 예술과 사랑을 도구로 삼아 거기서 최상의, 가장 섬세하고 미묘한 면을 뽑아내지 않으면 문화에 무슨 의미가 있나? 빈 사람들은 맛있는 음식과 맛있는 와인, 톡 쏘는 신선한 맥주, 화려한 디저트와 토르테를 즐기는 식도락가였지만, 더 은근한 쾌락도 요구했다.

제2장      사실 우리의 열광에는 끝이 없었다. 오랫동안 우리 청년들은 수업을 받는 동안, 학교에 오가는 길에, 커피숍에서, 극장에서, 보도에서, 책과 그림과 음악과 철학을 논하는 것 외에 아무것도 하지 않았다. 공공장소에서 배우나 지휘자

220

로 공연한 사람이라면 아무라도, 책을 출간하거나 신문에 글을 쓴 사람이라면 아무라도, 우리 하늘의 별이었다. 몇 년 뒤, 발자크가 자신의 청춘을 회상한 문장을 발견했을 때 나는 거의 충격을 받았다. 'Les gens célèbres étaient pour moi comme des dieux qui ne parlaient pas, ne marchaient pas, ne mangeaient pas comme les autres hommes(유명한 사람들은, 나에게는, 다른 사람들처럼 먹지도 말하지도 않는 신 같았다).' 정확히 우리가 느끼던 것 그대로였다. 구스타프 말러를 거리에서 보면 이튿날 아침에 친구들에게 알려야 할, 대성공 같은 사건이었다. 그리고 한 번은 어릴 때, 브람스를 만났는데, 브람스가 내 어깨를 다정히 도닥거렸고, 그 특별한 사건 때문에 나는 며칠 동안 완전히 정신이 없었다.

우리 청년들은 지적 야망에 완전히 젖어 있었고, 고국의 위험한 변화들을 거의 알아채지 못했다. 우리 시선은 책과 그림에만 완전히 굽어 있었다. 정치와 사회 문제에는 조금의 관심도 기울이지 않았다. '그 새된 소리의 다툼이 삶에 무슨 의미가 있나?' 생각했다. 선거철이 되면 도시는 소란해졌고, 우리는 도서관에 갔다. 소요가 일어나고, 우리는 시를 쓰고 토론했다. 우리는 불의 문자로 벽에 적힌 글을 보지 못했다. 우리 이전의 바빌론 왕처럼, 우리는 예술이라는 맛있는 음식에 흥청망청하며 걱정스러운 앞날을 전혀 내다보지 않았다. 수십 년이 지난 뒤, 건물의 지붕과 벽이 우리에게 떨어졌을 때에야 비로소 깨달았다, 토대가 오래전에 약해졌음을, 유럽에서 개인의 자유가 이미 새 세기와 함께 낙하하기 시작했음을.

제3장　　억눌린 것들은 곳곳에서 출구를 찾았다. 장애물 주위에서 길을, 난관을 벗어날 길을 찾았다. 이성과 쉽게 사교하는 어떤 형식도, 어떤 성 계몽도 새침하고 완고하게 거부했던 세대가 궁극적으로는, 사랑에 훨씬 더 많이 자유로운 오늘날 젊은이들보다 천 배 더 성에 집착했다. 금단의 열매는 갈망을 부채질한다. 오직 금지된 것만 욕망을 자극하며, 눈이 덜 보고 귀가 덜 들을수록 정신은 더 꿈꾼다. 몸에 공기와 빛과 태양이 덜 허락될수록 감각은 더 달아오른다.

제5장　　안다, 안다. 오늘날 고통받는 곳은 파리뿐만이 아니다. 유럽 다른 곳이 제1차 세계대전 이전의 모습으로 돌아갈 수 있으려면 수십 년은 지나야 할 것이다. 한때 밝았던 대륙의 지평선에는 세계대전 이후 어떤 우울이 완전히 걷힌 적 없다. 이 나라부터 저 나라까지, 이 사람부터 저 사람까지, 비탄과 불신은 팔다리가 잘린 유럽의 몸통에 숨어들어 독처럼 그 몸통을 갉아먹고 있다. 두 세계대전 사이 사반세기 동안 사회와 기술이 아무리 많이 발전했다 해도, 자세히 들여다보면, 작은 서구 세계에서, 옛날의 자연스러운 'joie de vivre('삶의 즐거움'을 뜻하는 프랑스어—옮긴이)'와 비교해서 헤아릴 수 없이 나빠지지 않은 나라는 단 하나도 없다.

제7장　　1914년 6월 28일, 사라예보에서 한 발의 총알이 발사되었다. 그 총알은 1초도 안 되어, 창의적 이성의 세계, 안전한 세계, 우리가 키워지고 자란 곳, 우리의 집이었던 곳이 마치 수천 조각으로 깨어지는 질냄비인 양 그곳을 산산이 깨뜨릴 터였다.

1939년의 전쟁 뒤에는 지적인 사상이 있었다. 자유, 도덕적 가치의 보존, 인간을 단호하고 확고하게 만드는 이상을 위한 투쟁이었다. 반면 1914년의 전쟁은 현실에 무지했다. 오히려, 망상에, 더 나은 사회, 그저 있는 그대로 평화로운 사회라는 꿈에 봉사했다. 행복은 지식이 아니라 오로지 망상에서 온다고 믿는 전쟁이었다. 그래서 희생자들을 학살하는 사람들이 술에 취해 환호하고, 머리에 화환을 쓰고, 떡갈나무 잎으로 헬멧을 장식했으며, 축제인 양 거리에는 환호성이 메아리치고 불빛이 넘실댔다.

새로운 세대가 위 세대에 그 무엇에도 전혀 존경을 느끼지 않는 것이 이해할 만하지 않았나? 부모, 정치가, 교사 들을 믿은 젊은이는 아무도 없었다. 법령이나 포고문은 모두 불신하며 읽었다. 이전에는 받아들였던 모든 것을 전후 세대는 급작스럽고 거친 반응으로 차단했다. 자신들의 운명을 자신들의 손으로 만들어가기로 결심하고 모든 전통에 등을 돌렸다. 낡은 과거에서 힘차게 나아가 미래로 향했다. 완전히 새로운 세계, 다른 질서가 삶의 모든 영역에서 이 젊은이들과 함께 시작될 터였다. 그리고 물론, 엄청난 과장과 함께 시작됐다. 자기들 나이와 같지 않은 누구 혹은 무엇은 낡은, 끝난, 망한 것이었다.

## 단편선

**레만 호의 사건**  토론이 점점 격해지는 사이, 탈주자의 겁먹은 시선은 점점 위로 올라가서 어느새 호텔 매니저의 입술에 머물러 있었다.

탈주자는 이 소동 속에서 자신이 이해할 수 있는 용어로 자신의 운명을 들려줄 수 있는 사람은 호텔 매니저뿐이라는 사실을 알고 있었다.

탈주자는 자신이 나타나서 벌어진 소동을 흐릿하게 알고 있는 듯했다. 그리고 시끄러운 논쟁이 잦아들자, 호텔 매니저 앞으로 조용히 양손을 들었다. 성화 앞에서 기도하는 여인처럼 애원하는 표정이었다. 이 감동적인 몸짓은 그 자리에 있는 모두에게 뿌리칠 수 없는 효과를 미쳤다.

매니저는 남자에게 다가가서 따뜻하게 안심시켰다. 겁낼 것 없다고, 여기서 묵으면 된다고, 아무 해도 입지 않을 것이라고 말하고, 곧 잠자리를 마련하겠다고 덧붙였다. 러시아 남자는 매니저의 손에 입을 맞추려 했지만, 매니저는 손을 빼고 얼른 뒤로 물러섰다. 매니저는 옆에 있는 집을 손가락으로 가리켰다. 러시아 남자가 잘 곳인 마을의 작은 여관이었다. 그리고 매니저는 러시아 남자에게 안심시키는 말을 몇 마디 더한 뒤 또 다정하게 손을 흔들고 자기 호텔이 있는 해변으로 갔다.

레오폴트 혹은 람멜 카니츠가 어떻게 영주의 주인인 헤르 폰 케케스팔바가 되었는지, 그 이야기는 부다페스트에서 빈으로 가는 열차에서 시작된다. 이제 마흔두 살이 되었고, 흰머리가 희끗희끗하지만, 우리 친구는 여전히 여행하며 밤을 보낸다—구두쇠는 돈뿐 아니라 시간도 절약한다. 그가 늘 삼등석을 탄다는 것은 굳이 언급할 필요도 없을 것 같다. 밤 여행에는 아주 익숙했고, 그 테크닉도 오래전에 터득했다. 경매에서 싸게 구한 스코틀랜드 타탄 체크 담요를 딱딱한 나무 좌석에 까는 것이 첫 번째 일이다. 그다음, 꼭 입고 다니는 검정 코트가 손상되지 않도록 조심스레 고리에 건다. 금테 안경은 케이스에 넣고, 캔버스 여행 가방—그는 가죽 가방을 사는 데에 돈을 절대 쓰지 않았다—에서 부드러운 낡은 가운을 꺼낸다. 마지막으로 모자를 푹 눌러써서 빛을 가린다. 그다음에는 객차 구석에 자세를 잡는다. 그는 앉은 채로 잠드는 데에 익숙했다. 어린 시절 꼬마 레오폴트는 안락한 침대 없이도 밤에 잠잘 수 있다는 것을 터득했기 때문이다.

## 가정교사와 다른 이야기들

마음의 몰락 　　노인은 혼자서 눈을 크게 뜨고 밤의 끝없는 심연을 노려보았다. 어둠 속에 무엇이 숨을 깊게 쉬며 그의 옆에 누워 있었다. 노인은 기억하려 애썼다. 바로 이 방에서 같은 공기를 마시는 몸은 여자, 그녀가 젊고 열정적일 때 알던 여자, 그의 아이를 낳은 여자, 아주 깊은 피의 신비로 그와 얽매인 몸. 그는 거기 있는—팔만 뻗으면 손댈 수 있었다—따뜻하고 부드러운 몸이 한때 살아 있었으며 자신의 일부이기도 했음을 계속 애써 생각했다. 그러나 이상하게도 기억은 더 이상 아무 감정도 불러일으키지 않았다. 그리고 그녀의 숨소리는, 열린 창문을 통해 들리는, 해변 근처 자갈에 부드럽게 부딪는 약한 파도의 웅얼거림처럼 느껴질 뿐이었다. 모두 너무 멀고 비현실적이었다. 낯선 무엇이 아주 우연히 그의 옆에, 계속, 계속, 영원히 누워 있는 것 같았다.

　　그러나 기억을 떠올리게 한 달콤한 향수가 거기 있었다. 아니, 반쯤 마비된 뇌가 잊어버린 순간을 기억하는 것일까? 그리고 갑자기 형태가 끔찍하게 변했다. 행복해 보인 것은 단 한순간뿐이었다.

## 감정의 혼란

처음, 아주 원시적인 출발을 열심히 말하기 시작하면서 그는 첫 단어를 큰 소리로 뱉었다. 처음에는 빠른 속삭임으로 질주하던 그의 목소리는 소리 근육과 인대를 스트레칭하며 금속성 광휘를 빛내는 비행기가 되어 더 자유롭게, 더 멀리 날아다니고, 벽으로 막힌 방은 그 목소리에 너무 작아졌다. 더 넓은 공간이 필요했다. 내 몸에 폭풍우가 지나가는 것 같았다. 대양이 거대한 파도의 입술로 울려퍼지는 단어를 힘차게 말했다. 책상 위로 몸을 숙이며 나는 고향의 모래언덕에 다시 서 있고, 바람에 바닷물이 스프레이처럼 날아다니고 수천의 파도가 거세게 밀려오는 기분이었다. 한 남자의 탄생, 문학의 탄생을 둘러싼 온갖 경이가 기쁘게 감탄하는 나의 정신을 처음으로 덮친 순간이었다.

　　자기 영감의 힘이 말의 학문적 목적을 장엄하게 찢어놓을 지경까지, 사상이 시가 되는 곳까지 가서 나의 스승이 말을 멈추었다면, 나는 현기증이 났다. 불 같은 피로가 나를 휘감았다. 강하고 무거웠다. 스승의 피로와는 전혀 달랐다. 스승의 것은 탈진이나 안도 같았다. 그러나 나는, 태풍이 휩쓸고 지나간 나는, 내 안으로 밀려온 그 모든 것에 여전히 덜덜 떨고 있었다.

그래도 우리 둘 다 끝난 뒤에는 잠자거나 쉬는 데 도움이 되도록 약간의 대화를 나누어야 했다. 나는 내가 속기로 적은 것을 읽곤 했는데, 내가 적은 것이 말이 되자마자 내 목소리 사이로 다른 목소리가 숨을 쉬며 들어왔다. 스승의 단어를 되풀이하면서 나는, 내가 그의 억양을 아주 충실하게 포착하고 만들어내어 내 안에서 나 자신이 아니라 그가 말하고 있는 것처럼 느껴질 정도가 되었음을 깨달았다. 어찌나 철저했는지 내가 그의 메아리가 되었다. 나는 스승의 단어가 울리는 공명이었다.

**묻힌 꿈**

그들은 말을 계속 이었다. 그러나 목소리에는 이미 따뜻함이, 그들의 비밀처럼 반쯤 빛바랜 비밀이 허락하는 만큼만 희망적인 다정한 친근함이 깃들었다. 진주같은 행복한 웃음이 가끔 끼어드는 나직한 말들로, 그들은 과거를, 잊어버린 시들을, 색 바랜 꽃들을, 잃어버린 리본을 이야기했다. 그들이 젊은 시절을 보낸 작은 마을에서 주고받은 작은 사랑의 징표들이었다. 오래전에 잠잠해진, 먼지가 쌓인, 마음의 종을 울린 오래된 이야기들은 반쯤 기억된 전설처럼 천천히 아주 천천히, 침통한 우울을 낳았다. 이제는 죽음을 맞이한, 젊었을 적 사랑의 마지막 음표들은 그들의 대화에 커다란, 거의 슬픈 무게를 불러왔다.

**황혼에 전해진 이야기**

그러나 이제 이 방은 이토록 어둡군요. 이 깊은 황혼 속에 당신은 내게서 이토록 멀리 떨어져 있군요! 당신의 얼굴이 있다고 생각하는 곳에서는 흐릿하고 희미한 빛밖에 보이지 않아요. 당신이 웃고 있는지 슬퍼하는지 알 수 없어요. 내가 잠시 스치는 사람들을 위해 이상한 이야기를 지어내서, 그 사람들의 운명을 꿈꿔서, 그리고 그들을 자신들의 세계와 삶으로 조용히 돌려놓아서 당신은 웃고 있나요? 아니면, 사랑을 거절하고 자신의 달콤한 꿈의 정원에서 갑자기 영원히 추방된 소년 때문에 슬퍼하고 있나요? 어둡고 슬픈 이야기를 하려던 것은 아니었어요. 그저, 자신의, 또 다른 사람의 사랑에 갑자기 놀란 한 소년의 이야기를 들려주고 싶었을 뿐이에요. 하지만 저녁에 들려주는 이야기는 모두 우울의 부드러운 길을 걷게 되죠. 황혼이 그 베일을 늘어뜨리고, 그 위의 별 없는 하늘에는 저녁에 깃든 슬픔이 있죠. 어둠은 그 피를 빨고, 그 안에 있는 색색의 밝은 단어들은 모두 우리의 마음 가장 깊은 곳에서 온 듯 무겁고 꽉 찬 소리를 담죠.

**환상의 밤**

하지만 한 번 더, 또다시, 말을 멈춰야 하겠다. 한 단어의 양면성을 놀라며 깨닫는다. 이제서야 처음으로 나는 모든 인생의 끝없이 바뀌는 면을 농축된 형식으로 표현하는 어려움을 이해하며 전체 맥락을 다 짚으며 이야기하려 한다.

방금 '나는'이라고 쓰고 1913년 7월 7일 정오에 택시를 탔다고 말했다. 하지만 그 단어는 완전히 지시적이라 할 수 없다. 나는 그때, 7월 7일의 '내'가 결코 아니기 때문이다. 그날로부터 넉 달밖에 지나지 않았지만, 이전 '나'의 아파트에 여전히 살고 있고 그 책상에서 그 펜으로 그 손으로 글을 쓰고 있지만, 나는 그때의 나와 꽤 다르다. 내가 겪은 그 일 때문에 나는 이제 외부에서 그를 본다. 냉정하게 낯선 사람을 본다. 그리고 내가 잘 알고 있고 그 성격 역시 알고 있는 친구나 동료나 동무처럼 그를 묘사할 수 있다. 하지만 나는 더 이상 그 사람이 아니다. 그가 한때 나의 일부였다는 느낌은 전혀 없이 그를 이야기할 수, 그를 비난하거나 책망할 수 있다.

낯선 여인의 편지　제 인생 이야기를 모두 들려드릴게요. 당신을 만난 그날에 비로소 진짜 시작된 인생이죠. 그전에는 흐릿한 감정의 혼란뿐이었어요. 먼지와 거미줄과 음침한 물건들과 사람들로 가득한 지하실 같은 곳이고 제 기억이 다시는 발을 담그지 않을 곳이죠. 제 마음은 이제 그때를 전혀 몰라요. 당신이 도착했을 때 저는 열세 살, 당신이 살고 있는 아파트에서 살고 있었죠. 나의 편지, 나의 마지막 살아 있는 숨결을 당신 손에 쥐고 있는 바로 그 아파트죠. 같은 복도, 당신 아파트 현관문 바로 맞은편에 살았어요. 우리를 기억하지 못할 거예요. 회계사이던 남편이 죽고 가난하게 혼자 사는 여자(어머니는 항상 상복을 입고 있었어요), 깡마른 십대 딸.

우리는 말하자면 '점잖게 가난한 삶'에 조용히 젖어 있었죠. 우리 이름도 전혀 못 들었을지 몰라요. 아파트 건물 정문에 우리 명패도 없었죠. 우리를 찾아오는 사람도, 우리를 묻는 사람도 없었어요. 게다가 아주 오래전이에요. 15년이나 16년 전, 아니, 내 사랑, 분명히 당신은 아무것도 기억하지 못할 거예요. 하지만 저는, 아, 저는 세세한 것 하나하나도 열정적으로 떠올립니다. 마치 오늘 일처럼, 그날, 아니, 그 시각, 제가 처음 당신의 목소리를 들었을 때, 처음 당신을 보았을 때를 기억해요. 어떻게 기억하지 않을 수 있겠어요? 저한테 세상은 그제야 시작된걸요. 내 사랑, 부디 허락하세요. 모든 이야기를 처음부터 말하고 싶어요. 저는 평생 한 번도 싫증 내지 않고 당신을 사랑해왔으니, 당신도 15분만 싫증 내지 않고 제 이야기에 귀를 빌려주시기를 간청합니다.

한 여인의 인생에서 스물네 시간　그러나 결국, 시간은 힘이 세며, 세월은 우리 감정을 모두 평가절하하는 신비한 능력을 가졌다. 죽음이 다가오는 것을 느끼고, 죽음이 검은 그림자를 앞길에 드리우고, 사물의 색이 덜 밝게 보이면, 감정은 가슴에 그리 스며들지 않으며 감정의 위험한 폭력성은 크게 줄어든다.

나이를 먹는 것은, 결국, 과거를 더 이상 두려워하지 않게 되는 것이다.

AN
INTERVIEW
WITH

위 로케 장소인 드레스덴 쿤스트뮤지움에 함께 서 있는 촬영 감독 로버트 D. 예먼과 웨스 앤더슨 영화에 자주 출연하는 빌 머레이.
아래 카메라와 모니터 앞에 선 에드워드 노튼.

# A WHOLE DIFFERENT ELEMENT

## 완전히 다른 요소 : 로버트 D. 예먼 인터뷰

촬영 감독 로버트 D. 예먼은 1980년대 초 저예산 B급 영화로 시작해서 점차 독립 영화로 진출하여 윌리엄 프리드킨의 〈람페이지〉(1987)를 촬영하고 구스 반 산트의 〈드럭스토어 카우보이〉(1989)로 인디펜던트 스피릿 상을 받았다. 〈파더스 메모리〉(1996), 〈화이트 라이즈〉(1997), 〈도그마〉(1999) 등을 촬영했고, 웨스 앤더슨과 함께 작업하는 로만 코폴라와 노아 바움백이 각각 감독한 〈CQ〉(2001), 〈오징어와 고래〉(2005)도 촬영했다. 〈컴 백 록스타〉(2010), 〈내 여자친구의 결혼식〉(2011), 〈더 히트〉(2013) 등등 법석스러운 코미디 여러 편도 그의 촬영작이다. 예먼은 1996년 〈바틀 로켓〉부터 시작하여 웨스 앤더슨이 만든 모든 실사 영화에서 촬영을 맡았다. 〈문라이즈 킹덤〉(2013)으로 영국비평가협회 상을 받았다.

**매트 졸러 세이츠** 웨스와 처음 만났을 때가 기억납니까?

    **로버트 예먼** 저는 웨스보다 조금 나이가 많아요. 열다섯, 열여섯 살쯤 많죠. 저는 그다지 좋은 평가를 받지 못한 저예산 영화들을 찍어왔어요. 그러다가 웨스가 단편 영화 〈바틀 로켓〉과 그 장편 영화용 시나리오를 보냈어요. 장편 영화용 시나리오를 읽고 훌륭하다고 생각했죠. 단편 영화도 좋았어요. 그래서 웨스를 만났죠. 웨스는 소니 픽처스 사무실에 있었어요. 〈바틀 로켓〉 장편을 제임스 L. 브룩스가 제작하고 있었기 때문이죠. 그래서 거기 가서 웨스를 만났습니다.

첫인상은 어땠나요?

    처음 만났을 때, 아주 큰 안경을 끼고 있었어요. 저는 이런 마음이었죠. '아, 이런, 아무것도 안 될 영화를 만들겠다고 나선 철부지를 또 만났네.' 그래도 마음에 들었어요. 이야기를 나눌수록 이 친구는 정말 속에 뭘 품고 있구나 하고 느꼈어요. 우리는 시각적으로 같은 것에 끌린다는 공통점을 발견했죠. 좋아하는 것도 같고, 싫어하는 것도 같았어요. 죽이 잘 맞았다고 할 수 있죠. 웨스가 저한테 특별한 제안을 할 것이고, 그게 저한테도 아주 좋은 일이라는 게 곧장 느껴졌어요! 웨스의 모든 영화에 참여할 수 있어서 정말 행복해요. 제 영화 경력의 하이라이트죠.

어떤 면에서 보자면, 웨스는 자기 머릿속으로 영화를 미리 다 편집해놓는 사람인데, 그런 사람과 일하기는 어떤가요? 웨스의 스토리보드를 보면, '편집실에서 영화를 발견하는 일'을 많이 하는 감독은 아니잖아요?

    그렇죠. 모든 게 미리 세심하게 계획되죠. 지난 두 작품에서는 웨스가 애니메이션으로 스토리보드를 만들었어요. 숏과 신을 모두 움직이는 그림으로 만들었죠. 거기에 웨스 혼자서 자기 목소리로 등장인물들의 대사를 다 집어넣은 거죠. 신의 '분위기'도 만든 거죠. 웨스는 그 애니메이션을 아담과 퍼스트 조감독 조쉬한테 보여줬어요. 몇몇 배우한테 보여주기도 했죠. 그렇게 해서, 우리가 어떤 영화를 만들지 모두 감을 잡을 수 있었던 것 같아요. 촬영 때나 촬영 준비 때에도 도움이 됐죠.

아가사(시얼샤 로넌)가 호텔 금고를 여는 장면을 준비 중인 로버트 D. 예먼 촬영 감독(오른쪽).

촬영을 진행하다가, 조감독, 제작자, 저와 웨스, 이렇게만 나가서 스토리보드 애니메이션에 맞춰 대략의 촬영을 할 때도 있었어요. 그러면 그 신을 배우들과 촬영할 때 어떻게 보일지 미리 알 수 있죠. 가령, 호텔 밖을 찍을 때, 배우 없이 카메라로 먼저 찍어서, 전체가 조합되면 어떻게 보일지 미리 감을 잡았죠.

웨스는 스토리보드에 아주 충실했어요. 촬영하다가 어떤 이유에서든 앞으로 찍을 방향에 조금이라도 의심이 들면 그 신의 스토리보드 애니메이션을 확인하고 그것에 충실하게 촬영했습니다. 그렇게 작업하니까 신선했어요. 뭘 찍고 싶은지 생각도 없이 촬영장에 나오는 사람도 많거든요. 웨스는 머릿속에 세밀하게 계획을 다 세우고 있죠. 숏과 숏을 어떻게 붙일지 잘 알고 있어요. 그러니까 촬영장에 사람들이 모였을 때 웨스는 사람들한테 뭘 해야 할지 정확하게 알려주죠. 웨스는 촬영하는 영화가 어떻게 나와야 할지 확고한 비전을 갖고 있고, 우리는 웨스가 그 비전을 실현하도록 돕죠.

촬영 감독이라 하면 '감독의 계획에 무조건 불만을 품고 자기 마음대로 하려 하는 사람'이라는 고정 관념이 존재하는 것도 아시죠?

영화에 따라서 다르죠. 감독이 배우와 시나리오에 훨씬 더 신경을 쓰고 시각적인 면은 저와 프로덕션 디자이너에게 맡기는 영화도 있습니다. 그런 영화를 찍을 때 만족스러운가 하면 그렇지 않아요.

최고의 영화는 웨스 같은 사람, 즉, 영화에 대해서 아주 확고한 비전을 가진 감독들한테서 나옵니다. 다른 감독들하고 작업하는 영화에서 저한테 주어지는 창작의 자유가 더 많긴 하지만, 나중에 보면, 웨스는 자신까지 포함해서 우리 모두를 몰아붙여서 최고의 작업을 끌어내죠. 그래서 우리는 영화적으로 평소에는 생각하지 않던 영역까지 갈 수 있습니다. 그런 데에서 오는 도전과 흥분 때문에 우리 모두가 영화를 만드는 데 있어 완전히 다른 요소를 경험하는 것 같아요.

〈그랜드 부다페스트 호텔〉의 화면비를 얘기해볼까요. 프레임의 가로세로 비율은 많은 관객들이 알아챌 것은 아니지만, 그 비율을 어떻게 정해서 촬영하는지 혹은 현상하는지에 따라서 영화가 완전히 다른 형태를 가지게 되죠.

예전에 아카데미 비율에 정말 호기심을 느꼈어요. 사실 〈로얄 테넌바움〉을 찍을 때 영화사에 1.37:1로 찍자는 말을 꺼내기도 했죠.

요즘 관객들이 보는 화면비보다 더 정사각형에 가깝죠? 기본적으로 '옛날 영화 비율'이죠?

그렇습니다. 〈로얄 테넌바움〉에서는 쓰지 않았어요, 하지만 그 비율을 쓰자는 얘기는 오래전부터 해왔죠. 이 영화를 준비할 때, 우리는 1930년대 부분을 먼저 생각했고, 그 부분을 1.37:1로 찍자고 결정했어요. 그러면서 다른 시대가 배경이 될 때에는 1.85:1이나 2.40:1로 찍을까 하는 생각까지 확장됐죠.

늙은 작가가 나오는 1980년대 부분에서 1.85:1 화면비를 썼는데, 그것도 약간 정사각형에 가깝죠? 요즘 텔레비전의 일반적인 비율이나 16:9에 아주 가까워요. 웨스의 두 번째부터 다섯 번째 영화까지 두 분은 가로로 아주 넓은 시네마스코프 2.40:1 비율을 쓰셨잖아요? 그리고 작가의 젊은 시절인 1960년대 부분에서도 그 비율을 쓰셨죠.

네, 시대에 따라서 화면 비율을 다르게 하자는 것은 웨스의 아이디어였어요. 저는 그 아이디어가 아주 좋았어요. 그리고 그런 결정이 영화에 아주 많은 것을 가져다준 것 같아요.

영화를 볼 때 실제로는 1.37:1이나 1.85:1, 2.40:1로 보는 게 아니죠? 이렇게 각기 다른 비율의 화면이 1.85:1 화면에 맞춰진 것이죠? 그러니까 이 영화의 기본 프레임 비율은 1.85:1이고, 옛날 영화 비율, 즉, 아카데미 비율인 1.37:1이나 애너모픽 비율인 2.40:1은 1.85:1 프레임 안에 들어 있는 것이죠?

네, 1.85:1 프레임 안에 다른 비율의 화면이 들어가죠. 프레임 비율은 계속 1.85:1 그대로입니다. 1.37:1 비율의 장면들에서는 양쪽 옆이 덜 보이죠. 반면, 2.40:1 장면들에서는 양쪽 옆이 더 보입니다. 어쨌든 모두 1.85:1 프레임 안에 들어 있어야 하죠.

구체적으로 어떤 방법을 쓰셨나요?

기본적으로 후반 작업에서 이루어졌습니다. 세 가지 다른 포맷으로 촬영하고, 후반 작업 때 모두 1.85:1 화면에 넣었죠. 모두 디지털로 해결됐어요. 디지털을 이용하면 온갖 포맷을 하나의 포맷으로 결합시킬 수 있죠.

영화는 전부 35밀리미터 필름으로 촬영했나요?

네, 미니어처 촬영 몇 부분은 예외죠. 영화는 35밀리미터로 촬영했는데, 스키 추격 장면이나 호텔 외부 와이드 숏같이 미니어처가 들어간 부분 중에 일부는 디지털 카메라로 촬영했습니다.

스키 시퀀스는 구체적으로 어떻게 촬영됐나요? 웨스와 개괄적으로 이야기하기는 했지만, 촬영 감독님께서 더 자세한 이야기를 들려주실 수 있을 것 같습니다.

결합된 요소가 아주 많아요. 배우들이 실제로 연기하는 모습을 최대한 많이 넣으려 했습니다. 경사진 곳에 배우들을 세우고, 배우들 쪽으로 바람을 날리고, 연기를 보냈죠. 그리고 뒤에는 흰 배경막을 쳤습니다. 인물들이 스키 타는 모습을 멀리서 잡은 와이드 숏들은 미니어처로 나중에 작업한 겁니다. 하지만 랄프가 보이고, 토니가 보이고, 그럴 때 그 인물이 최대한 진짜 랄프와 토니이기를 바랐어요. 예를 들어, 오두막에서 스키를 가지고 나오는 장면은 실제로 찍었죠. 그리고 와이드 숏들과 더 스펙터클한 시점 숏들은 나중에 미니어처로 찍었습니다.

참고한 영화와 그림으로는 어떤 것이 있었나요?

1930년대의 에른스트 루비치 영화들을 보았습니다. 〈그랜드 호텔〉, 〈사느냐 죽느냐〉, 〈모퉁이 가게〉 등을 봤죠. 그게 참고 자료였어요. 1930년대 호텔 모습을 담은 포토크롬 사진들을 웨스가 많이 가져왔어요. 그것도 참고 자료로 삼았죠.
처음에는 영화 전체를 포토크롬 이미지처럼 만들면 어떨까 하는 아이디어도 얘기했어요. 후반 작업 때 효과를 많이 넣을 수 있죠. 그 아이디어를 조금 생각했지만, 웨스가 만족할 만한 결론이 나오지는 않았어요. 그래서 그 아이디어는 버렸죠. 하지만 영화를 준비하는 단계에서는 영감을 주는 아이디어였어요.

괴를리츠 로케 현장에 있는 촬영 감독 로버트 D. 예먼.

the grand
budapest
hotel

wes
anderson
takes
the 4:3
challenge

david
bordwell

〈그랜드 부다페스트 호텔〉의 다양한 화면 비율을 보여주는 스틸들. 맨 위부터 차례로 1.85:1로 촬영한 현재 시퀀스, 역시 1.85:1로 촬영한 1985년 시퀀스, 2.40:1의 1968년 시퀀스, '아카데미 비율'이라고도 불리는 1.37:1로 촬영한 1932년 부분. 1985년 시퀀스는 '현재' 시퀀스보다 조금 작은 것에 주목하자.

화면 비율이 바뀌는 영화를 상영하는 것이 과거에는 아주 힘든 일이었을 것이다. 상영하면서 매 순간 확인하여 화면 비율이 바뀌기 전의 스토리가 나올 때 미리 준비하고, 다른 포맷에 맞게 영사기의 렌즈를 바꾸는, 연습을 미리 많이 한, 슈퍼 영웅 플래시보다 반사 신경이 빠른 영사 기사가 필요했을 것이다. 잘해야 아주 덜그럭거리며 진행되었을 것이다.

그러나 디지털 영사 시대를 맞아 〈그랜드 부다페스트 호텔〉은 바탕에 가로 혹은 세로로 검은 막대를 대는 것으로 1.85, 시네마스코프, 아카데미 비율을 넘나들 수 있었다.

# 웨스 앤더슨의 4:3 챌린지[1]

데이비드 보드웰

위 감옥 시퀀스의 로케 촬영지인 치타우에서 죄수들 연기를 지도하는 웨스 앤더슨.

이 글을 쓰는 현재 〈그랜드 부다페스트 호텔〉은 웨스 앤더슨의 영화들 중 가장 많은 수익을 올린 작품이 되었다. 따라서 이 영화로 감독의 독특한 감수성이 더 많은 관객에게 소개되었다. 놀랍게도 앤더슨은 관객과 타협하지 않고, 아니, 오히려 더 대담하게 접근해서 가장 큰 상업적 성공을 거두었다.

관객에게 친근한 〈판타스틱 Mr. 폭스〉와 〈문라이즈 킹덤〉이 그 길을 닦았다. 그래도 우리는 〈그랜드 부다페스트 호텔〉이 멀티플렉스 취향을 얼마나 비웃는 영화인지 주목해야 한다. 확연히 양성애자인 (그리고 그것이 아주 자연스러운) 인물을 주인공으로 내세운 것뿐만이 아니다. 유럽 현대사에서 가장 참혹한 시기를 재창조했기 때문만도 아니다. 멕시코 지도 같은 점이 얼굴에 있는 유럽 백인 소녀와 사랑에 빠지고,

나중에는 더 현명하고 슬픈—호텔을 물려받지만 아내와 친구를 잃은—노인이 되어 이야기를 마치는 유색 인종 소년이 영화의 내레이션을 많이 맡기 때문만도 아니다. 루이스 캐럴의 『바다코끼리와 목수』 분위기로, 앤더슨은 기발한 상상력을 그로테스크하게 조각한다. 적나라하게 번득이는 섹스, 갑자기 툭 던져지는 폭력의 장면들도 있다. 그리고 영화의 과거 분위기는 포근한 향수를 넘어선다. 〈대경주〉, 〈럭키 레이디〉, 〈매드매드 대소동〉 같은 1960년대 제멋대로인 자축성 코미디 영화들을 포스트모던하게 리메이크했음은 화려한 배역진을 보아도 짐작할 수 있다. (영화 제목을 보면, 〈그랜드 호텔〉과 〈호텔 베를린〉으로 대표되는 또 다른 서브 장르 '호텔 배경의 올스타 영화'도 떠오른다.) 나치 제국주의를 비참하면서도 코믹하게 재창조하면서 앤더슨은 여러 영감의 요소들 중 역사에, 비록 우회적이지만, 가장 진지하게 참여한다.

그는 유럽의 몰락을 음울한 오페레타로 상상하지만, 우울할 때에도 쾌활함을 잃지 않는다. 우리 시대의 주류 형식주의자 중에서 가장 엄격한 앤더슨은 관객이 등장인물과 그 세계에 애정을 느끼게 만들면서도 관객의 선입견을 얼마나 피할 수 있는지 잘 보여주고 있다.

## fragile worlds

세계를 건설하는 것은 현대 영화 대부분의 중심이다. DC와 마블 프랜차이즈 영화들이 증명하듯, 영화사는 선반에 놓인 물건처럼 세계를 살 수 있다. 앤더슨이 어린 시절을 보낸 1970년대 대중문화에 지배적 영향을 끼친 〈스타 워즈〉를 만든 조지 루카스는 잡동사니들(혹은 오래된 우주 드라마와 활극에서 그러모은 것들)로 하나의 세계를 만들 수 있음을 우리에게 알려줬다. 이 경우, 아티스트는 더욱 꼼꼼해야 한다. 의상과 배경부터 기기와 식기까지 모든 것을 만들려면 세세한 부분까지 신경을 써야 한다. 루카스는 말했다. "새로운 세계의 모든 면을 창조할 때 완벽을 기하려면 평생을 계속할 수도 있다." **2** 앤더슨은 만드는 영화마다 그렇게 하고 있다. 테넌바움 일가는 평행 우주 뉴욕에 살고, 스티브 지소는 유령 섬으로 항해하며, 〈문라이즈 킹덤〉의 커플 샘과 수지는 희미하게 뉴잉글랜드 같은 뉴펜잔스 섬에서 처음 만난다. 이 세계들은 완벽하게 마무리된 매끈한 세계가 아니라, 아마추어 작품처럼 손수 만든, 깨어지기 쉬운 세계로 보인다. 실내와 풍경은 그림책의 일러스트레이션처럼 단순한 리얼리즘을 떠올리게 한다. 건물 공간은 낮고 단단하며, 장식품과 장난감과 잡동사니로 채워져 있다. 이번에는 우리를 어떤 곳으로 데려갈지 기대하게 되는 것도 앤더슨 영화가 가진 매력이다.

카메라 앞에서 남다른 세계를 만들며, 앤더슨은 그만큼 남다른 플롯과 시각 테크닉을 내놓는다. 스토리 전달 전략과 영화 스타일에서는 옛날, 혹은 구식의 것을 이용하되, 그것을 더 멋지게 꾸민다.

'상자에 담은' 공간이라 부를 수 있을 것에 대한 앤더슨의 관심을 생각해보자. 그의 스토리 세계 대부분은 방, 천막, 배를 둥근 톱으로 자른 듯한 직각의 클로즈업 시점들로 구성되어 있다. 이 감독의 '인형의 집' 숏들은 어느 가족의 집(〈문라이즈 킹덤〉 오프닝), 잠수함(〈스티브 지소와의 해저 생활〉), 열차(〈다즐링 주식회사〉), 지하 마을(〈판타스틱 Mr. 폭스〉) 등의 단면들을 보여준다. 적절한 앵글, 소실점이 중앙으로 모이는 원근법, 대칭 구조, 이런 요소들 덕분에 앤더슨의 만들어진 세계는 의례에 가까운 정중한 느낌을 갖는다.

플롯도 상자에 담긴다. 앤더슨은 플래시백, 보이스오버, 신 주위에 부분적인 혹은 전체적인 프레임을 씌우는 스토리를 사용한다. 혁신은 아니고, 오랜 전통의 계승이다. 적어도 1940년대부터 우리는 영화에서 스토리 안에 들어 있는 스토리를 따라가는 법을 배워왔고, 텔레비전 이전 시대를 상기시키는 앤더슨의 방법에도 익숙해졌다. 앤더슨은 프롤로그에서 책을 펼치고 마지막에 책을 덮어서 (아마도 주저하며) 마치 책 속에 있는 이야기처럼 스토리를 시각화하는, 할리우드 영화에서 가장 오래된 장치를 자주 사용한다. 〈로얄 테넌바움〉에서는 알렉 볼드윈

이 보이스오버 내레이션을 맡아서 우리에게 책을 읽어주는 것으로 영화 전체를 구성함으로써 효과를 배로 키운다. 〈로얄 테넌바움〉처럼 서사 구조의 까치발이 일정하고 순차적일 때가 있는가 하면, 액자 장치가 들쑥날쑥할 때도 있다. 〈문라이즈 킹덤〉에서 밥 발라반이 연기하는 인물은 처음에 스토리와 관계없이 관객에게 필요한 정보를 전달하는 내레이터로 보이지만, 사실은 섬의 주민이며 전달을 도운 스토리에 그도 참여하고 있었음이 나중에 밝혀진다.

각각의 영화에서 메인 스토리를 반영하거나 보강하며 추가되는 이야기들도 볼 수 있다. 이러한 스토리 안의 스토리들은 내레이션이나 자막, 비디오나 영화 장면, 원고나 편지에서 발췌한 부분 등으로 전달되기도 한다. 이러한 재료는 설명을 더하거나 인물을 꾸미는 역할을 할 수 있는데, 특히 다른 인물들이 그 재료를 보거나 읽으며 내보이는 반응 연기를 통해 그 재료가 신에 연결될 때 효과가 커진다. 〈스티브 지소와의 해저생활〉 도입부에서 미완성된 서류들은 주인공에게 정신적 상처를 남긴 손실을 요약하며, 이어지는 리셉션으로 단 몇 분 안에 (지소의 아들일지 모르는 네드를 비롯한) 거의 모든 주요 인물들을 관객에게 소개한다. 〈문라이즈 킹덤〉에서 비숍 부부가 샘과 수지의 편지를 발견했을 때 보이스오버로 편지의 일부가 들리는데, 여기서 보이는 간단한 회상들로 두 아이의 성격이 드러나며, 딸의 반항에 대한 비숍 부부의 반응도 연결시킨다.

## fixing the frame

앤더슨의 스타일이 미국의 어떤 영화감독과 비교해도 구별되는 이유 중 하나는 영화 연출의 중심 질문, 즉, '카메라를 어디에 둘 것인가?'에 대한 답을 늘 갖고 있기 때문이다. 앤더슨은 '컴퍼스 위치'에 맞춰 편집하는 '평면 스테이지' 촬영에 전념함으로써 그 질문에 답한다.

대부분의 영화, 대부분의 장면에서 인물은 대각선의 역동적 공간에서 4분의 3 지점에 놓인다. 앤더슨의 이미지처럼 그 자체로는 고도로 디자인된, 존 휴스턴의 〈우리의 삶에서〉(1942) 가운데 한 장면 **[1]** 을 보자.

18세기 화가이자 사회 비평가 윌리엄 호가스 ❸ 가 회화에서 곡선을 가리켜 지적했듯, 이러한 숏들은 '추적하게 하는 것처럼 의도적으로' 우리 시선을 이끌 수도 있다. ❹

반면 '평면적' 촬영은 인물을 수직면의 배경에 놓는다. 경찰서에서 용의자가 서 있을 때와 비슷하다. 대개는 카메라를 정면으로 보고 있지만 [2], 오른쪽이나 왼쪽으로 90도 돌려서 옆모습을 보일 수도 있고, 돌아서서 등을 보일 수도 있다.

여러 명을 찍을 때에는[3] 원근감이 조금 느껴지게 배치할 수 있지만, 수직으로 보이게 사람들을 모아서 서로 어느 정도 평행으로 느껴지게 만든다.

NEVILLE SMYTHE-DORLEAC

'범인 사진' 구도를 쓰면 감독의 선택에는 한계가 생긴다. 인물들은 카메라를 정면으로 보거나 그렇게 보는 듯이 느껴진다. 4분의 3 배치는 드물 수밖에 없다. 중간에 있는 인물들은 사건에서 벗어난 것으로 보이기 때문이다. 이 시각 스타일은 1점 투시법(혹은 얕은 심도)에 어울리며, 심도가 깊고 구불구불한 구성은 포기해야 한다. 이것은 놀랄 만큼 오래된 전략으로, 버스터 키튼[4]이 종종 사용했고, 장 뤽 고다르[5]도 몇몇 영화에서 이용했다. ❺

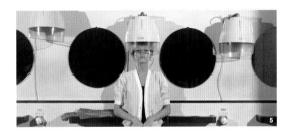

평면적 촬영은 1970년대부터 유럽과 아시아 영화에서 더 보편적이었다. 오늘날 주류 영화들에서도 효과를 내기 위해 쓰이곤 한다. 그렇지만 영화 전체를 그 벽돌로 짓는 영화감독은 보기 드물다. ❻

미국에서 앤더슨은 스타일의 가장 두드러진 예가 되어왔다. 다른 감독들은 시각적인 강조를 위해 평면적 구성을 쓰는 반면, 앤더슨에게는 그것이 기본 어휘다. 평면적 구성은 영화를 형식적으로 보이게 하며 어느 정도 거리감을 주는 효과를 낸다. 우리는 갇힌 세계를 멀리서 지켜보고 가끔 그 세계도 우리를 보고 있다는 느낌을 갖게 된다.

이런 시각 스타일은 코믹한 효과를 불러올 가능성도 있는데, 버스터 키튼은 〈이웃〉과 〈장군〉 같은 영화에서 이런 가능성을 인지했다. 완고한 직각 앵글은 배우의 행동에 우스꽝스러운 기하학적 배치를 부여할 수 있으며 정색하고 던지는 유머를 구사할 수 있다. 이 모두가 앤더슨이 기꺼이 활용한 요소들이다. [6. 7]

언뜻 단순해 보이는 이 구도는 우리가 아이들의 눈, 혹은 아이처럼 순진한 마음을 가진 어른의 눈으로 세상을 보고 있다는 느낌을 강화한다. 기타노 다케시가 어린아이처럼 행동하는 갱들을 보여주듯, 평면적 구도와 결합한 '인형의 집' 프레임으로 앤더슨 영화 속 어른은 조셉 코넬 작품의 상자 속 아이템 ⑦ 같은 인형으로 느껴진다. 스티브 지소의 세계 같은 마술적 리얼리즘 세상에 적절한 스타일이다. 〈문라이즈 킹덤〉에서는 그림책들로 반향을 들려주기까지 한다.

그러나 개개의 숏 이상으로 넘어가면, 숏과 숏 사이를 편집해야 하는 신 안에서는 평면적 테크닉을 어떻게 유지할 수 있을까?

한 가지 방법은, 렌즈의 축을 따라 직선으로 들어가거나 직선으로 빠지는 것이다. 앤더슨은 이 방법을 쓰기도 한다. [8, 9]

내가 '컴퍼스 위치' 편집이라 부르는 방법을 이용할 수도 있다. 특정 방향을 바라보는 숏 다음에 그 바라보는 방향의 맞은편에서 촬영한 숏을 연결하는 것으로, 처음 숏의 카메라 뒤에 무엇이 있는지 드러내는 편집이다.

고전적인 영화는 인물들 사이에 '액션 축'이라는 180도의 보이지 않는 선이 있다는 법칙 아래 편집되었는데, 컴퍼스 위치 편집은 이같은 액션 축을 준수한다. 그러나 앤더슨처럼 감독이 평면적으로 액션을 구성할 때 카메라는 액션 축에 위치하게 된다.

액션 축에 카메라를 두는 것은 주관적 편집에서 흔히 쓰는 전술로, 먼저, 바라보는 인물을 관객에게, 다시 말하면 카메라에게 보여주고, 그 인물의 시점에서 그 인물의 눈에 보이는 것을 다음 숏에서 보여준다. 이 테크닉은 여러 유형의 영화에서 볼 수 있다. 순간적으로 놀라게 할 때에도 종종 효과적으로 쓰이는데, 무엇을 본 인물의 반응을 관객에게 먼저 보여준 뒤, 그 인물이 무엇을 보고 있는지 드러낸다.

그런 신에서 인물들이 서로 대립하고 있다면, 카메라는 그 인물들 사이에 놓여서 각자 카메라를 노려보면 서로를 노려보는 것처럼 효과적으로 보일 수 있다.

오즈 야스지로가 말년에 좋아한 테크닉이며, 기타노 다케시가 〈소나티네〉(1993)를 비롯한 영화들에서 썼다. [10]

평면적 전통에서 주로 작업하는 감독들은 종종 모든 유형의 신에서 이런 접근법을 사용한다. 내가 기타노에게 왜 그 테크닉을 쓰는지 물어봤을 때, 기타노는 일상에서 사람들이 서로를 보는 방식이 바로 그것이라고 설명했다. 그리고 감독을 처음 시작했을 때 완전 초보였고 신을 구성하는 방법은 그것밖에 몰랐다고 덧붙였다. 이런 경향은 기타노와 앤더슨의 영화에 공통된 한 가지 특징, 어쩌면 유일하게 공통된 특징이다. [11]

앤더슨은 〈그랜드 부다페스트 호텔〉에서 이런 편집 방법들을 모두 사용했다.

옆모습을 잡은 평면적 투숏[14]에서 두 가지 정면 숏[15, 16]으로 연결되는 이 장면을 보자. 90도로 돌아갔다가 180도로 또 돌아간다.

그러므로 액션 축에 따라 편집하면 평면적 숏들을 하나의 신 안에서 보존할 수 있다. 한편, 배경 면이나 인물의 위치를 기준으로 90도 각도로 편집해도 된다. 샹탈 아커만은 〈잔느 딜망〉(1975) 전체에서 그런 방법을 썼다. [12. 13]

242

앤더슨은 롱숏에서 가끔, 중앙을 벗어난 구성이 다른 쪽과 균형이 맞을 경우 중앙선을 살짝 비키는 것도 허용하는 고전적인 할리우드 방법을 따른다. 다음 세 숏[20~22]에서는 컴퍼스 위치 규칙에 따라 앵글이 바뀐다. 프레임 오른쪽에서 중앙으로, 다음에는 왼쪽으로 강조하는 곳이 바뀐다.

호텔 프런트의 이미지들[17~19]. 첫 번째 컷은 90도로 회전한다. 두 번째 컷은 렌즈 축에 맞춰서 이어진다. 렌즈 축에 맞춰 편집하면 공간의 좌우 구성을 침해하지 않는다.

앤더슨이 렌즈 축 편집에 상응하는 방법으로 스냅줌을 가끔 제안하는 것을 보아도 알 수 있듯, 때때로 90도 전환은 편집이 아니라 오른쪽으로 카메라를 회전하는 것으로도 재현된다. 평면적 접근이 함축하는 바를 앤더슨처럼 철저히 생각한 감독은 찾기 드물다.

이렇게 엄격한 스타일에는 단조로움의 위험이 따를까? 물론이다. 앤더슨은 자신을 엄격하게 구속하여, 여러 신을 거듭해도 명백하거나 은근하거나 다양하게 접근할 수 있음을 우리에게 보여주게 되었다. 상상력이 풍부한 감독이어야 이런 것을 장애물 아닌 도전으로 대할 수 있다.

렌즈 길이도 변화의 원천이다. 평면적 감독들 대부분은 긴 렌즈를 사용하는데, 긴 렌즈는 공간을 심하게 납작하게 만든다. 인물들이 빨랫줄에 걸린 옷처럼 보일 수 있다. 앤더슨은 광각 렌즈 촬영으로 긴 렌즈를 대체할 때가 많다. 광각 렌즈를 쓰면 초기 시네마스코프 영화들에서 보듯 심도가 과장되고 수평선들은 볼록해진다. [23, 24]

직각 앵글에서 벗어나는 것도 앤더슨이 이미지를 다양하게 하는 방법이다. 프레임은 평면적 구조를 유지하면서, 아래나 위로 동작이 일어나는 곳을 볼 수 있다. [25, 26] 그 예를 이 신에서 찾을 수 있는데, 카메라 방향이 180도로 바뀐다.

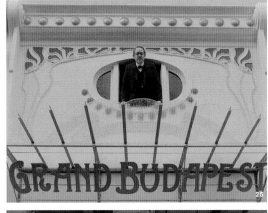

이런 태도로 앤더슨은 조감 신도 내놓는다. 롱숏에서 조감이 활용되기도 하는데, 호텔 카펫을 성큼성큼 걷는 제로의 모습도 그 예다. [27]

이런 숏들이 현대 영화에서 일반적이지는 않지만, 선례는 있다. 코엔 형제의 〈허드서커 대리인〉에서 볼 수 있는 이 숏은 경직된 부감 프레임으로 재미있는 이미지를 만든다. [28]

〈그랜드 부다페스트 호텔〉에는 고전적인 재미를 주는 프레임을 만들 여지가 있다. 어떤 인물을 외롭게 보이도록 만들고 싶을 때, 롱숏에서 인물을 화면 가장자리 쪽에 두는 것이 일반적인 관례다. 여기서 앤더슨은 그 관습에 농담을 던진다. [29, 30]

앤더슨은 이 장면을 시점 숏으로 내놓는데, '작가'가 수수께끼의 남자를 바라보고 있다면 일반적으로는 시야 가운데에 수수께끼의 남자를 놓게 마련이다.

할리우드 영화에서는 클로즈업에서 4분의 3 구도를 흔히 볼 수 있지만, 앤더슨 영화에서는 보기 드물다. 그러나 〈문라이즈 킹덤〉의 중요한 순간에 짧지만 강렬하게 그 구도를 처방한다. 샘과 수지가 사랑을 선언하는 장면. [31, 32]

마일 3.25 조류 통로 해변에서 샘과 수지가 춤추고 키스할 때에도 같은 테크닉이 잠시 나온다.

비슷한 테크닉이지만 컷 없이 이루어지는 것을 볼 수 있는 장면도 있다. 구스타브가 제로를 인터뷰할 때, 제로는 왜 로비 보이로 일하고 싶은지 설명하여 차가운 구스타브의 마음을 녹인다. 앤더슨은 제로의 4분의 3 클로즈업에서 카메라를 회전시켜 구스타브의 미소를 보여준다. [33, 34]

더 관습적인 영화들에서는 눈에 띄지 않았겠지만 〈그랜드 부다페스트 호텔〉에서는 오히려 도드라지는 테크닉으로, 두 사람 관계의 전환점이 강조된다. 앤더슨은 이런 테크닉을 아주 드물게 사용하여 그 감정적 힘을 보존한다.

## high or wide, and handsome

〈그랜드 부다페스트 호텔〉은 상자에 넣은 스토리들을 좋아하는 앤더슨의 기호가 앤더슨 특유의 시각 스타일과 잘 섞여 있다. 처음으로 영화 전체를 회상 속의 회상으로 구축했으며, 그것을 이용하여 우리를 여러 역사적 시기로 이끈다. 1985년에 인터뷰하는 이제 유명해진 늙은 '작가'에서, 1968년에 호텔을 방문하는 젊은 '작가'로, 마침내 중심 이야기인 1930년대를 배경으로 한 제로 무스타파의 회상으로 이동한다. 앤더슨은 두 세계대전 사이의 유럽을 다룬 슈테판 츠바이크의 이야기들에서 영감을 얻었다고 주장한다. 츠바이크의 이야기들에서는 두 인물이 우연히 만나고, 한 인물이 다른 인물에게 자신의 과거를 들려준다.

지금까지 나온 앤더슨의 영화들 중에서는 가장 복잡한 액자식 서사 구조로 여러 시대가 나타난다. 루츠 묘지에서 '작가'를 추도하는 젊은 여자가 그의 책 『그랜드 부다페스트 호텔』을 들고 있다. '작가'의 내레이션이 보이스오버로 흐르며, 작가들은 사람들로부터 이야기를 들을 때가 많다고 설명한다. 그러나 이 내레이션이 그 책의 일부분인지는 분명하지 않다. '작가'는 인덱스카드를 읽으며 강연하듯 말한다. 그리고 말을 시작할 때 마치 촬영하고 있는 듯 조명이 켜진다. 《문라이즈 킹덤》에서 밥 발라반이 연기한 인물의 흔적) '작가'가 '필경사 열병'으로 그랜드 부다페스트 호텔에 가게 되었다고 설명하면서 젊은 '작가'의 목소리로 바뀐다. 이 내레이션은 늙은 제로가 들려주는 이야기로 또 이어진다.

영화는 제로 무스타파가 이야기를 끝맺으면서 마무리를 준비한다. 이어서 젊은 '작가'가 젊은 목소리로 자기 스토리를 갈무리하다가 늙은 '작가'의 목소리로 끝난다. ("그러나 한 번도 다시 보지 못했다.") 그다음 루츠 묘지로 돌아가면, 우리가 보고 들은 책을 젊은 여자가 읽고 있다. ⑧ 오프닝에서 전성기의 호텔이 언뜻 보이고, 1930년대의 중심 스토리에서 가끔 1968년에 젊은 '작가'와 대화하는 제로가 끼어들기는 하지만, 각 부분들은 깔끔하게 안에 담기고 또 담겨 있다.

액자 안의 액자 구조에서 중요한 것은 공격 포인트다. 안에 포함된 이야기를 볼 때 우리는 늘 물을 수 있다. '왜 여기서 시작하는가? 인물이 이 순간에 과거를 회상하게 되는 동기는 무엇인가?' 그 방아쇠는 위기 상황일 수도 있고, 삶의 평온한 시기거나 과거의 일 때문에 아픈 순간일 수도 있다. 츠바이크와 앤더슨은 모든 것이 어느 정도 안정된 시기, 멀리서 과거를 회상하기를 택했다. 그래서 우리는 세월이 어떤 역할을 하는지 볼 수 있다. 1968년, 호텔은 쇠퇴한 상태다. 그래서 제로가 로비 보이로 일하던 시절을 젊은 작가가 세세하게 이야기할 때 뼈아픈 상실감이 느껴진다. 그 상실감은 앞서 우리가 몇 년 뒤의 '작가'를 잠깐 보았기 때문에 더욱 도드라진다. 역시 노인이 된 작가는 유니폼을 입은 아이와 함께 있다. 영화에서 가장 현재인 시기, 젊은 여자가 '작가'를 추모할 때, 과거는 돌이킬 수 없이 사라졌다. 동상을 장식한 호텔 열쇠들, 우리가 보게 될 영화의 스토리라고 불확실하지만 부분적으로 생각할 수 있는 책, 이러한 흔적으로 기억될 뿐인 과거다.

상자 안에 들어 있는 상자는 조금씩 더 먼 시대를 담는다. 앤더슨은 의상과 프로덕션 디자인으로 각 시대들을 강조하며, 이는 우리가 예상할 수 있는 것이다. 거기에 더 과감히, 각 시대를 다른 화면 비율로 촬영했다. '작가'가 제로 무스타파와 만난 일을 회상하기 시작하는 1985년과 현재는 화면 비율이 1:1.85다. ❼ [35, 36] 두 사람이 만나는 1968년에는 애너모픽 와이드스크린 비율인 1:2.40으로 나온다. 1930년대에 벌어지는 중심 스토리는 1:1.33 혹은 4:3이라 일컫는 고전적인 비율로 상영된다. ❿ [37]

앤더슨은 특유의 재치를 발휘하여, 각 시대마다 당시 영화에 쓰였을 화면 비율을 부여한다. 동상에 있는 많은 열쇠들 사이에 호텔 열쇠 하나를 더하는 젊은 여자가 등장하는 프롤로그에서 화면 프레임을 꽉 채우고, 1985년 배경에서는 미묘하게 변화를 주었다. 1985년 '작가'의 인터뷰 시퀀스는 동상 신에 비교해서 화면 비율이 같지만, 이미지가 약간 작다. 그리하여 앤더슨의 '상자 안의 상자' 시나리오 테크닉은 그에 상응하는 시각 장치를 만났다.

여러 화면 비율을 사용하는 것은 이미지 구성에 기회도 되지만 장애도 된다. 1950년대부터 상업 영화 대부분은 가로가 많이 넓은 와이드스크린으로 촬영되었다. 초기에는 빨랫줄 같은 무대 구성이 널리 쓰였다. 인물 한 명을 가운데 두거나 가운데를 중심으로 균형에 맞춰 인물들을 배치했다. 즉, 두 명일 경우에는 옆으로 나란히, 세 명일 경우 한 명을 가운데에 두고 나머지가 양쪽에, 네 명일 경우 2대 2로 구성했다. 〈백만장자와 결혼하는 법〉(1953)에 나오는 장면이 그 예다. ⓫ [38]

가로로 넓어진 프레임 덕분에 인물들 위의 허공과 아래의 바닥이 적어졌다. 빈 공간은 대개 양옆이다. 프레임을 채우는 문제의 해결책으로, 결국 몇몇 감독들은 배우 아주 가까이로 카메라를 가져갔다. 스티븐 스필버그는 애너모픽으로 촬영하기 시작했을 때 클로즈업을 더 많이 찍었다고 언급했다. ⓬

좌우 대칭이 잘 어울리는 평면적 접근에는 1.85와 2.40 같은 더 넓은 포맷이 맞는다. 앤더슨도 이전 영화들에서 그 점을 이용했다. 앤더슨은 여분의 면적을 걱정하지 않았다. 세트에 있는 아이템들을 이용하거나 빈 공간을 그대로 이용해서 좌우의 균형을 맞췄다. 인물이 한 명만 있을 때에는 포즈를 잡은 듯 가운데에 놓이고, 여럿이 나올 때에는 어느 정도 대칭되게 배치된다. [39, 40] 여기 제시한 여러 이미지들에서도 볼 수 있듯, 중앙에 중심을 둔 시점은 관객의 시선을 주된 아이템에 주목하게 한다.

〈그랜드 부다페스트 호텔〉에서도 1.85와 2.40 비율로 나오는 부분에서는 앤더슨 특유의 화면 구성을 그대로 볼 수 있다. 하지만 1.37로 나오는 부분은 어떻게 되나?

『웨스 앤더슨 컬렉션』에서 앤더슨은 고전적인 4:3 비율로 영화를 만드는 데 관심을 표현했다. 세이츠는 텔레비전 이후 수십 년간 더 넓은 사각형 영화에 익숙해진 지금, 더 정사각형에 가까운 '아카데미' 화면 비율로 촬영된 옛날 영화들은 놀랄 만큼 아래위로 길어 보인다고 지적한다. 앤더슨도 동의하며 〈로얄 테넌바움〉을 찍을 때 집의 높이를 강조하기 위해서 4:3으로 찍고 싶었다고 말한다. ⓭ 촬영 감독 로버트 예먼은 앤더슨과 〈그랜드 부다페스트 호텔〉을 준비하며 1930년대 영화, 특히 에른스트 루비치가 연출한 영화를 많이 보았다고 말했다.

1930년대 시퀀스에서 웨스가 쓰려고 하는 1:1.37 화면 비율에 더 익숙해지기 위해서 그 영화들을 보았습니다. 이 화면 비율 덕분에 재미있는 구성을 할 가능성이 열렸습니다. 관습적인 것보다 훨씬 많은 공간을 보여줍니다. 투숏도 애너모픽보다 약간 더 넓어 보입니다. 이전에 영화에는 한 번도 쓰지 않은 포맷이고, 재미있는 일탈이었습니다. 1.85나 2.40 포맷에 익숙해지다 보면 더 예측 가능한 장면을 만들 수 있습니다. ⓮

앤더슨은 와이드스크린에서 중앙과 대칭 배치를 좋아하니까 1.37 비율 화면에서는 양옆을 자르기만 하면 쉽게 화면 비율을 맞추지 않을까 생각할 수도 있다. 단일 인물이나 그룹이 나올 때에는 이전 영화들과 크게 다르지 않다. 그러나 더 멀리서 촬영할 때에는, 와이드 화면에서는 없던 위와 아래의 공간이 많이 생기게 된다. 가까이에서 촬영할 때에도 인물들의 머리가 화면 위쪽 절반 이상을 차지하지 않으면 이상해 보인다. 주된 스토리인 1930년대 이야기를 1.37 상자에 넣으면서 특유한 스타일을 유지하려니 앤더슨은 새로운 문제에 봉착했다.

앤더슨은 이 문제를 어떻게 해결했나? 이 책 전반에 걸쳐 나오는 1.37 이미지들에서 볼 수 있듯 〈그랜드 부다페스트 호텔〉에는 여백을 남긴 장면이 많다. 그러나 다양한 방식으로 4:3 화면을 애써 구성한 장면들도 있다.

예를 들어, 평면적 화면을 좋아하는 감독은 카메라를 사람의 시선보다 낮게 설치해서 프레임의 위쪽을 채울 수 있었다. 아이반(빌 머레이)이 리무진에서 대화할 때, 앤더슨은 머리를 프레임 위에 놓는다. 다른 신들에서는 낮은 카메라 위치가 화면 위쪽을 채우는 데 도움을 준다. [41]

여백이 코믹할 수도 있다. 아래 엘리베이터 숏에서 [42] 구스타브와 마담 D가 오른쪽에 앉아 있고, 왼쪽 세로 영역은 뚱한 벨보이가 채우며, 제로는 가운데에 있다. 구스타브와 마담 D 위쪽 빈 공간은 엘리베이터 안에 있는 다른 두 인물들과 생생한 불균형을 만든다. 그래서 헨켈스가 부하들 중앙에 있는, 균형이 아주 잘 잡힌 화면과 다른 방식으로 구스타브와 마담 D를 강조한다.

세트가 화면과 협력할 수도 있다. 〈그랜드 부다페스트 호텔〉 클라이맥스 가운데 제로와 아가사가 화면 중앙에서 포옹할 때 여백이 많이 남는다 [43]. 그렇지만 위쪽 배경에 빵 상자가 약간 흐트러져 쌓여 있어서 두 인물이 감정에 휩싸인 분위기를 고조시킨다.

탈옥 시퀀스 가운데 다음 숏에서는 격자 창살의 경직된 기하학적 무늬와 그 망 사이를 채운 구스타브 및 죄수들의 결의에 찬 얼굴과 바쁜 손에서 유머를 느낄 수 있다. [44]

전체적으로, 앤더슨은 초기 영화 형식을 선택하여 정교한 결과를, 장인의 솜씨 같다고 말할 수도 있을 결과를 얻는다. 대칭 구조와 컴퍼스 위치 편집은 쉬운 전략으로 보일 수 있지만—'우리 숏은 무엇인가?'라는 질문에 대한 대답은 늘 '우리가 평소에 하던 것을 조금 변형한 것이다'—여기에 고집스러운 예술적 기교가 작용한다. 앤더슨 영화들의 평면적 구성과 편집 방식은 주류 영화의 전통에서 많이 쓰이지 않았다. 너무 인위적이고 제한적으로 보이지 않을까 하고 많은 영화감독들, 그리고 몇몇 관객들이 두려워하기 때문이다. 예술 영화와 와이드스크린 포맷이 흔한 뒤에야 이런 화면이 환영받았다. 일부러 택한 이 많은 '간단한' 선택으로 무엇이 나올 수 있는지 우리에게 보여주는 것은 야심찬 감독의 몫이다. 정면 표현, 간격, 대칭, 여백 등등을 크게 생각하는 영화감독이 오늘날에 많을까? 나는 그렇지 않다고 생각한다. 제한된 시각 도구를 채용하여 스스로 난관을 만들고 그런 선택에 필연적으로 수반되는 창의적 도전을 기꺼이 받아들이는 극소수의 감독이 아직 남아 있다. 오늘날 대부분의 영화감독들은 제한적 기법만 사용하는 미니멀리스트가 아니라 많은 기법을 사용하는 맥시멀리스트다. 많은 것으로 많이 하려 하지, 적은 것으로 많이 하려 하지 않는다.

그렇다면 우리는 자신의 창작 수단의 범위를 스스로에게 난관이 될 듯이 보이는 정도까지 좁히는 감독을 환영해야 한다.

수단을 제한하여, 제약을 덜 받는 감독들은 절대 볼 수 없을 뉘앙스를 발견하는 것. 이것을 오즈 전략이라 부르자. 〈그랜드 부다페스트 호텔〉이 만들어지는 동안 벌어진 일도 이것이다. 자신의 특징적인 스타일을 유지하면서, 잘 쓰이지 않는 4:3 비율로 그 스타일을 다시 상상함으로써 앤더슨은 자신의 동시대 감독들에게 없는 난관을 스스로에게 부여하고 그 난관을 노련하게 해결했다. 〈그랜드 부다페스트 호텔〉에서 다중 화면 비율 전략을 끝까지 밀고 나아감으로써 앤더슨은 서술 구조에 새로운 울림을 부여하여 미친 듯이 어수선한 삶들을 깔끔하게 보존한 전시용 케이스들을 우리에게 보냈다.

1 　'4:3 챌린지'라는 말은 '펩시 챌린지'에서 빌려왔다. 펩시콜라 광고에 계속 등장하는 펩시 챌린지는 펩시콜라와 코카콜라를 맛보고 비교한 사람이 펩시콜라를 훨씬 혹은 조금 더 좋아한 자신을 보고 놀라는 캠페인이다.

2 　데이비드 보드웰, 『할리우드가 말하는 방식: 현대 영화의 스토리와 스타일』(버클리 대학교 출판국, 2006), 58.

3 　윌리엄 호가스(1697~1764)는 화가이자 만화가, 사회 비평가로, 오늘날 '연속 예술'이라 불리는 것의 선구자다. 널리 알려진 작품으로 『매춘부의 편력』, 『탕아의 편력』이 있다. 1753년 저서 『미의 분석』에서 호가스는 '미(美)의 선(線)'이라는 개념을 내놓았다. '미의 선'은 '객체 안에 나타나는 S 모양의 곡선'을 가리키는 것으로, 한 객체의 모양을 규정하는 경계선, 혹은 여러 객체를 구성해서 만드는 고의적인 경계선을 말한다. 호가스는 시각 예술의 대칭과 질서를 심하게 공격했다. '질서를 피하는 것이 그림의 구성에서 지켜야 할 규칙이다'라고 말하고 '질서나 균일성이나 대칭은 적당하다는 생각을 만족시킬 뿐이다'라고 덧붙였다.

4 　윌리엄 호가스, 『미의 분석』, 찰스 데이비스 편집(하이델베르크: 아트독, 2010; 원본 1753), 45.

5 　평면적 구도의 역사에 대해서는 내 저서 『영화 형식의 역사』(버클리 대학교 출판국, 1995), 5장, 혹은 블로그 참조. http://www.davidbordwell.net/blog/2007/01/16/shot-consciousness/

6 　전체에 평면적 테크닉을 사용한 영화는 〈나폴레옹 다이너마이트〉(2004)다. 또 다른 예로는 마놀 드 올리베이라의 〈게보 앤 더 섀도우〉(2012)가 있고, 여기에 대한 토의는 '2013 밴쿠버 영화제 피날레: 대담한 것, 아름다운 것, 때로 대담하면서 아름다운 것' 참조. http://www.davidbordwell.net/blog/2013/10/21/viff-2013-finale-the-bold-and-the-beautiful-sometimes-together/

7 　초현실주의의 영향을 받은 미술가이자 영화감독 조셉 코넬(1903~1972)은 주운 물건들로 이차원 혹은 삼차원 작품을 만드는 '아상블라주'의 선구자다. 이 영역의 코넬 작품 가운데 상자 안에 들어 있는 것이 많다. 대표작으로는 '분홍 궁전' 연작, '호텔' 연작, '천문대' 연작, '메디치 슬롯머신' 시리즈, '비누 거품 세트', '공간 오브제 상자' 등이 있다.

8 　여자가 벤치에 앉는다. 아주 흥미롭게도, 이 벤치는 '작가'의 동상이 나온 맨 처음 숏에는 없던 것이다.

9 　여러 화면 비율을 쓰는 것은 특이한 일이다. 극장 상영시 영사되는 최대 이미지는 1.85:1로 나오는 영화사 폭스서치라이트 로고를 기준으로 삼았다. '디럭스 디지털 레버러토리스'에서는 극장에 〈그랜드 부다페스트 호텔〉 상영본을 보낼 때 설명서도 동봉했다. 영화에 여러 화면 비율이 나오지만, 모두가 1.85 화면(1998x1080) 안에 놓여야 한다는 지침이었다. 영화사 로고가 나온 뒤에 화면 비율이 바뀌어도 위나 양옆으로 프레임을 늘리면 안 된다고 경고했다.

묘지가 배경이 되는 프롤로그와 에필로그의 화면 비율은 1.80으로, 아래위뿐 아니라 양옆으로도 약간 여백을 두었다. 대부분의 감독들이라면 프롤로그와 에필로그에는 프레임을 다 채우는 1.85를 쓰겠지만, 앤더슨은 앤더슨인지라 러시아 인형 같은 구조에 관심을 두고, 프롤로그와 에필로그도 전체 화면 비율보다 약간 작게, 안으로 들어가게 만들었다.

1985년 '작가' 인터뷰 장면은 1.80 화면 안에 약 1.80 비율로 나오지만, 프롤로그 화면보다 작아서, 역시 안에 들어간 것으로 보인다. 본래 1.85인 화면 프레임을 가로로 다 쓰는 곳은 2.40 장면들뿐이다. (물론 2.40 화면은 본래 프레임에서 아래위를 비워 가로로 길어 보이는 것이다.)

흥미롭게도 변화를 준 화면 비율의 극장 상영본에 새로운 친구가 생겼으니 다름 아닌 DVD와 블루레이 디스크 출시의 시작이었다. DVD는 16:9 포맷(1.75:1에 가까운 포맷)으로 안에 들어간 프레임 바깥의 검은 영역이 조금 줄어들었다.

10 　중심 스토리에서 1932년에 벌어지는 사건들의 화면은 1.30:1보다 살짝 넓다. 흥미롭게도, 앤더슨은 이전에도 화면 비율의 관습을 깬 적이 있다. 〈스티브 지소와의 해저 생활〉에서 '재규어 상어' 부분은 1.33도 아닌 1.5:1의 비율로 나온다. 가장 가까운 표준 비율은 1.66이지만 그것과 다르다.

11 　시네마스코프 화면 구성은 내 글 '시네마스코프: 안경 없이 보는 현대의 기적' 참조. http://www.davidbordwell.net/books/poetics_10cinemascope.pdf 같은 제목의 웹 강좌 동영상도 있다. http://vimeo.com/64644113

12 　데이비드 보드웰, 『조명에 드러난 형태들: 영화 장면 구성에 대하여』(버클리 대학교 출판국, 2005), 27. 이 책의 제4장에서 평면적 구성의 현대 역사에 대해 논했다.

13 　매트 졸러 세이츠, 『웨스 앤더슨 컬렉션』(아브람스, 2013), 324.

14 　이안 스타스케비치, '5성급 서비스', 아메리칸 시네마토그래퍼(2014년 3월) http://www.theasc.com/ac_magazine/March2014/TheGrandBudapestHotel/page1.php.

The
# SOCIETY OF THE
# CROSSED PENS

**[1]** **알 리 아 리 칸** 은 터키 뉴스 포털이자 아이패드 매거진 「Dipnot.TV」의 영화평론가이며 로저 에버트 통신원이다. 「인디 와이어」, 「슬랜트」, 「더 하우스 넥스트 도어」, 「팬도어」, 「시카고 선 타임스」, 「보그」, 영국 「타임스」 등에 기고해왔다. 지금은 터키 이스탄불에서 살고 있다.

**[2]** **앤 워 시 번** 은 「미스터 번스」, 「인터내셔널리스트」, 「정오의 악마」, 「유령」, 「공산주의자 드라큘라 대회」, 「나는 낯선 사람들을 사랑했다」, 「숙녀들」, 「스몰」 등의 희곡을 썼으며 에우리피데스의 「오레스테스」를 번안했다. 뉴욕에서 살고 있으며 가끔 부에노스아이레스에서 생활한다.

**[3]** **스 티 븐 분** 은 현재 로스앤젤레스에 살고 있는 평론가이자 영화감독이다. RogerEbert.com, 「빌리지 보이스」, 「스타 레저」, 「타임아웃 뉴욕」, 「더 하우스 넥스트 도어」, 「팬도어」의 키프레임 블로그, salon.com 등에 기고해왔다.

**[4]** **올 리 비 아 콜 레 트** 는 몬트리올의 기자이며 피아노 교육을 받았다. 영화를 비롯한 여러 주제의 글을 「몬트리올 가제트」, 「스파크시트」, 「스크론」, 「프레스 플레이」, 「스펙테이터 아트 블로그」에 써왔으며, 단행본 「세계 영화 로케이션: 샌프란시스코」의 필진으로 참여했다. 이미 여섯 가지 악기를 소유하고 있고, 여기에 침벌롬을 더할 계획이다.

**[5]** **데 이 비 드 보 드 웰** 은 위스콘신 주 매디슨에 살고 있는 영화학자이자 이론가다. 「극영화에서 내레이션」, 「오즈와 영화시학」, 「의미 만들기」, 「필름 양식의 역사」 등의 저서가 있다. 배우자이자 공동 필자인 크리스틴 톰슨과 함께 「영화 예술」과 「영화사」 교과서를 집필했다.

**[6]** **크 리 스 토 퍼 라 버 티** 는 의상 컨설턴트로, 블로그 'Clothes on Film'을 만들었다. 2016년 출간 예정인, 영화 속 디자이너 패션에 관한 책을 쓰고 있다. 영국 다운 주 던드럼에서 산다.

**옮긴이의 말**

# 삶은 스러진다
# 기억은 남겨진다

_조동섭

솔직히 말하면 나는 웨스 앤더슨의 영화를 좋아하지 않았다. 아니, 더 정확히 말하면, 좋아했다가 좋아하지 않게 됐다. 앞에 '빌 머레이의'까지 붙는 〈맥스군 사랑에 빠지다〉라는 제목으로 나온 〈Rushmore〉가 비디오카세트로 나왔을 때 동네 작은 비디오 대여점에서는 보기 힘든 그 비디오를 빌리려고 먼 곳, 예술 영화 비디오를 많이 갖춘 대여점까지 찾아갔다. 그리고 좋아했다. 〈로얄 테넌바움〉은 DVD를 샀다. 나의 웨스 앤더슨 사랑은 그러나 거기서 멈췄다. 〈다즐링 주식회사〉는 VOD로 본 뒤 이제 더 이상 그에게서 받을 것이, 공감할 것이 없다고 느꼈다. 내가 전달받는 매체가 아날로그 방식의 비디오카세트에서 디지털 방식의 DVD로, 또 거기서 하나 더 나아가 초고속 통신망으로 전해지는 VOD로 바뀌는 동안 이 감독이 그리는 인물들은 여전히 성장하지 않은 소년들, 어른이지만 어른이 되지 못한 어린이들뿐이었다. '예쁜' 세트와 '인위적' 구도와 인형극 속 인형처럼 움직이는 배우들도 싫었다. 내 입맛에는 맞지 않았다. 게다가 그 세트와 구도는 감독의 필모그래피가 늘어날수록 점점 더 예쁘게, 인위적으로 나아가니 나는 더 이상 좋아할 수 없었다. 꽤 큰 화제가 되었던 〈문라이즈 킹덤〉을 건너뛰고(그보다 화제가 덜 되었던 전작 〈판타스틱 Mr. 폭스〉는 물론 보지 않았다) 사람들이 〈그랜드 부다페스트 호텔〉을 칭찬할 때에도 나는 외면했다.

　　그런 내가 왜 이 책의 번역을 맡았을까? 처음에는 그저 책의 생김새 때문이었다. 그렇다. 나는 예쁜 책을 좋아한다. 표지가 예쁘다는 이유만으로 구입한 책, 재킷이 예뻐서 덜컥 집어 계산한 음반도 한둘이 아니다. 영화야 어떻든 책 『그랜드 부다페스트 호텔』은 예쁘다. 예뻐서 번역하고 싶었다. 이 책이 예쁘다는 이야기는 진작부터 미국 인터넷 서점 아마존에서 보아 알고 있었고, 한글판이 나오면 좋겠다고, 그 번역은 내가 하면 좋겠다고 생각하고 있었다. 내 바람이 이루어졌고, 책을 번역하려면 그 책이 다루는 것, 영화를 보아야 했다. 이제 블루레이 디스크로 영화를 보았다. 한 번, 두 번, 세 번. 그리고 번역 작업을 시작하며 영화의 장면이 언급될 때마다 그 장면을 찾아서 확인하느라 몇 번을 더 보았는지 모른다. 어느새 나는 이 영화를 사랑하게 됐다. 물론 책이 없었다면, 영화를 볼 생각도 하지 않았을 테고, 사랑스러운 영화를 발견하지 못했을 것이다.

　　영화 속 구스타브는 웨스 앤더슨의 이전 인물들에 비해 훨씬 성숙하다. 물론 그에게는 유치한 면, 지나치게 순진한 면도 없지 않지만, 마담 D의 장례식으로 가는 열차 안에서 제로를 위해 권력과 용감하게 맞서는 정의롭고 진실한 인물이다. 물론 그 정의감은 그에게 이른 최후를 가져온다. 앤 워시번의 말대로 '그의 마지막 행동은 이미 사라지고 없는 전제들의 존재를 여전히 믿고 있는 용감한 판단 착오다(10쪽)'. 여러 인물이 액자식 구조에서 이야기에 이야기를 더하지만, 영화의 주된 스토리를 끌어가는 인물은 구스타브다. 랄프 파인스가 연기한 구스타브가 처음 등장할 때, 입버릇처럼 붙이는 '달링'이라는 말과 그 몸짓에 그가 동성애자로 설정된 것이 아닐까 생각하게 된다. 그러나 이내 마담 D와 오래 관계를 가져왔다는 사실을 내보이는 것과, '확연히 양성애자인 (그리고 그것이 아주 자연스러운) 인물을 주인공으로 내세운 것(237쪽)'은 웨스 앤더슨의 인물로는 앞서 말한 '성숙한' 인물에서 한 걸음 더 나아간 변화다. 이런 인물이 전혀 어색하지 않게, 인용한 데이비드 보드웰의 말마따나 아주 자연스럽게 느껴지는 것은 랄프 파인스의 뛰어난 연기 덕분일 것이다.

경쾌한 듯하면서도 애잔한, 민속적이면서도 어느 특정 지역의 것이라 꼬집을 수 없는 음악의 악기들이 침벌롬, 발랄라이카 등이라는 것도 배웠다. 침벌롬과 치터, 발랄라이카의 생김새를 확인할 때 내 머릿속에는 또 하나의 영화가 떠올랐다. 주브로브카라는 가상의 나라에서 주인공들이 모험과 사랑을 펼치고, 그것을 담는 카메라와 마이크 옆에서 보이지 않게 침벌롬을 연주하고 있는 사람들의 모습.

책의 '3막'에서는 또 다른 숙제, 새로운 작가와 마주하는 기쁨이 있는 숙제가 나를 기다렸다. 〈그랜드 부다페스트 호텔〉이 아니었으면 슈테판 츠바이크의 책을 읽을 생각은 미처 못했을 것이다. 좋아하는 작가의 목록에서 당연히 들어가야 할 이름 하나가 하마터면 빠진 채로 비어 있을 뻔했다.

책에 언급되는 영화 제목들은 맞춤법이 틀리더라도 국내에 개봉된 제목을 따랐다. 책을 읽으며, 책에 나오는 영화와 책이 궁금해서 찾아볼 독자를 위해 몇 가지 알리자면, 영화의 장면도 등장하는 츠바이크의 소설 『낯선 여인의 편지』는 〈미지의 여인으로부터 온 편지〉라는 제목으로도 나와 있다. 루비치 감독의 〈모퉁이 가게〉는 국내 출시된 DVD 제목이 〈오리지널 유브 갓 메일〉이다. 포토크롬 이미지들을 볼 수 있는 인터넷 주소는 http://www.loc.gov/pictures/collection/pgz/이다.

처음 본 웨스 앤더슨의 영화가 이제는 사라진 비디오테이프에 담긴 것이었고, 그의 이전 작품이자 데뷔작인 〈바틀 로켓〉은 VOD로 볼 수 있었다. 영화라는 내용을 담은 매체의 변화도 나에게는 이 책과 영화 〈그랜드 부다페스트 호텔〉의 내용과 접점이 있는 듯하다. 이 책을 번역하면서 나는 이전에 보지 않고 넘어간 웨스 앤더슨의 다른 영화들도 여러 번 보았다. 특히 〈문라이즈 킹덤〉에서는 이 책을 보지 않았다면, 영화 〈그랜드 부다페스트 호텔〉을 보지 않았다면 놓치고 지나갔을지 모를 슬픈 정조를 더 크게 느꼈다. 아직 어린 소년과 소녀의 사랑, 그 순수한 아름다움은 과연 그들이 어른이 된 뒤에도 끝까지 지켜질까? 웨스 앤더슨은 아니라고 대답하는 것 같다. 지나간 것, 사라진 것, 찰나의 아름다움. 그 아름다움을 최대한 아름답게 꾸며서 내보임으로써 그 뒤에 다가올 상실의 아픔을, 말하지 않은 아픔을 더욱 크게 만드는 감독이 웨스 앤더슨이었다. 그리고 이 감독은 이렇게 덧붙이는 것 같다. '언젠가 사라질 것을 안다고 지금을 아름답게 살지 않을 수 있나. 사라질 것을 알기에 더욱 아름답게 살아야지.' '삶은 스러진다. 예술은 남겨진다(22쪽).' 그리고 또, 삶은 스러진다. 기억은 남겨진다.

## About the
# AUTHOR

브루클린에 살고 있는 작가이자 영화감독 매트 졸러 세이츠는 RogerEbert.com의 편집장이며 「뉴욕 매거진」에 TV 평을 쓴다. 뉴욕타임스 베스트셀러 『웨스 앤더슨 컬렉션』을 집필했다. 「더 하우스 넥스트 도어」의 창립자이자 초대 편집장, 「프레스 플레이」 공동 창립자이며, 근간 저서로 『올리버 스톤 경험』이 있다.

## About the
# ILLUSTRATOR

막스 달튼은 아르헨티나 부에노스아이레스, 바르셀로나, 뉴욕, 파리 등지에서 사는 그래픽 아티스트다. 몇 권의 책을 출간했고, 몇 권의 책에 일러스트레이션을 담당했다. 『웨스 앤더슨 컬렉션』도 그중 하나다. 1977년부터 그림을 시작했고, 2008년 이후로 음악, 영화를 비롯한 대중문화에 관한 포스터를 만들어왔으며, 그 분야에서 금방 정상의 자리에 올랐다.

## The
# IMAGE CREDITS

# The
# COPYRIGHT

## 그랜드 부다페스트 호텔 : 웨스 앤더슨 컬렉션

**초판 1쇄** 2016년 2월 15일 **초판 19쇄** 2024년 6월 10일
**지은이** 매트 졸러 세이츠 **옮긴이** 조동섭
**펴낸이** 이주애, 홍영완 **책임편집** 장정민 **디자인** 김진디자인
**펴낸곳** (주)윌북 **출판등록** 제2006-000017호
**주소** 10881 경기도 파주시 광인사길 217 **홈페이지** willbookspub.com
**블로그** blog.naver.com/willbooks **포스트** post.naver.com/willbooks
**트위터** @onwillbooks **인스타그램** @willbooks_pub
**전화** 031-955-3777 **팩스** 031-955-3778

**ISBN** : 979-11-5581-076-7 (03680)
책값은 뒤표지에 있습니다. 잘못 만들어진 책은 구입하신 서점에서 바꿔드립니다.

# The
# ACKNOWLEDGMENTS

이 책이 빛을 보기까지 도움을 주신 다음 분들과 기관들에 감사를 표합니다.

폭스 사의 조시 이조, 멜리사 퀸, 아만다 실버, 루스 부즌켈에게 감사드립니다.

킴벌리 제이미, 짐 버쿠스 리치 클루벅, 제이콥 엡스타인, 케이트 링네스를 비롯, 웨스 앤더슨 측의 친절하고 상냥한 많은 분들에게 감사드립니다.

우리 측 사람들, 특히 나의 에이전트 맥코믹윌리엄스의 에이미 윌리엄스, 촉박한 시간에도 고품질 이미지들을 찾는 데 도움을 준 토니 주와 토니 데이웁, 책 편집에 조언을 해준 맥스 윈터와 레베카 캐럴, 이 책과 『웨스 앤더슨 컬렉션』을 만드는 데 도움이 된 〈뮤지엄 오브 무빙 이미지〉에서 내 작업을 쉴새없이 도와준 데이비드 슈왈츠, 데니스 림, 제이슨 엡핀크, 리비아 블룸에게도 감사드립니다.

기차가 제때에 움직이게 도와준 비서 릴리 푸켓, 전 비서인 제레미 파슬러에게도 감사드립니다. 파슬러는 클라크 켄트보다 타자 속도가 빠른 마법사입니다.

「뉴욕 매거진」과 「벌처」 매거진 발행인 애덤 모스, 편집자 길버트 크루즈, 레인 브라운, 존 셀러스, 그리고 RogerEbert.com 발행인 채즈 에버트, 편집자 브라이언 탈러리코에게도 감사드립니다. 이분들 덕분에 제가 평소의 일을 하면서 이 책을 만드는 데 필요한 여유를 얻었습니다. '십자 펜 협회'의 모범적인 필자, 알리 아리칸, 스티븐 분, 올리비아 콜레트, 크리스토퍼 라버티, 앤 워시번에게, 그리고 그 협회의 가장 높은 멤버로 영화에 연관된 모든 문제에 탁월한 통찰과 학식을 보여주는 데이비드 보드웰에게 감사드립니다. 또 한 번 함께하고 시간을 내주고 길을 인도해준 웨스, 고마워요, 남다른 몰리 쿠퍼에게도 같은 말을 전합니다.

이미 뛰어난 디자이너인 마틴 베네즈키는 때로는 불가능한 환경에서도 이 책으로 한층 더 높은 디자인을 보여주었습니다. 막스 달튼의 일러스트레이션은 이 책뿐 아니라 저의 나날도 환하게 만들었습니다. 두 분, 고맙습니다. 『웨스 앤더슨 컬렉션』을 뛰어나게 홍보한 아웃사이더 에이전시, 폴 콜라루소, 마리사 돕슨에게 감사드립니다. 이 모두가 어울릴 수 있게 도와준 아브람스 출판사의 마이클 클라크, 드니즈 라콩가, 자크 그린왈즈에게도 감사드립니다.

〈리셀 웨폰〉처럼 어떤 날에는 릭스인 나에게 머터프가, 어떤 날에는 머터프인 나에게 릭스가 되는, 친구이자 편집자 에릭 클로퍼, 고맙습니다.

마지막으로 가족에게 감사드립니다. 특히 아버지 데이비드 졸러와 아버지의 특별한 여인 엘리자베스 서덜랜드에게, 헌신과 인내를 보여준 나의 딸과 아들 한나와 제임스에게, 그리고 내 인생을 다시 뜻있게 만들고 사랑과 지혜를 준 에이미 쿡에게 감사드립니다.

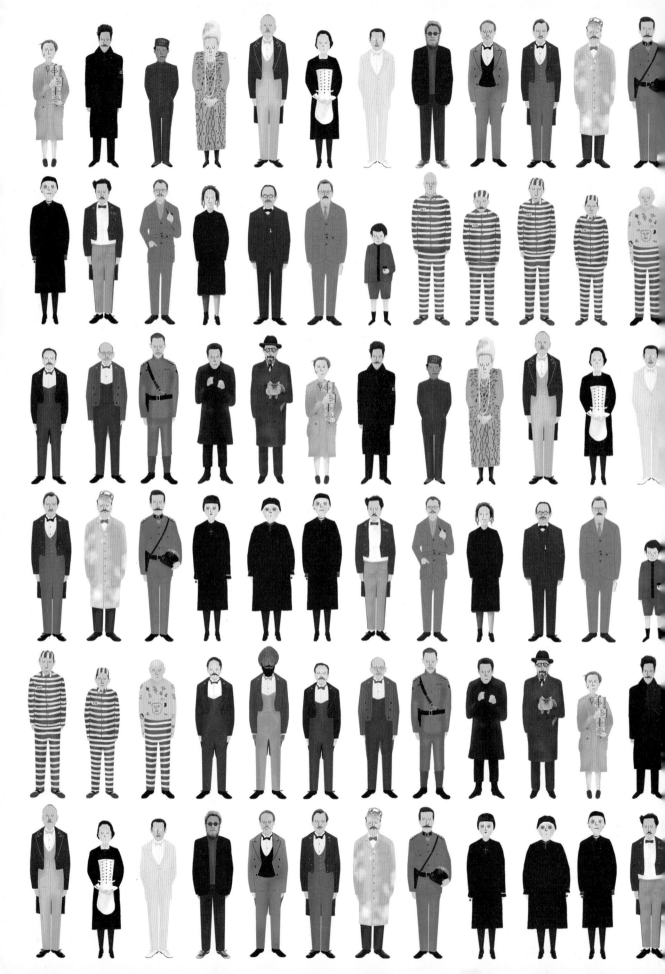